인간의
일생

신앙을 자기 야망의 도구 삼는 시대에 띄우는 마지막 청년서신

이 재 철

인간의 일생

믿음이란
한 알의 밀알이 땅에 떨어져 죽음으로 많은 열매를 맺음과 같이
진리의 열매를 위하여 스스로 죽는 것을 뜻합니다.
눈으로 볼 수는 없으나 영원히 살아 있는 진리와
목숨을 맞바꾸는 자들을 우리는 믿는 이라고 부릅니다.
「믿음의 글들」은 평생, 혹은 가장 귀한 순간에
진리를 위하여 죽거나 죽기를 결단하는
참 믿는 이들의, 참 믿는 이들을 위한, 참 믿음의 글들입니다.

책을 열며

교회사엔 '아비뇽유수'란 용어가 등장한다. 로마가톨릭은 1309
년부터 1377년까지 68년간 내부 분열과 외적 정치 상황의 변동으
로 인해 로마에 있어야 할 교황청을 프랑스의 아비뇽으로 이전해
야만 했다. 당시 유럽에서 가장 큰 권력을 행사하던 프랑스 국왕
필립 4세의 영향하에서 일어난 일이었으므로 이탈리아는 이를 비
판, 기원전 6세기 말 신바빌로니아에 의해 멸망당한 유대인들이 포
로로 끌려갔던 '바빌론유수(幽囚)'에 빗대어 교황의 '아비뇽유수'
라 불렀다.

'아비뇽유수'라 해서 교황청이 임시 거처를 사용한 것은 아니다.
교황청은 아비뇽 지상 58미터의 암반지대 위에 거대한 궁전을 건축
하였다. 프랑스 혁명이 진행 중이던 1791년 당시 프랑스 국민회의
가 이 성채를 접수하는 과정에서 궁전 내부가 파괴되긴 했지만, 그
러나 궁전 자체는 프랑스 최대의 성채 중 하나로 아직까지 남아 있

다. 1822년부터 1906년까지 프랑스 정부에 의해 군대 병영으로 이용되던 이 성채의 궁전 내부는 현재 전시실로 사용되고 있으며 궁전 마당은 세계적으로 유명한 아비뇽 연극페스티벌의 야외무대로 명성을 떨치고 있다. 교황청에서 더없이 좋은 관광지로 바뀐 것이다. 궁전의 건축 목적에 비추어 보면, 한마디로 완전한 몰락이다.

몇 해 전 그곳을 방문했을 때다. 궁전 뒤쪽 언덕을 올라가니 아비뇽의 전경이 한눈에 들어왔다. 그 중에서도 멀리 론 강 한가운데의 끊어진 다리가 유난히도 눈에 띄었다. 아비뇽 쪽에서 시작된 그 다리는 강 중간에서 토막 나듯 절단되어 있었다. 주위에 건설 장비가 전혀 없는 것으로 보아 건설 중인 교량은 아닌 것 같았다. 뭔가 곡절이 있음이 분명했다. 마침 여학생들을 인솔한 여교사가 학생들에게 아비뇽의 역사에 대해 설명하고 있었다. 나는 그 여교사에게 론 강의 다리가 왜 반 토막밖에 없는지 연유를 물었다.

다리의 이름은 생베네제(St. Benezet) 다리였다. 강의 물살이 워낙 세고 급해 옛날 사람들은 그곳에 다리를 놓을 엄두조차 내지 못했는데, 성 베네제와 그의 제자들이 1177년에 공사를 시작하여 11년 만에 다리를 완공하였다. 물론 강 양쪽을 연결하는 완전한 형태의 다리였다. 그러나 1309년 '아비뇽유수'가 시작된 이래, 교황이 강 중앙을 기점으로 강 저쪽에 이르는 다리의 절반을 파괴해 버렸다. 아비뇽에 거하고 있던 교황과 강 건너편 지역에서 기득권을 지니고 있던 추기경 사이에 사사건건 알력이 심했다. 막강한 권력을 휘두르던 교황이 '아비뇽유수'에 이른 것 자체가 교황권 약화의 산물이었기에, 교황과 추기경 사이의 갈등은 완화되지 않았다. 이것이 교황이 생베네제 다리의 절반을 절단한 이유였다. 갈 필요도,

올 필요도 없다는 의미에서였다.

이상이 나의 물음에 대한 여교사의 친절한 답변이었다. 집에 돌아온 나는 생베네제 다리와 관련된 문헌들을 뒤져 보았다. 그러나 '1188년에 완공된 이래 몇 차례 무너졌다가 1680년 이후부터 방치되어 있다'는 내용이 모두일 뿐, 그 다리가 붕괴된 이유를 밝혀 주는 기록은 어디에도 없었다. 따라서 나로서는 내가 만났던 여교사의 답변의 진위 여부를 확인할 길이 없었다. 그러나 생베네제 다리가 반파된 정확한 이유가 무엇이든 간에, 아비뇽 교황청 궁전 근처의 끊어진 다리는 많은 것을 생각게 해 주었다.

궁전이란 이 세상 정점의 상징이다. 사단이 예수님을 유혹했던 빵(돈), 명예, 권력이 고스란히 응집된 곳이 궁전이기에, 그것은 인간 욕망의 궁극적 지향점이다. 반면 끊어진 다리는, 두 지점을 이어 주는 것이 다리 본래의 역할임에 비추어 단절의 표징이다. 그러므로 궁전과 끊어진 다리는 불가분의 관계다. 자기 욕망의 궁전에 갇힌 인간은 하나님과 사람과의 바른 관계로부터 스스로 자신을 단절시킨다. 자기 궁전보다 더 신뢰할 만한 것은 없다는 착각으로 인함이다. 그 궁전 속에서 그가 비단 옷을 입고 매일 주지육림에 빠져 있다 한들, 그는 실은 하루하루 죽어 갈 뿐이다. 단절된 궁전 속엔 참 생명의 소통이 없는 까닭이다. 그래서 예수님께서는 돈·명예·권력의 궁전을 지으라는 사단의 유혹을 일언지하에 물리치셨다. 오히려 자기 욕망의 궁을 허물어야 하나님과의 다리가 이어지고 참 생명을 호흡할 수 있기 때문이다.

이런 의미에서 하나님과는 무관한 관광지로 몰락한 아비뇽 교황청 궁전과 끊어진 생베네제 다리는 이 세상의 축소판이다. 세상을 탐하는 인간들은 예외 없이 자기 욕망의 궁전을 짓고, 그 궁전을 지키기 위해 외부와 자신을 단절시키며, 그 욕망의 궁 속에서 영혼과 육신이 함께 죽어 간다.

그러나 막상 나를 가슴 아프게 하는 것은 아비뇽 교황청 궁전과 끊어진 생베네제 다리가 단순히 세상의 축소판인 탓이 아니라, 그것이 교회의 과거요 현실이기 때문이다. 교회는 궁전을 구축하는 곳이 아니라, 저마다 집착하고 있는 자기 욕망의 궁전을 허무는 곳이다. 교회의 역할은 단절이 아닌 연결이다. 사람과 하나님을, 사람과 사람을, 생명과 생명을 서로 이어 주는 교량 역할이다. 그래서 교회는 본래 썩지 않는 곳이다. 생명과 생명의 교류가 있는 곳엔 부패가 있을 수 없음이다.

과거는 차치하고 현실은 어떠한가? 교회마다 거대한 욕망의 궁전을 쌓고 있다. 그 궁전이 얼마나 높고 견고한지 하나님과 사람으로부터 단절된 지 이미 오래고, 그 속에서 세속적 욕망의 성취를 믿음의 본령인 양 구가하느라 영혼은 날로 피폐해지고 있다. 결과적으로 교회의 몸집은 공룡처럼 비대해졌지만 세상의 빛과 소금이 되기는커녕 자정 능력마저 상실하고 말았다. 교회 외부로부터는 말할 것도 없고 내부에서조차 교회가 썩었다는 비판과 자탄이 끊임없이 제기되고 있음이 그 증거다. 이것이 오늘날 교회의 실상이라면 그것은 그 속에 있는 사람들, 즉 크리스천들이 그렇게 살고 있기 때문이다. 그 결과가 어떨지는 너무나도 자명하다. 허무하게도 관광객의 구둣발에 짓밟히고 있는 아비뇽 교황청 궁전과 끊어진 생베네제 다리, 이것이 해답이다. 단 한 번의 기회밖에 없는 인간의 일생이 이런 식으로 끝나는 것은 어떻게든 막아야 할 불행이다.

작년 1년 동안 세계 곳곳의 교인들과 청년들, 특히 나의 모교인 장신대 신대원 사경회 기간 동안 신대원생들과 함께 다윗의 출생 전부터 다윗의 말년에 이르기까지 다윗의 일생을 추적해 본 까닭이 여기에 있다. 다윗이 언제 자신의 인생을 하나님 안에서 진리의 전으로 가꾸었는지, 언제 자기 욕망의 궁전을 쌓으려다 사람과는 물론이요 하나님과도 단절되었는지, 그리고 그 단절이 어떻게 회복되었는지를 살펴봄으로, 인간의 일생이 궁극적으로 무엇을 추구해야 할 것인지 청년 시절부터 알고 살아가자는 취지에서였다.

사랑하는 청년아,

그대가 만약 그대 욕망의 궁을 짓는 데 그대의 일생을 걸면, 그 궁이 무너지기도 전에 그대 자신이 먼저 그대의 모든 것을 잃고 모두와 단절되고 말 것이다. 그러나 그대가 그대의 궁을 스스로 허물고 진리의 전을 복원하는 데 그대의 일생을 바치면, 그대는 하나님과 세상을 동시에 얻게 될 것이다. 그대가 다윗의 일생을 통해 이 사실을 터득하고 그대 일생의 방향을 바르게 설정한다면, 그것이야말로 그대 인생을 사랑하고 아끼는 길이요, 그대로 인해 새로워질 조국과 인류의 미래를 사랑하고 지키는 일이다.

하나님께서는 언제나 군중이 아니라, 깨어 있는 한 인격을 당신의 도구로 쓰심을 잊어서는 안 된다.

2004년 2월 16일

차례

1 역사의 지평

이에 보아스가 룻을 취하여

아내를 삼고 그와 동침하였더니

여호와께서 그로 잉태케 하시므로

그가 아들을 낳은지라

여인들이 나오미에게 이르되 찬송할지로다

여호와께서 오늘날 네게 기업 무를 자가 없게 아니하셨도다

이 아이의 이름이 이스라엘 중에 유명하게 되기를 원하노라

이는 네 생명의 회복자며 네 노년의 봉양자라

곧 너를 사랑하며 일곱 아들보다 귀한 자부가 낳은 자로다

나오미가 아기를 취하여 품에 품고 그의 양육자가 되니

그 이웃 여인들이 그에게 이름을 주되

나오미가 아들을 낳았다 하여 그 이름을 오벳이라 하였는데

그는 다윗의 아비인 이새의 아비였더라

룻기 4:13-17

인생—그 삶의 두 길

장례식에 갈 때마다 으레 떠오르는 단상이 있다. 장례용품과 관련된 것이다. 망자(亡者)에겐 수의를 입힌다. 수의는 주로 삼베로 만들어지는데 삼베의 종류에 따라 수의의 가격이 달라진다. 최상품 삼베인 안동포로 제작된 수의의 가격은, 제일 싼 제품의 스무 배에 달한다. 관도 마찬가지다. 오동나무, 홍송, 향나무에 이르기까지 재질에 따라 관의 가격 역시 천차만별이다. 그러나 아무리 최고가의 수의나 관이라 한들, 장례용품이란 오직 죽은 자를 위한 것이다. 다시 말해 장례용품은 단지 죽은 시체와 썩어지기 위해 존재하는 죽음용품에 지나지 않는다.

나무 중에는 가구나 건축 재료로 다듬어져 산 사람을 위한 생명용품이 되는 나무도 있다. 삼베도 예외가 아니다. 이에 비하면, 유독 죽음용품이 되어 시체와 더불어 썩어져 간다는 것은 기막힌 일이다. 가구나 건축 재료 등 인간의 삶을 위한 생명용품용 나무는 얼마든지 재활용이 가능하지만, 죽음용품의 재활용이란 아예 불가능하다. 죽음용품은 처음부터 단 일회용으로 제작된다. 누구에게 물려주거나 물려받을 대상이 아니다. 도저히 수의를 구입할 수 없을 정도로 가난한 사람일지라도, 차라리 입고 있던 옷 그대로 매장될지언정 다른 시체에 사용되었던 수의나 관을 물려받는 예는 없다. 아니 관이나 수의가 재활용된 경우가 있긴 있었다. 옛날 무당이나 복술쟁이가 사람을 저주하는 부적을 만들 때, 가끔 무덤 속의 관이나 수의 조각을 부적의 재료로 사용했다. 그러나 그런 목적의 재활용이라면 도리어 재활용되지 않음만 못하다.

비석이라고 해서 다를 것은 없다. 돌의 용도가 얼마나 다양한가? 정원석이 되어 자연미를 한껏 뽐낼 수도 있고, 공사장에 동원되어 문명의 이기가 될 수도 있다. 그러나 돌이 비석으로 선택되는 순간 그것으로 끝이다. 한번 비석으로 다듬어진 돌은 다른 용도로는 쓰이지 않는다. 가령 무덤을 이장할 경우 비석을 가져가는 법은 없다. 그 자리에서 파손해 버리거나 아니면 땅속 깊이 묻어 버린다. 비석의 효용 역시 일회성이기 때문이다.

이처럼 삼베나 나무 그리고 돌 중에는 사람의 삶을 위한 생명용품이 있는가 하면, 단지 썩어지기 위해 존재하는 죽음용품도 있다. 같은 산에서 함께 자라고, 같은 채석장과 같은 포목점에서 한데 어우러져 있었지만, 이렇듯 생명용품과 죽음용품으로 확연히 갈라진다. 우리로 하여금 참으로 많은 것을 생각게 하는 갈라짐이다.

생명용품의 길이냐 죽음용품의 길이냐

인생도 이와 같다. 인생은 한 번밖에 없는 기회라는 의미에서 모든 인간은 동등하다. 그러나 그 한 번뿐인 인생을 많은 사람을 살리며 살아갈 수도 있고, 자기 욕망의 노예가 되어 도리어 많은 사람을 해치면서 허망한 공동묘지로 치달을 수도 있다. 전자가 자기 인생을 생명용품으로 가꾸는 자라면, 후자는 오직 한 번뿐인 자신의 인생을 어리석게도 죽음용품으로 소진하는 자다.

인생이라고 다 같은 인생인 것은 아니다. 생명용품으로 승화되는 인생이 있는가 하면, 죽음용품으로 단지 썩어지기 위해 존재하는 인생도 있다. 이것을 깨닫는다면, 인생에 대한 우리의 사유는 다음과 같이 더욱 깊어질 수 있다.

첫째, 장례용품과는 달리 인생의 결정권은 자신에게 있다.

삼베 혹은 나무가 수의나 관과 같은 장례용품, 죽음용품으로 만들어지는 것은 자기 결정의 결과가 아니다. 그것들에겐 아무 결정권이 없다. 그 결정은 오직 제작자에 의해 이루어진다. 제작자의 결정에 따라 같은 산의 나무이건만 생명용품과 죽음용품으로 갈라지는 것이다. 이런 의미에서 자기 의사와는 전혀 무관하게 죽음용품으로 제작되는 나무나 삼베가 한편으론 딱하기 그지없지만, 그럼에도 시체와 함께 썩어지는 자기 역할을 조금도 마다치 않기에 그 앞에서 숙연함을 느끼지 않을 수 없다.

그러나 한 인간이 자기 인생을 어떤 용품으로 일굴 것인지는 결코 타인의 결정 사항이 아니다. 그 결정권은 철저하게 자기 자신의 소관이다. 자기 인생을 생명용품으로 승화시키는 것도, 죽음용품으로 허비해 버리는 것도, 결국 자기 자신의 결정에 의해서이다. 그러므로 단 한 번밖에 없는 자기 인생을 아무 생각도 없이 죽음용품으로 썩혀 버리는 인간보다 더 추하고 어리석은 자는 없다.

둘째, 인생이 인간의 결정 사항이므로 인간에겐 절대적인 푯대가 필요하다.

작년 초에 받은 연하장 중에 잊을 수 없는 카드가 있다. 발신자가 직접 만든 카드 속엔 신라 시대 학자이자 최고의 문장가인 최치원의 한시가 적혀 있었다.

笑指門前一條路(소지문전일조로)
纏離山下有千岐(재리산하유천기)

웃으며 문 앞 외길을 가리키니
겨우 산 아래에서 천 길로 갈라지네

시골집 마루에 앉은 시인을 머릿속에 그려 보자. 그가 웃으며 싸리문 밖 외길을 손가락으로 가리켰다. 그의 손가락을 따라 눈길을 던져 보니 이게 웬일인가? 바로 앞 산 아래에서 외길은 천 갈래나 갈라져 있다. 시인은 자신의 시를 통해 지리적인 길을 이야기하고 있는 것이 아니다. 그는 지금 인생을 읊고 있다.

그렇다. 인생이란 언제나 외길처럼 보인다. 그러나 조금만 자세히 들여다보면 그게 아니다. 우리 앞엔 언제나 천 갈래 만 갈래의 인생길이 기다리고 있다. 그러나 그 많은 길 중에 우리 자신을 생명용품으로 일구어 주는 길은 언제나 한 길뿐이다. 나머지는 아무리 그럴듯해 보여도 모두 죽음의 길이다. 생명용품이 되기 위한 그 한 길, 그 외길을 찾기 위해서는 절대적인 푯대가 절대적으로 필요하다.

주의 말씀은 내 발에 등이요 내 길에 빛이니이다(시 119:105)

욕망은 바른 분별을 가로막는 벽이다. 그래서 욕망에 집착하면 할수록 미몽에 더 깊이 빠져, 칠흑 같은 어둠 속을 죽음용품으로 헤매다 인생이 끝날 수밖에 없다. 그러나 영원하신 하나님의 말씀은 '발의 등'이요 '길의 빛'이기에 그 말씀을 푯대로 삼기만 하면, 이 세상 천 갈래 만 갈래의 길 중에서 자신을 생명용품으로 일구어 줄 생명의 길을 바르게 분별해 낼 수 있다.

내 영혼을 소생시키시고 자기 이름을 위하여 의의 길로 인도하시는도다(시 23:3)

이것은 다윗의 고백이다. 다윗은 하나님의 말씀을 자기 인생의 절대적 푯대로 삼았을 때, 하나님께서 자기를 의의 길, 즉 생명의 길로 인도하신 것은 다윗 자신을 위함이었다고 말하지 않았다. 그것은 하나님 당신의 이름을 위해서였다는 것이 다윗의 고백이다.

목사인 내가 어느 청년 그룹에게 성경을 가르친다고 치자. 그 경우, 나와 성경공부 하다가 인생을 망쳤다는 소리를 듣는 것보다 개인적으로 나에게 더 큰 불명예가 어디에 있겠는가? 그 그룹에 속한 청년들 중 단 한 명도 실족지 않도록, 아니 그들의 삶이 주님의 말씀 안에서 모두 새로워질 수 있도록 나의 명예를 걸고 그 청년들을 위해 나의 진액을 다 쏟아붓지 않겠는가? 사람도 이럴진대 하물며 하나님께서야 두말해 무엇 하겠는가? 그대가 하나님의 말씀을 그대 인생의 절대적 푯대로 삼기만 하면, 하나님께서는 당신의 이름과 명예를 걸고 그대를 반드시 생명용품으로 가꾸어 주신다. 이 사실을 자신의 삶으로 확인한 사도 바울은 다음과 같이 고백하였다.

> 그러므로 우리가 낙심하지 아니하노니 겉사람은 후패하나 우리의 속은 날로 새롭도다(고후 4:16)

세월을 이기는 장사가 없다. 나이가 들면 육체는 쇠하게 마련이다. 그러나 주님의 말씀을 자기 인생의 푯대로 삼은 자의 심령은 세월이 흐를수록 더욱 새로운 생명으로 넘친다. 그는 죽음용품이 아니라 생명용품인 까닭이다. 생명용품의 연륜이 깊어 갈수록 생명이 더욱 충일해짐은 조금도 이상한 일이 아니다.

1997년, 불과 닷새 간격으로 우리는 세계적인 두 여인의 죽음을 목격했다. 그 중 한 명은, 이집트 출신 애인과 함께 프랑스 파리에서 교통사고로 즉사한 영국의 다이애나비다. 그때 그녀의 나이 36세였다. 그녀는 세계 최고의 왕가로 일컬어지는 영국 왕실의 왕세자비였고, 그녀와 함께 죽은 새 애인 알 파예드는 영국 재벌의 아들이었다. 그녀는 명실 공히 부귀영화와 젊음의 정점에 있었다. 그러나 그녀는 한순간에 죽었고, 장엄하기 그지없었던 그녀의 장례식은 공허하고 허무하기만 했다. 36년 동안 자기만을 위해 살았던 그녀의 장례식에서 죽음용품 이외의 것을 볼 수 없었던 탓이다.

다이애나비 사망 닷새 후, 인도 캘커타의 테레사 수녀가 숨을 거두었다. 인도의 빈민을 위해 평생을 바친 그녀는 당시 87세의 노파였다. 젊은 왕세자비 다이애나에 비하면, 깊이 팬 주름에 깡말라 광대뼈가 유독 두드러져 보이던 노파 테레사 수녀의 외모는 그야말로 볼품이라곤 전혀 없었다. 그렇다고 소유가 넉넉한 것도 아니었다. 사리 단 두 벌이 그녀의 전 재산이었다. 다이애나비와 테레사 수녀를 비교한다는 것 자체가 부질없어 보였다. 그러나 평생 초라해 보이기만 했던 그 노파의 장례식은 이루 말로 표현할 수 없는 큰 감동을 안겨 주었다. 테레사 수녀의 삶 자체가 곧 생명용품이었기 때문이다. 사도 바울의 표현처럼, 그녀의 육체는 비록 후패했지만 생명용품이었던 그녀의 삶은 죽어서도 생명을 발하고 있었다.

셋째, 한 인간의 인생은 역사의 지평을 뒤흔든다.

한 인간이 자신의 인생을 어떤 용품으로 일구느냐는 것은 그 개인의 문제로 끝나지 않는다. 주위 사람은 물론이요 다가올 미래, 다시 말해 보이지 않는 역사의 지평에까지 반드시 그 영향을 미친다.

요즘 젊은이들이 즐겨 보는 책 가운데 《파페포포 메모리즈》가 있다. 그 책의 지은이는 특수영상 기획자인 심승현 청년이다. 짧은 에세이와 만화로 구성된 책이라 쉽게 읽힌다. 그러나 쉽게 읽을 수 있다고 내용마저 가벼운 것은 아니다. 그 속엔 인생에 대한 깊은 통찰력이 담겨 있다. 다음 에세이가 그 좋은 예다.

그 아이는 아이스크림을 좋아했다.
아이스크림을 먹는 모습이 너무 예뻤다.

그 아이는 야구를 좋아했다.
야구장에서는 꼭 아이스크림을 먹었다.

나도 아이스크림을 좋아하게 되었다.
야구를 보면서 아이스크림을 먹는 걸 좋아하게 되었다.
새로 생긴 내 친구는
야구장에서 나와 아이스크림을 먹는 걸 좋아한다.

언뜻 대수로워 보이지 않지만, 그러나 곱씹어 볼수록 의미심장한 이야기다.
A라는 친구를 사귀기 전까지 나는 아이스크림이나 야구에 전혀 관심이 없었다. 그런데 아이스크림을 좋아하는 야구광 A와 가까이 지내다 보니 그 친구의 삶이 나도 모르게 내게 전이되었다. 언제부터인지 틈이 날 때마다 야구장을 찾는 내 손엔 어김없이 아이스크림이 들려 있었다. 세월이 흘러 새로운 친구 B와 단짝이 되었다. 처음 만났을 땐 B도 예전의 나처럼 아이스크림이나 야구와는 거리가 멀어도 한참 멀었다. 그러나 같이 지내는 시간이 길어지면서 B 역시 자연스럽게 아이스크림과 야구장을 즐겨 찾게 되었다. 이처럼 A의 삶의 한 부분이 나를 거쳐 B에게 고스란히 전이되었다. 중요한 것은 A는 자신의 삶이 B에게 지대한 영향을 미쳤다는 사실을 전혀 모르고 있다는 사실이다.
이처럼 그대의 삶은 그대의 인식 여부와 상관없이 누군가에게, 그대가 아는 사람은 물론이요 전혀 상상치도 못한 사람에게까지 반드시 영향을 미쳤고, 미치고 있으며, 앞으로도 계속 미칠 것이다.

내가 신학교에 입학하기 전에 나와 같은 직장에서 일하던 동료 한 분이 3년 전 자기 소유의 집을 장만했다. 한국처럼 부동산 투기가 횡행하는 나라에서 봉급자가 정직하게 살면서, 비록 작은 크기나마 자기 명의의 집을 가진다는 것은 여간 근면하지 않고서는 어려운 일이다. 나는 그분을 만나 진심으로 축하해 주었다. 그런데 그분은 나의 축하를 '다 목사님 덕분입니다' 란 덕담으로 받았다. 그분이 집을 사는 데 현실적으로 아무 도움을 준 적이 없는 내겐 전혀 어울리지 않는 인사치레였다. 그러나 그것은 그분의 진심이었고, 그분은 이유를 이렇게 설명하였다.

1983년부터 나와 같은 직장에서 일하기 시작한 그분은 밤이면 밤마다 술독에 빠져 있는 나를 누구보다도 가까이에서 지켜보았다. 그러던 나의 삶이 1984년 8월 2일 주님 안에서 180도 선회한 것은 그분에게 큰 도전이 되었다. 그 이전과 이후의 나의 삶이 그분에게 너무나도 판이해 보였던 것이다. 그때까지 교회를 다니긴 하면서도 선데이크리스천의 수준을 벗어나지 못했던 그분 역시 새로운 삶을 살기로 결심, 아예 주초를 끊어 버렸다. 그로부터 햇수로 17년 만에 자기 집을 장만할 수 있었다는 설명 끝에 그분이 말했다.

"제가 그동안 밤마다 술독에 빠져 있었다면 어떻게 이런 일이 가능하기나 했겠습니까? 그러나 그때 목사님의 삶이 변화되는 것을 보고 저도 크리스천답게 살기로 결심한 결과가 집으로 나타났습니다. 전적으로 목사님 덕분입니다."

나는 그분과 함께 주님을 찬양치 않을 수 없었다. 나는 그분이 집을 사는 데 단돈 1원도 보태 준 적이 없다. 집 장만을 권하거나 독려한 적도 없다. 더욱이 나의 삶이 그분에게 그토록 깊은 영향을 미쳤으리라곤 상상해 본 적조차 없다. 그런데도 나의 삶이 그분으로 하여금 한 가정의 책임 있는 가장이 되게 한 것이다. 그렇다면 나의 삶이 그분에게만 영향을 준 것은 아니다. 그분의 자녀들을 생각해 보자. 지금처럼 성실한 가장인 아버지 슬하에서 사는 자녀들과, 예전처럼 술독에 빠진 아버지를 보고 성장하는 자녀들의 현재와 미래가 동일할 수는 없을 것이다. 결국 나의 삶은 그분을 거쳐 그분 자녀들의 삶, 그 자녀들의 미래에까지 영향을 미친 것이다. 내가 전혀 의식지도 못하는 가운데 말이다.

1984년 8월 2일 나의 삶에 코페르니쿠스적 전환이 이루어진 것은 아내를 통해서였다. 주님의 말씀을 좇아 사는 아내의 도움으로 살아 계신 주님을 인격적으로 만난 것이다. 그 이후 내가 목회자의 길을 걷는 동안 나로 인해 주님 안에서 인생관이 바뀐 분들이 적지 않다. 그분들 중에는 지구 반대편에 사는 분들도 있다. 아내는 결혼 이후 줄곧 합정동에서 살아왔다. 그런데도 아내의 삶이 나를 매개로 하여 지구 반대편에 있는 분들에게까지 영향을 준 것이다.

이것은 특정인에게 국한된 이야기가 아니다. 모든 인간의 삶은 어떤 형태로든 타인의 삶과 미래에 영향을 미치고, 결과적으로 역사의 지평을 뒤흔들게 마련이다. 이 장에서 살펴보려는 구약성경 룻기의 강조점이 바로 이것이다.

룻기에는 세 여인이 등장한다. 시어머니 나오미, 그리고 며느리 오르바와 룻이다. 나오미는 본래 남편 엘리멜렉과 함께 이스라엘 베들레헴 사람이었다. 그러나 나오미 부부는 보다 나은 삶을 위해 모압으로 이민 가기로 하고, 두 아들 말론과 기룐을 데리고 고향을 떠났다. 모압에서 두 아들은 그곳 출생인 오르바와 룻과 각각 결혼, 그들의 이민은 성공적인 듯했다.

그러나 이민 10년 만에 남편과 두 아들 모두 죽고 말았다. 졸지에 세 명의 과부만 남게 된 것이다. 나오미는 어쩔 수 없이 고향 베들레헴으로 되돌아갈 것을 결심, 두 며느리를 데리고 길을 나섰다. 그들의 베들레헴행이 그곳 출신인 시어머니 나오미에겐 고향을 되찾는 역이민이었지만, 모압 여인인 두 며느리 입장에서는 타국으로의 이민 길이었다. 젊은 나이에 남편도 없이 물설고 낯선 이국의 삶과 부딪혀야만 하는 애처로운 신세가 된 것이다.

한참 길을 가던 시어머니 나오미의 마음이 바뀌었다. 아들들이 살아 있으면 모르지만 다 죽고 없는 판에 젊은 며느리들에게 이국의 삶을 강요하는 것은 못할 짓이란 생각에서였다. 나오미는 며느리들에게 친정으로 돌아가 개가하여 행복하게 살기를 권했다. 전혀 예상치 못한 시어머니의 권유에 두 며느리는 펄쩍 뛰었지만, 거듭되는 설득에 큰며느리 오르바는 못 이기는 척 친정으로 돌아가 버렸다. 그러나 작은며느리 룻은 끝까지 시어머니를 따랐다. 그것은 단지 고부간의 인간적 정분 때문만이 아니었다.

나로 어머니를 떠나며 어머니를 따르지 말고 돌아가라 강권하지 마옵소서 어머니께서 가시는 곳에 나도 가고 어머니께서 유숙하시는 곳에서 나도 유숙하겠나이다 어머니의 백성이 나의 백성이 되고 어머니의 하나님이 나의 하나님이 되시리니 어머니께서 죽으시는 곳에서 나도 죽어 거기 장사될 것이라 만일 내

가 죽는 일 외에 어머니와 떠나면 여호와께서 내게 벌을 내리시
고 더 내리시기를 원하나이다(룻 1:16-17)

룻이 죽기까지 시어머니를 따르려 했던 것은 하나님에 대한 믿
음 때문이었다. 친정으로 돌아가면 육신적으로는 더없이 편하겠지
만 그러나 믿음의 관점에서 볼 때, 홀로 된 불쌍한 시어머니를 따
르는 것보다 더 큰 일은 없었다. 그녀는 하나님께 순종하는 것과
가련한 시어머니 봉양을 구별하여 생각지 않았다. 이를테면 룻은
자신이 믿는 하나님께 순종키 위해 자기 생을 시어머니를 위한 생
명용품으로 내어놓은 자였다. 그렇다고 젊은 며느리의 헌신을 시
어머니가 당연시한 것은 아니었다. 고향 베들레헴에 재정착한 나
오미는 룻으로 하여금 보아스라는 유대인과 개가토록 주선, 나오
미의 배려로 룻은 새로운 사랑의 보금자리를 얻었다.

이에 보아스가 룻을 취하여 아내를 삼고 그와 동침하였더니 여
호와께서 그로 잉태케 하시므로 그가 아들을 낳은지라(룻 4:13)

하나님께서는 개가한 룻이 남편 보아스와의 사이에서 아들을 얻
게 해 주셨다. 그렇다면 쉽게 이런 결론을 내릴 수 있다. 늙은 시모
를 위해 자기 생을 생명용품으로 내어놓을 정도로 아름다운 신앙
심을 지닌 룻에게 하나님께서 복을 주셔서 그녀의 삶이 행복한 결
말로 끝났다고 말이다. 중요한 것은 구약성경 룻기가 이것으로 끝
나지 않았다는 사실이다. 룻기 4장 16절에서 17절은 이렇게 계속
된다.

나오미가 아기를 취하여 품에 품고 그의 양육자가 되니 그 이웃
여인들이 그에게 이름을 주되 나오미가 아들을 낳았다 하여 그
이름을 오벳이라 하였는데 그는 다윗의 아비인 이새의 아비였
더라

아들을 얻은 룻은 외로운 시어머니 나오미로 하여금 자기 아이
를 키우게 해 드렸다. 나오미의 품에 안긴 아이를 본 동네 사람들
은 아이를 오벳이라 불렀다. 지금 태어난 아이는 오벳뿐이다. 그런
데 성경은 그 아이를 가리켜 "다윗의 아비인 이새의 아비"라는 설
명을 덧붙이고 있다. 눈에 보이는 것은 핏덩이 오벳밖에 없는데 성
경은 그 핏덩이의 손자(핏덩이의 어머니 룻에겐 증손자)인, 아직 태어
나지도 않은, 먼 미래에 태어날 다윗을 동시에 보여 주고 있다. 다
윗이 누구인가? 이스라엘이 암울하던 시절, 그 나라의 역사를 새롭
게 한 위대한 신앙인이었다.

그렇다면 핏덩이 오벳과 함께 아직 태어나지도 않은 다윗을 동
시에 보여 주는 본문의 의미는 무엇인가? 자신의 인생을 생명용품
으로 일구었던 룻의 삶이 이스라엘 역사의 지평을 뒤흔들었다는
것이다. 그녀는 볼품없는 이방 여인이요 한 것이라곤 겨우 핏덩이
한 명 낳은 것밖에 없지만, 그러나 그녀에 의해 지금 이스라엘 역
사의 지평이 새로워지고 있다는 것이다.

이것이 얼마나 중요한지, 계속되는 룻기의 결론은 이렇다.

베레스의 세계는 이러하니라 베레스는 헤스론을 낳았고 헤스론
은 람을 낳았고 람은 암미나답을 낳았고 암미나답은 나손을 낳

았고 나손은 살몬을 낳았고 살몬은 보아스를 낳았고 보아스는
오벳을 낳았고 오벳은 이새를 낳았고 이새는 다윗을 낳았더라
(룻 4:18-22)

룻기는 다윗을 한 번 더 언급하는 것으로 끝을 맺고 있다. 그런
데 룻기의 결론으로 제시된 이 족보는 대체 무슨 족보인가? 마태복
음 1장은 이 족보가 바로 예수 그리스도의 족보임을 밝혀 주고 있
다. 이 족보를 통해 이 땅에 오신 예수 그리스도에 의해 인류의 역
사가 새로워졌다. 이것이 룻기의 결론이다. 자신의 인생을 생명용
품으로 가꾸기만 하면, 하나님께서는 그의 삶을 통로로 삼아 인류
의 역사를 반드시 새롭게 하신다는 것이다. 3,000년 전 베들레헴
사람들은 나오미의 품에 안긴 핏덩이 오벳밖에 보지 못했지만, 하
나님께서는 그 핏덩이의 어머니인 룻으로 인해 인류 역사의 지평
이 새롭게 펼쳐지고 있음을 이미 보고 계셨던 것이다. 이 귀중한
사실을 일깨워 주는 룻기는 그래서 더없이 소중한 책이다.

청년들이여, 잊지 말라. 모든 인간의 삶은 긍정적이든 부정적이
든 반드시 역사의 지평에 영향을 미친다. 그대의 삶도 예외가 아니
다. 오늘 그대의 삶에 따라 오늘의 결과인 미래의 모습이 달라진
다. 바로 여기에 우리의 소망과 두려움이 동시에 존재한다. 소망이
라 함은 우리의 삶이 아무리 작고 보잘것없을지라도 주님 안에서
생명용품이 되기만 하면 무명의 룻이 그랬듯 우리로 인해 역사의
지평이 새로워질 것이기 때문이요, 두려움이라 함은 욕망의 노예
가 되어 우리 삶을 고작 죽음용품으로 일굴 경우 바로 우리 자신이

역사의 지평을 허물 수도 있기 때문이다.

역사의 지평을 새롭게 하는 자와 허무는 자가 전혀 다른 사람일 수도 있지만, 사람에 따라서는 동일인일 수도 있다. 아브라함이 우리에게 중요하다는 것은 그의 삶이 모든 면에 걸쳐 항상 옳았음을 의미하지 않는다. 100세에 얻은 아들 이삭을 번제로 바치라는 하나님의 명령에 오직 믿음으로 순종했을 때 그는 참 생명이 넘치는 생명용품이었고, 그의 삶을 토대로 이스라엘 민족의 대역사가 펼쳐졌다. 그러나 아들을 주신다는 하나님의 약속을 믿지 못해 몸종 하갈과 동침, 서자인 이스마엘을 얻은 순간의 그는 한낱 죽음용품에 지나지 않았다. 그 결과 적자 이삭과 서자 이스마엘의 갈등은, 4천 년이 지난 지금까지 유대인과 아랍인 간의 전쟁과 상호 살상으로 이어지면서 인류 역사의 한 부분을 허물고 있다. 현재 이스라엘과 팔레스타인 사이에 벌어지고 있는 학살과 자살 테러의 유혈 참극의 근원은, 거슬러 올라가면 아브라함이다.

이처럼 아브라함은 역사의 지평을 새롭게 한 생명용품인 동시에 역사를 허문, 아니 지금도 허물고 있는 죽음용품이기도 하다. 바꾸어 말하면 그는 우리가 본받아야 할 진면교사 혹은 정면교사(正面敎師)인 동시에, 닮아서는 안 될 반면교사(反面敎師)이기도 하다. 그래서 그는 우리에게 더할 수 없이 중요한 인물이다. 우리가 우리 삶을 왜 평생 생명용품으로 일구어야 하는지 자신의 삶으로 웅변해 주고 있기 때문이다.

나의 그릇된 삶으로 인해 미래의 한 부분이, 역사의 지평이 어떤 의미에서든 허물어진다는 것은 생각하는 것만으로도 끔찍하다.

생명용품의 길

그렇다면 이제 우리가 궁구해야 할 명제는 자명해졌다. 역사를 허묾 없이, 일평생 역사의 지평을 새롭게 하는 생명용품으로 살아가는 길은 무엇인가? 룻과 나오미의 삶을 추적하면서 그 해답을 함께 찾아보자.

죽음과 생명의 자각

룻기에 등장하는 세 여인의 공통점은 모두 처절하게 죽음을 경험했다는 것이다. 시어머니 나오미의 경우 남편이 죽었고, 큰아들이 죽었으며, 작은아들이 죽었다. 큰며느리 오르바는 시아버지의 죽음, 남편의 죽음, 시동생의 죽음을 겪었다. 작은며느리 룻은 시아버지의 장례, 시아주버니의 장례, 남편의 장례를 경험했다. 그들에게 죽음은 먼 나라 남의 이야기가 아니라, 바로 자신들의 문제였다.

그러나 죽음을 경험하고 아는 것만으로는 부족하다. 죽음을 자각했기에 살아 있는 동안 마음껏 즐겨 보자는 쾌락주의자 또는 세속주의자가 되거나, 그와는 정반대로 허무주의 또는 염세주의에 빠지는 사람도 부지기수다. 죽음을 알기에 죽음 너머를 생각하는 자, 죽음의 자각을 통해 영원한 생명의 필요성을 절감한 자가 영원하신 하나님을 인격적으로 만날 수 있고, 생명의 근원이신 하나님의 말씀 안에서 자신을 생명용품으로 일굴 수 있다.

똑같이 죽음을 세 번씩이나 경험했음에도 큰며느리 오르바는 자기 친정으로 돌아가 버렸다. 그녀의 친정이란 모압, 하나님을 전혀 필요로 하지 않는 이방 땅이었을 뿐이다. 이처럼 그녀가 하나님과 무관한 길로 가 버린 것이 허무주의로 인함인지, 아니면 세속주의 때문이었는지는 알 도리가 없다. 분명한 것은 그녀는 그 처절한 죽음의 터널을 거쳤음에도 참 생명에 대한 자각, 생명이신 하나님과의 인격적인 만남이 없었다는 사실이다. 그녀는 자기 길을 취함과 동시에 성경에서 사라지고 말았다. 생명과는 전혀 무관한, 3,000년 전 모압 땅 어느 공동묘지에서 죽음용품으로 끝나 버렸을 그녀의 나머지 삶에 대해 더 이상 알 것도, 알아야 할 필요도 없는 까닭이다.

그러나 나오미와 룻은 달랐다. 그들은 죽음을 통감했기에 생명이신 하나님께 자신들을 전적으로 의탁할 수밖에 없었고, 그 결과 그들은 하나님 안에서 역사의 지평을 생명으로 뒤흔드는 생명용품으로 일구어졌다.

아프리카 대륙은 크게 직삼각형 모양을 하고 있는데, 그 세 꼭짓

점엔 아주 대조적인 무덤이 각각 자리 잡고 있다. 먼저 오른쪽 꼭짓점의 나라는 이집트이고, 이집트의 수도 카이로 남서쪽 기자(Giza)에는 제1피라미드가 태산처럼 솟아 있다. 이집트에 산재해 있는 피라미드들 중에 가장 규모가 크다고 하여 제1피라미드 혹은 대피라미드라 불리는 이 피라미드는 이집트 제4왕조 쿠푸 왕의 무덤이다. 지금부터 4,500년 전, 밑변 230미터에 높이 144.6미터로 정교하게 쌓인 이 거대한 무덤을 축조하기 위해 동원된 돌은, 평균 2.5톤의 석회암이 무려 230만 개에 이른다. 인간이 인간을 위해 만든 인류 역사상 최고 최대의 무덤이란 명성에 조금도 손색없는 위용이다. 그 앞에 서는 순간 '압도'란 단어 이외의 말이 생각나지 않는다.

그러나 내부로 들어가 미로 같은 복도를 거쳐 왕의 묘실에 들어가 봐도 거기에 파라오의 시신은 없다. 그 대신 텅 빈 묘실의 한쪽 벽에, '1818년 3월 2일 벨자니'란 글씨가 붉은 페인트로 크게 쓰여 있다. 그 묘실을 발굴하고 파라오의 미라를 가져간 사람의 이름과 날짜다.

아프리카 대륙 왼쪽 꼭짓점의 나라는 모로코다. 모로코의 수도 라바트엔 아프리카 대륙에서 가장 아름다운 무덤으로 불리는 모하메드 5세 영묘(Mausolée de Mohamed V)가 있다. 영묘(靈廟)란 내부 출입이 가능한 구조와 형태의 묘다. 사람들은 모하메드 5세 영묘를 가리켜 아프리카의 타지마할이라 부른다. 타지마할은 인도 무굴제국의 황제 샤 자한이 자신의 아내 베감을 위해 건축한 영묘로 세계에서 가장 아름다운 건축물로 꼽히고 있다.

모하메드 5세는 프랑스로부터 모로코의 독립을 되찾은 민족 영웅으로, 그가 타계한 뒤 왕위를 계승한 아들 하산 2세가 아버지를 위해 지은 것이 모하메드 5세 영묘인데, 1999년 7월에 타계한 하산 2세의 시신 역시 자신의 유언에 따라 그 속에 안치되었다.

영묘로 들어가면 발코니를 통해 아래층 바닥 한가운데 위치한 모하메드 5세의 웅장한 관과 정면 왼쪽의 하산 2세의 관, 그리고 오른쪽으로는 젊은 나이에 운명한 하산 2세의 둘째 아들, 즉 현재 모로코 국왕 모하메드 6세의 동생의 관을 모두 내려다볼 수 있다. 그런데 영묘 내부의 구조와 모자이크로 장식된 벽 그리고 샹들리에 등이 얼마나 아름답고 화려한지, 만약 관만 보이지 않는다면 죽은 자의 무덤이 아니라 살아 있는 왕비의 아름다운 왕궁 내실로 착각할 정도다.

아프리카 대륙 맨 아래쪽 꼭짓점의 나라는 소수 백인이 경제를 독점하고 있는 남아프리카공화국이다. 전체 국민의 14.7퍼센트에 불과한 백인이 전 국토의 90퍼센트를 차지하고 있는 이 나라의 원주민, 그러니까 흑인 절대다수는 빈민 수준이다. 흑인들은 대개 집단적으로 빈민촌을 이루고 있는데 빈민촌 부근엔 으레 흑인 공동묘지가 있다. 나는 처음 가 보는 나라일 경우 가능하면 반드시 공동묘지를 찾는다. 공동묘지는 살아 있는 사람들로부터는 얻을 수 없는 귀중한 메시지들의 보고이기 때문이다. 그래서 남아프리카공화국에 갔을 때도, 수도 프리토리아 부근의 흑인 빈민 묘지와 백인 묘지를 차례로 찾아가 보았다.

흑인 빈민 묘지는 묘지라 부르기가 민망할 정도로 황폐했다. 무성한 잡초와 쓰레기투성이에 변변한 비석 하나 없는 그 공동묘지는, 그동안 내가 보아 왔던 세계 여러 나라의 공동묘지들 중 가장 초라하였다. 근처 백인 묘지와 비교하면, 흑인 묘지는 차라리 쓰레기장이라 부르는 편이 나아 보였다.

세계에서 가장 거대한 무덤인 이집트의 피라미드, 아프리카 대륙에서 제일 아름답다는 모로코의 모하메드 5세 영묘, 너무나도 황폐하고 초라하여 마치 쓰레기장을 방불케 하는 남아프리카공화국의 흑인 빈민 묘지—얼마나 대조적인 세 무덤인가? 그러나 그 엄청난 외형적 차이에도 불구하고 본질적으로는 모두 동일하다. 무덤의 본질은 죽음이요, 죽음 그 자체엔 아무런 차이가 있을 수 없다. 그렇다면 아프리카의 세 무덤은 얼마나 의미심장한 메시지인가?

그대가 피라미드처럼 이 세상에서 가장 거대한 자가 될 수도 있다. 그렇다고 그대가 죽지 않는 것은 아니다. 그대의 미모가 세계 제일을 뽐낼 수도 있다. 그래도 그대는 죽는다. 그대가 빈민처럼 살 수도 있지만, 빈민이라고 죽음에서 벗어나 있는 것도 아니다. 이 세상에 태어난 인간은 모두, 그리고 반드시 죽는다. 여기에 예외는 없다.

지금부터 186년 전, 피라미드 내부의 미로를 헤치고 파라오의 묘실을 발굴한 벨자니(Belzani)는 얼마나 기뻤던지 자신의 이름과 날짜를 묘실 벽에 붉은 페인트로 기록하였다. 자신이야말로 위대한 파라오를 정복한, 실은 파라오보다 더 위대한 정복자임을 스스로 밝히기 위함이었다. 그렇다고 186년이 지난 지금까지 그가 살아 있는가? 아니다. 그 역시 이미 죽어 한 줌의 흙으로 돌아가 버렸다. 모든 인간이 죽는다는 것은 아무도 피할 수 없는 하나님의 법칙이다.

2001년 7월 캐나다 몬트리올의 지방 신문에 게재된, 그 지역 직업 소개 회사의 이색적인 전면광고가 내 눈길을 사로잡았다. 빈 의

자 뒤에 여자 한 명과 남자 두 명이 서 있는 검은색 바탕의 광고였는데, 세 사람 모두 엑스레이로 투시된 해골 모습이었다. 엑스레이로 찍은 사진인 만큼 그들이 입고 있는 옷은 보일 듯 말 듯한데 비해, 해골과 해골 위에 걸쳐진 시계, 안경, 목걸이, 볼펜 등은 너무나도 선명했다. 아마도 광고주인 직업 소개 회사는, 고객이 백골이 되기까지 안정적인 일자리를 보장해 주겠다는 의미로 그런 광고를 게재한 듯했다. 그러나 그 본래의 의미와는 상관없이, 그것은 인생에 대한 얼마나 큰 웅변인가?

살아 있는 모든 인간이란, 실은 미래의 해골에 지나지 않는다. 불과 몇십 년 후에 해골이 되지 않을 인간은 없다. 아무리 귀금속으로 치장하고 있다 한들, 긴 안목에서 본다면 그 또한 해골 치장에 불과하다. 살아 있는 것 같으나 실제론 해골일 뿐인 것, 바로 이것이 인생이다. 이 사실을 깨닫지 못하는 인간은 일생토록 죽음용품으로 살아갈 수밖에 없다. 그는 사나 죽으나 해골일 것이기 때문이다. 그러나 인간의 죽음과 인생이 해골임을 자각한 자는 영원히 생명용품으로 살아가게 마련이다. 그는 해골 이후를 책임져 주실 하나님께 자기 생을 송두리째 맡기지 않을 수 없기 때문이다.

예수 그리스도의 복음을 한 컷의 그림으로 표현한다면 골고다 위에 세워진 주님의 십자가다. 골고다는 아람어 '굴갈타'(gulgalta)의 헬라어 음역으로 '해골'이란 의미다. 영어로는 '갈보리'(calvary)인데 이 역시 해골을 뜻하는 라틴어 '칼바'(calva)에서 파생되었다. 해골의 정수리에 꽂힌 십자가를 머릿속에 그려 보자. 십자가를 통해 예수 그리스도의 보혈이 해골 위로 흘러내린다. 그 보혈을 타고 하나님의 영원한 생명, 참 생명이 해골에 임한다. 마침

내 생명의 보혈로 수혈받은 해골이 생명을 얻고 되살아난다. 마치 에스겔이 본 골짜기의 해골들이 일어섰던 것처럼 말이다. 확실히 해골의 정수리에 꽂힌 십자가보다 더 강력한 복음의 상징은 없다.

그렇다면 누가 십자가의 주님께 자신을 온전히 의탁, 순종할 수 있겠는가? 두말할 것도 없이 자신이 해골에 지나지 않음을 자각한 자다. 그 사람만 참 생명, 영원한 생명의 필요성을 아는 자이기에 주님의 생명 안에서 생명용품으로 살아가게 된다. 반면 자신이 해골임을 자각지 못하는 자는 주님의 능력을 이용하기 위해 주님을 찾을 뿐이고, 결국 그런 자의 삶이란 그 외적 모습과는 상관없이 해골, 즉 죽음용품으로 지속되고 마감될 뿐이다. 이처럼 십자가는 해골임을 자각한 자의 것이란 의미에서, 자신이 골고다 곧 해골임을 깨닫는 것보다 더 큰 은총은 없다.

자기 비움

시어머니 나오미는 고향 베들레헴으로 되돌아가기 위해 길을 나설 때만 해도, 모압 여인인 두 며느리가 자신을 따르는 것을 당연하게 여겼다. 당시 시집간 여인은 시집의 소유물과 같았다. 그렇기에 두 며느리 역시 아무 이의 없이 시어머니를 따라나섰다. 그것이 그들에겐 비록 이국으로의 이주 길일망정 자신들에겐 거부할 권리가 없었다. 그러나 시어머니인 나오미는 한참이나 길을 가다가 마음을 비우고, 두 며느리에게 각자 친정으로 돌아가 개가하여 행복하게 살 것을 권했다. 그것은 쉬운 일이 아니었다. 자기 소유물과 같은 며느리들을 포기한다는 것은, 늙은 나오미가 지금부터 죽을 때까지 자기 손으로 밥 짓고 빨래하며 양식을 위해 스스로 수고해야 함을 뜻했다. 그것은 며느리를, 그것도 둘씩이나 둔 시모라면 어떻게 해서든 반드시 피해야 할 삶이었다. 그런데도 나오미는 왜 그 고생길을 스스로 택했을까?

> 그가 모압 지방에 있어서 여호와께서 자기 백성을 권고하사 그들에게 양식을 주셨다 함을 들었으므로 이에 두 자부와 함께 일어나 모압 지방에서 돌아오려 하여 있던 곳을 떠나고 두 자부도 그와 함께하여 유다 땅으로 돌아오려고 길을 행하다가 나오미가 두 자부에게 이르되 너희는 각각 어미의 집으로 돌아가라 너희가 죽은 자와 나를 선대한 것같이 여호와께서 너희를 선대하시기를 원하며 여호와께서 너희로 각각 남편의 집에서 평안함을 얻게 하시기를 원하노라 하고 그들에게 입 맞추매(룻 1:6-9 상)

나오미가 자신의 안일함보다 두 며느리의 행복을 택한 것은 여호와 하나님에 대한 믿음 때문이었다. 젊은 두 자부로 하여금 이국 땅에서 자신을 수발들게 하는 것만으로 그들의 일생을 소진케 하는 것은 하나님께서 사랑하시는 그들에 대한 선대(善待)가 아님을, 하나님에 대한 순종은 가장 가까이에 있는 며느리들에 대한 선대로 나타나야 함을 깨달았던 것이다. 하나님으로 인해 나오미는 미련 없이 자신을 비울 수 있었다.

시어머니로부터 친정으로 돌아가라는 말을 들은 두 며느리는 펄쩍 뛰었다. 그들은 소리 높여 울면서 시어머니의 제의를 사양, 이국땅일망정 시어머니를 따라가겠다는 그들의 의지를 밝혔다. 자신들을 위한 시어머니의 자기 비움에 며느리들 역시 시어머니를 위한 자기 비움으로 응답한 것이다.

그러나 시어머니는 며느리들에게, 자신을 따라온들 소망이라곤 있을 수 없으니 속히 돌아갈 것을 간곡한 심정으로 거듭 당부하였다. 시어머니가 두 번째로 자신을 비운 것이다.

> 그들이 소리를 높여 다시 울더니 오르바는 그 시모에게 입 맞추되 룻은 그를 붙좇았더라(룻 1:14)

시모의 두 번째 권유에 맏며느리 오르바는 입맞춤으로 작별인사를 고한 뒤 자기 길로 가 버렸다. 그러나 룻은 시모의 권유를 마다하고 시모를 붙좇았다. '붙좇다'는 히브리어로 '다바크'이며 '달라붙다'는 의미다. 룻은 행여 자기를 떼어 놓을까 아예 시어머니에게 달라붙어 시어머니를 따라갔다. 그 길은 늙은 노인을 위해 일평생 수고하고 헌신해야 할 길이었음에도 그녀는 그 길을 포기하려 하지 않았다. 룻 역시 시모를 위해 두 번째로 자신을 비운 것이다.

그것으로 상황이 종결된 것은 아니었다.

> 나오미가 또 가로되 보라 네 동서는 그 백성과 그 신에게로 돌아가나니 너도 동서를 따라 돌아가라(룻 1:15)

나오미는 룻에게 손위 동서처럼 친정으로 돌아가기를 한 번 더 강권했다. 시어머니의 세 번째 자기 비움이었다. 이에 대한 룻의 답변은 이미 살펴보았다.

> 룻이 가로되 나로 어머니를 떠나며 어머니를 따르지 말고 돌아
> 가라 강권하지 마옵소서 어머니께서 가시는 곳에 나도 가고 어
> 머니께서 유숙하시는 곳에서 나도 유숙하겠나이다 어머니의 백
> 성이 나의 백성이 되고 어머니의 하나님이 나의 하나님이 되시
> 리니 어머니께서 죽으시는 곳에서 나도 죽어 거기 장사될 것이
> 라 만일 내가 죽는 일 외에 어머니와 떠나면 여호와께서 내게
> 벌을 내리시고 더 내리시기를 원하나이다(룻 1:16-17)

룻 역시 시어머니를 위해 세 번째 자신을 비웠다. 그것이 하나님
에 대한 바른 믿음과 순종의 발로였음은 이미 언급한 바와 같다.
　룻의 결연한 의지를 더 이상 꺾을 수 없다고 판단한 나오미는 룻
과 함께 고향 베들레헴으로 돌아왔다. 그렇다고 나오미가 그날부
터 안방에 앉아 젊은 며느리 룻을 종처럼 부린 것은 아니었다. 고
향에 정착한 나오미는 룻으로 하여금, 죽은 자기 남편 엘리멜렉의
친족인 보아스에게 개가토록 주선하였다. 룻이 개가하여 떠나면
나오미는 평생 자기 홀로 생존해야 함에도 나오미는 그렇게 하였
다. 며느리를 진심으로 사랑한 시어머니의 네 번째 자기 비움이었
다.
　룻이 보아스의 아내가 됨으로 나오미와 고부간 관계는 사실상
끝났다. 나오미는 사별한 남편의 어머니요, 자신은 지금 새 남편의
아내가 되었기 때문이다. 그렇지만 개가한 룻은 옛 시어머니인 나
오미를 나 몰라라 하지 않았다. 오히려 성경은 놀라운 사실을 전해

주고 있다.

> 나오미가 아기를 취하여 품에 품고 그의 양육자가 되니 그 이웃
> 여인들이 그에게 이름을 주되 나오미가 아들을 낳았다 하여 그
> 이름을 오벳이라 하였는데 그는 다윗의 아비인 이새의 아비였
> 더라(룻 4:16-17)

아들을 낳은 룻은 나오미를 자기 아들의 양육자로 삼았다. 아이를 출산한 여인이 자기 자식을 사랑하고 보호하는 본능은 가히 동물적이라 할 만하다. 또한 여인에게 자기 아이를 품고 젖을 빨리는 것보다 더 큰 기쁨은 없다. 그러나 룻은 나오미를 위해 그 원초적 기쁨을 포기하였다. 자신은 새 가정을 꾸렸지만 여전히 혼자 과부로 살아가는 늙고 불쌍한 옛 시어머니로 하여금 그 기쁨을 누리도록 해 드리기 위함이었다. 나오미를 진정 사랑한 룻의 네 번째 자기 비움이었다. 이처럼 나오미와 룻 모두 상대를 위해 중단 없이 자기 비우기를 거듭하였다.

룻의 새 남편 보아스 역시 예외가 아니었다. 보아스가 룻을 아내로 맞아들인 것은 '계대결혼'(繼代結婚)을 위함이었다. 계대결혼이란, 아이를 낳기 전에 사별한 여인을 죽은 남편의 형제가 아내로 맞아들여 죽은 자의 대를 잇게 해 주는 관습이었다. 남편을 잃은 여인에겐 더없이 좋은 관습이었지만, 계대결혼의 의무를 져야 하는 남자에겐 달가울 리가 없었다. 계대결혼한 여인과의 사이에서 아이가 태어날 경우 아이의 양육 및 교육 그리고 상속에 대한 책임은 전적으로 자신의 몫이면서도 법적으로는 죽은 자의 자식이었

다. 따라서 남자의 입장에서 본다면 권리는 없이 의무만 부과되는 계대결혼이란 가능한 한 피하고 싶은 전통이었다. 그 좋은 예가 창세기 38장의 오난이다.

> 유다가 자기 맏아들 엘을 결혼시켰는데, 그 아내의 이름은 다말이다. 유다의 맏아들 엘이 주께서 보시기에 악하므로, 주께서 그를 죽게 하셨다. 유다가 오난에게 말하였다. "너는 형수와 결혼해서, 시동생으로서의 책임을 다해라. 너는 네 형의 이름을 이을 아들을 낳아야 한다." 그러나 오난은 아들을 낳아도 그가 자기 아들이 안 되는 것을 알고 있었으므로, 형수와 동침할 때마다, 형의 이름을 이을 아들을 낳지 않으려고, 정액을 땅바닥에 쏟아 버리곤 하였다. 그가 이렇게 한 것이 주께서 보시기에 악하였다. 그래서 주께서는 오난도 죽게 하셨다.(창 38:6-10 표준새번역)

억지로 형수를 아내로 맞아들이긴 했지만 아이만은 낳지 않으려 하다가 하나님의 진노를 입은 오난의 이야기다. 오난이 형수와의 사이에서 의도적으로 아이를 갖지 않으려 했던 이유는 자기 자식도 되지 않을 아이의 평생에 대한 의무를 지고픈 마음이 추호도 없었기 때문이다. 계대결혼이란 남자에겐 이 정도로 피하고 싶은 일방적 제도였다.

룻과 사별한 남편에겐 계대결혼의 의무를 져 줄 친형제가 남아 있지 않았다. 남편의 친형 역시 이미 죽어 버렸기 때문이다. 혹 죽은 남편의 친족 중에서 룻에게 자비를 베풀어 룻과 계대결혼을 해 줄 사람을 찾는다 하더라도 그 첫 번째 대상자는 보아스가 아닌 다른 사람이었지만 그는 룻과의 계대결혼을 원치 않았다. 물론 오난과 같은 이유에서였다. 그러나 보아스는 착한 룻을 위해 룻과의 계대결혼을 기꺼이 받아들였다. 오직 시어머니를 위해 이국땅마저 마다 않고 좇아온 모압 여인 룻을 위한 보아스의 자기 비움이었다.

나오미, 룻, 보아스처럼 철저하게 자신을 비울 줄 아는 자들을 통해 생명의 역사가 일어난 것은 조금도 이상한 일이 아니다. 그들은 자신들을 비움으로써 하나님의 생명으로 채움 받을 수 있었고, 하나님의 생명으로 채워진 그들이 역사의 지평을 뒤흔든 생명용품이 된 것은 지극히 당연한 일이다. 그러므로 자기 비움과 생명용품은 불가분의 관계다. 그렇다면 우리 자신은 어떠한가?

엄숙해야 할 고등학교 졸업식이 난장판이 된 것은 어제오늘의 일이 아니다. 작년 초 큰아이의 고등학교 졸업식도 마찬가지였다. 입추의 여지 없이 강당을 꽉 메운 졸업생과 축하객들이 졸업식 내내 얼마나 떠드는지, 졸업식장이 아니라 마치 장터에 앉아 있는 것 같았다. 하지만 그런 소란은 아무 상관 없다는 듯 단상에서는 식순이 계속 이어지고 있었다.

"여러분을 또다시 보내자니 마음 허전함을 메울 길이 없습니다."(교장 훈화 중에서)

"동창회는 여러분의 든든한 후원자가 될 것입니다. 아무 걱정 말고 교문을 나서십시오."(동창회장 격려사)

"이제 내일이면 형님들이 없겠거니 생각하니 왠지 눈물이 앞을

가립니다."(재학생 송사)

"존경하는 선생님, 사랑하는 후배, 정든 교정을 영영 떠나야 한다니 가슴이 미어지는 것 같습니다."(졸업생 답사)

그 누구도 듣지도 믿지도 않는, 진실을 상실한 공허한 말들이 확성기를 통해 공기를 진동시키고 있었다. 불현듯 그 졸업식장이 오늘날 이 땅의 교회와 같다는 생각이 들었다. 교회에서, 교인들의 입에서 얼마나 아름다운 말들이 선포되고 있는가? 그러나 그 숱한 말들이 우리의 사회를 새롭게 하는 데 전혀 기여하지 못한다. 졸업식장의 학생들이나 하객들이 단상의 말에 전혀 관심이 없듯, 세상은 교회의 말에 귀를 기울이지 않는다. 그 공허한 말들은 잠깐 공기를 진동시키다가 이내 소멸되어 버린다. 언제부턴가 교회가 자기 비움 없이 자기 욕망 채움을 최우선 목표로 삼고 있기 때문이다.

그러나 생각해 보라. 자기 비움 없이 어찌 생명의 참된 채움이 있을 수 있겠는가? 비움 없는 채움이란 실은 자기 욕망의 강화에 지나지 않는다. 혹 심하게 부식한 파이프 속을 들여다본 적 있는가? 온통 녹 덩이로 가득하다. 그 녹 덩이를 제거하지 않고야 물이 채워진들 그 물이 생명수일 수 있겠는가? 녹을 비우지 않은 파이프는 자신과 타인을 동시에 죽이는 죽음용품일 따름이다. 비움이 채움이요, 채움은 비움의 결과다. 자신을 비우는 자만 하나님의 생명으로 채움 받고, 자신과 타인을 모두 살리는 생명용품일 수 있다.

한동안 청년 사역자들 사이에 고지론과 미답지론 논쟁이 있었다. 크리스천이 세상에 더욱 효율적인 영향을 미치기 위해서는 세상의 고지를 점령, 즉 출세해야 한다는 것이 고지론의 요지다. 이에 반해 아직 복음이 전해지지 않은 미답지가 크리스천의 목표이어야 한다는 것이 미답지론 혹은 저지론이다. 그러나 중요한 것은 고지론이나 미답지론이 아니라, 자기 자신을 먼저 비우는 것이다. 요셉이나 다니엘이 고지론을 목표로 삼아 매진했기에 이집트와 바빌로니아의 총리가 된 것이 절대로 아니다. 만약 그들이 그 자체를 목표로 살았다면 이방인이었던 그들은 타국의 총리가 되지 못했을 뿐더러, 설령 총리가 되었을지라도 성경의 위인이 되지는 못했을 것이다. 그들은 어떤 상황에서도 하나님께 순종함으로 자신들을 비웠을 뿐이고, 하나님께서는 비어 있는 그들을 당신의 생명용품으로 삼으셔서 역사의 지평을 새롭게 하셨다.

우리가 하나님 앞에서 가장 먼저 할 일은 자신을 온전히 비우는 것이다. 그때 하나님께서는 우리의 빈 심령을 당신의 생명으로 채우시고, 당신의 필요에 따라 다니엘을 고지로, 같은 시대의 에스겔을 미답지로 보내시듯, 우리의 앞길을 친히 인도하실 것이다.

지난해 8월 중순 쿠바로부터 편지를 한 통 받았다. 발신자는 홍인식 목사님이었다. 그분은 본래 아르헨티나 부에노스아이레스의 신성교회 담임목사였다. 신학교를 졸업하고 박사학위를 받은 뒤 신성교회에 부임, 남미에서 누구보다 성공적인 목회자란 평판을 받았다. 그런데 지난 5월 말 그분은 신성교회를 자진 사임, 남미에서 가장 가난한 쿠바인을 섬기기 위해 쿠바 선교사를 자원하였다. 그리고 쿠바에 입국하여 편지를 보내왔는데, 그분의 허락하에 그 내용을 여기 옮긴다.

쿠바의 요즘 날씨는 너무나도 덥습니다. 어떤 날은 기온이 36도까지 올라갑니다. 체감온도는 습도로 인해 더욱 심하지요. 걸어다니다 보면 으레 온몸이 땀으로 흥건히 젖곤 합니다. 차가 없기 때문에 늘 만원 버스를 이용하고 있습니다. 정말 오랜만에 만원 버스를, 그것도 무더운 여름에 타다 보니 서민들의 서러움을 더욱 느끼게 됩니다. 만원 버스 안은 땀 냄새의 악취가 얼마나 심한지 견디기가 힘들 정도입니다. 그렇지만 이렇듯 어려운 사람들의 사정을 직접 제 몸으로 체험케 하신 하나님께 감사드리며 살고 있습니다. 마치 인생을 새롭게 배우는 느낌입니다.

지금까지 얼마나 편안하고 안일한 삶을 살아왔는지 새삼 깨닫게 됩니다. 특히 우리 목회자들의 삶이 이들 서민들의 삶에 비해 얼마나 많은 특혜와 특권을 누리고 있는지를 곰곰이 생각해 보았습니다. 그리고 왜 예수님께서 제자들을 파송하시면서 아무것도 갖지 말라고 하셨는지, 그 이유를 제 나름대로 알게 되었습니다. 없는 것이 많다 보니 주님께 더욱 매달리게 되고, 오직 그분만을 의지하게 마련이지요. 제자의 삶엔 무엇보다도 절대적인 믿음이 필수적이라는 것을 이곳의 어려운 삶을 통하여 절감하게 됩니다. 그래서 요즘 사는 것이 얼마나 보람되게 여겨지는지 모르겠습니다. 목회란 곧 의미를 먹고 사는 것임을 다시 한 번 확인하고 있습니다.

쿠바에서 살면서 요즈음 도덕경을 읽고 있는데, 노자의 사상이 이곳의 가난한 삶을 통해 제 마음 깊은 곳까지 스며들고 있습니다. 오늘도 도덕경을 읽던 중 제 마음을 사로잡는 구절이 있었습니다.

똑똑한 사람을 높이 치지 말아야 백성들이 경쟁에 휘말리거나
다투지 않게 된다.
얻기 어려운 재화를 귀하게 여기지 않아야 백성들이 도적이 되
지 않는다.
욕심낼 만한 것을 보이지 말아야 백성들의 마음이 혼란스러워
지지 않는다.(제3장)

주님의 종 된 우리가 너무나도 많은 것을 바라고, 또 자신이 바
라는 것만을 향해 나아가고 있기 때문에 우리의 마음이 쉬 흐트
러진다는 생각이 듭니다. 자기 목표의 성취나 성공에 집착하다
보니 오히려 섬겨서는 안 될 세상의 재화를 섬기면서, 막상 잃어
서는 안 될 귀한 것을 잃어버리는 어리석음을 범하는 것이지요.

"사람이 만일 온 천하를 얻고도 제 목숨을 잃으면 무엇이 유익
하리요 사람이 무엇을 주고 제 목숨을 바꾸겠느냐"(마 16:26)
주님의 음성이 쟁쟁하게 들리고 있습니다.

2003년 8월 16일, 홍인식

　나는 그분을 통해 쿠바 역사의 지평이 새로워질 것을 확신한다.
주님 안에서 자기를 비우는 데 전혀 주저함이 없는 그분이야말로
주님의 생명으로 충만한 생명용품이요, 주님께서는 그런 자를 통
해 생명의 역사를 이루시기 때문이다.

마라의 수용

이국땅 모압에서 남편과 두 아들을 잃은 나오미가, 이방 여인인 며느리 룻만을 데리고 고향 베들레헴으로 돌아왔다. 청운의 꿈을 품고 고향을 떠날 때에 비하면, 청상과부 며느리 한 명만을 달랑 데리고 자신마저 과부의 처지로 귀향한 나오미는 영락없는 실패자였다. 그러나 고향 사람들은 그런 나오미를 따뜻하게 환영해 주었다. 나오미가 그들을 향해 입을 열었다.

> 나오미가 그들에게 이르되 나를 나오미라 칭하지 말고 마라라 칭하라 이는 전능자가 나를 심히 괴롭게 하셨음이니라(룻 1:20)

나오미는 고향 사람들에게 자신을 더 이상 나오미라 부르지 말고 마라로 불러 주기를 청했다. 히브리어로 '나오미'(נָעֳמִי)는 '기쁨' 혹은 '즐거움'의 뜻인데 반해, '마라'(מָרָא)는 '쓴맛' 또는 '괴로움'을 의미한다.

10여 년 전 남편 그리고 두 아들과 함께 모압으로 이민 가는 길은 문자 그대로 '나오미'의 길, 기쁨과 즐거움의 길이었다. 얼마나 아름다운 꿈과 계획이 많았겠는가? 그러나 이국땅에서 남편과 아들을 모두 잃고 역이민 올 때의 길은 '마라'의 길, 쓰디쓴 괴롬과 고통의 길이었다. 길 그 자체는 10여 년 전이나 지금이나 조금도 변한 것이 없었건만, 나오미에게 그 길의 의미는 이처럼 달랐다.

모든 인생길이 실은 이와 같다. 인생이란 매일 같은 길을 걷는 것이다. 그러나 그 길의 의미는 언제나 동일하지 않다. 성공의 대로처럼 보인 길이 실패의 지름길이 되기도 하고, 눈물과 한숨의 길이 축제의 길로 다가오기도 한다. 중요한 것은, 나오미는 자기 앞에 놓인 '마라'의 길을 피하려 하지 않았다는 사실이다.

모든 사람들의 축복 속에 '나오미'의 길을 떠났던 나오미가 10여 년이 지나 '마라'의 길로 귀향한다는 것은, 당사자인 나오미로서는 고향 사람들 보기에 수치스럽고 자존심 상하는 일이었다. 만약 나오미가 무엇보다 자기 체면을 중시하는 자였다면, 그녀는 자존심을 상하면서까지 고향 베들레헴으로 돌아가지는 않았을 것이다. 더 이상 모압에 살 수 없어 이스라엘로 되돌아오더라도, 아는 사람 없는 여리고나 예루살렘으로 이주하면 그만이었다. 혹 고향 베들레헴에 재정착하는 것보다 그편이 더 고생스러울지는 모르지만, 그러나 적어도 고향 사람들 앞에서 자존심 상하는 처지에 비하면 훨씬 마음 편하게 살 수 있었을 것이다. 그럼에도 나오미는 '마라'의 길을 피하지 않고 베들레헴으로 귀향하였다. 나오미는 그 이유를 스스로 밝혔다.

나오미가 그들에게 이르되 나를 나오미라 칭하지 말고 마라라 칭하라 이는 **전능자**가 나를 심히 괴롭게 하셨음이니라(룻 1:20)

여기에서 '괴롭게 하셨다'로 번역된 히브리어 원어가 '마라'의 동사형인 '마라르'(מרר)이다. 나오미가 자신의 체면이나 자존심과 상관없이 '마라'를 피하지 않고 베들레헴으로 귀향한 것은, 자신을 그 '마라'의 길로 인도하신 분이 전능하신 하나님이심을 알고 있었기 때문이다. 다시 말하면 비록 괴롬과 고통의 '마라'일망정, 그것이 현재의 자신에겐 반드시 필요한 길임을 믿었던 것이다. 그 믿음과 순종의 결과로 그녀는 '마라'를 통하여 역사의 지평을 새롭게 하는 생명용품, 진정한 '나오미'가 되었다. 만약 그녀가 '마라'를 피하려 했던들 결코 있을 수 없는 하나님의 섭리, 생명의 역사였다.

룻 역시 마찬가지였다. 친정으로 돌아가라는 시어머니의 권유를 뿌리치고 그녀가 끝내 늙은 시모를 따라 이국땅인 베들레헴으로 이주한 것은, 개인적으로는 '마라'의 길이었다. 그것은 앞길이 구만리 같은 젊은 룻에겐 괴롬과 고통과 일방적 헌신의 길이었다. 그러나 룻은 그 '마라'를 피하지 않음으로 영원한 생명용품, 그리스도 족보의 선조가 되는 '나오미'를 얻었다.

미국의 개척자들은 1년에 단 며칠밖에 비가 오지 않는 서부 캘리포니아를 수백 킬로미터나 떨어진 콜로라도의 강물을 끌어들여 개발, 지금은 그 지역에 수천만 명의 인구가 살고 있다. 그 중 대표적인 도시가 로스앤젤레스이다. 본래 사막지대였던지라 그 지역의 1년 강수량은 지금도 평균 35.6밀리미터에 지나지 않는다. 수십 일에 걸친 장마철과 연간 1,260밀리미터의 평균 강수량을 지닌 우리나라와 비교하면, 거의 비가 오지 않는다는 편이 정확하다. 이에 반해 미국 동부지역의 연평균 강수량은 1,000밀리미터에 이른다. 우리나라와 별 차이가 나지 않는다. 게다가 사막지대인 서부와는 달리 동부 도시 주위엔 강들이 많다.

그런데 희한한 것은 한여름에 물 부족으로 단수 조처를 취하는 곳은 서부가 아니라 동부지역이다. 상식적으로 생각하면 사막지대인데다 강수량이 턱없이 부족한 서부지역에 물 부족 현상이 나타나야 할 것 같다. 그러나 '별도의 안내가 있을 때까지 잔디에 물을 주지 말라' '세차를 하지 말라' '식당에서 손님이 요구하기 전에는 식수를 제공하지 말라' 등과 같은 단수 조처는 언제나 강수량이 풍부한 동부지역에서 행해진다. 대체 그 이유가 무엇일까? 동부지역은 평소 비가 많이 오는 관계로 가뭄에 대한 대비가 소홀한 반면, 서부지역은 비가 거의 오지 않는 사막지대이기 때문에 곳곳에 저수지를 넉넉하게 만들어 둔 까닭이다.

사막지대는 인간에게 '마라'다. 생존에 절대적인 물이 없기 때문이다. 그러나 미국 서부인들은 그곳이 '마라'이기에 생명의 저수지를 충분히 건설, 1년 내내 강수량과는 무관하게 생명의 '나오미'를 누리고 있다. 한마디로 '마라'이기 때문에 캘리포니아 전체가 물에 관한 한 생명용품이 된 것이다. 그러나 동부지역은 강수량만 믿고 안일에 빠졌던 탓에, 지금도 연례행사로 쓰디쓴 '마라'를 맛보아야만 한다. 이것이 하나님께서 당신의 사랑하는 자녀들을 '마라'로 인도하시는 까닭이다. '마라'야말로 인간을 생명의 '나오미', 생명용품으로 제련시켜 주는 은혜의 도가니다.

우리 시대에 전 세계적으로 가장 큰 영향력을 미친 기독교 변증가가 영국의 C. S. 루이스라는 데엔 아무도 이의를 제기하지 않는다. 1898년에 태어난 루이스는 그의 나이 31세 되던 해인 1929년 회심한 이후 1963년 세상을 떠날 때까지, 치밀하고도 명료한 문체로 《순전한 기독교》《스크루테이프의 편지》 등 40여 권에 이르는 주옥 같은 저작들을 남겼다. 1·2차 세계대전을 거치면서 무신론이 팽배한 유럽에서 그의 책을 통해 수많은 사람들이 회심하거나 잃었던 신앙을 회복하였다. 그를 가리켜 미국 〈타임〉은 "의심할 바 없는, 20세기 최고의 기독교 사상가"로 칭했고, 〈크리스채니티 투데이〉는 "지난 40년 동안 미국 복음주의에 가장 큰 영향을 끼친 기독교 저술가"라 평했다. 그러나 그가 처음부터 기독교 저술가가 되려 했던 것은 아니다. 그는 그의 자서전인 《예기치 못한 기쁨》에서 이렇게 밝히고 있다.

> 내가 글을 쓰게 된 동기는 항상 나를 괴롭히던 문제, 즉 지독히도 손재주가 없다는 문제에 있었다. 나는 그 탓을 우리 형제가 아버지에게 물려받은 신체적 결함에 돌린다. 우리는 엄지손가락에 관절이 하나밖에 없다. 상부 관절(손톱에서 먼 쪽 관절)이 있긴 하지만 형태만 있을 뿐이다. 우리 형제는 그 관절을 구부리지 못한다. 원인이 무엇이든 간에, 나는 태어났을 때부터 만들기를 지지리도 못했다. 연필과 펜은 능숙하게 쓸 수 있었고 넥타이 매듭은 지금도 썩 잘 맬 수 있지만, 연장이나 야구 방망이, 총, 커프스 단추, 코르크 마개 따개 따위를 다루는 데에는 언제나 구제불능이었다. 그 때문에 나는 글을 쓰지 않을 수 없었다. 나는 물건들이나 배나 집, 엔진 같은 것들을 만들고 싶었다. 얼마나 많은 마분지와 가위를 망가뜨리고 나서야 결국 절망적인 실패에 눈물을 흘리며 뒤돌아섰는지 모른다.

누구든지 실패나 좌절을 단 한 번이라도 경험해 본 자라면, "절망적인 실패에 눈물을 흘리며 뒤돌아섰다"는 고백의 고통과 괴롬을 알 것이다. 루이스의 어릴 적 꿈은 '만들기'[工作]였다. 온갖 재료를 동원하여 배나 집, 엔진 같은 것들을 만들기 위해 애썼지만 그때마다 실패하고 말았다. 타고난 엄지손가락 상부 관절 불구로 인함이었다. 그것은 그의 '마라'였다. 자신의 탓도 아닌, 선천성 불구로 인해 자신의 꿈을 접고 울며 돌아설 때 루이스의 '마라'는 얼마나 절망적이고 또 아팠을까? 그러나 그는 자신의 '마라'를 피하지 않았다. 엄지손가락 상부 관절 불구 자체를 받아들였다. 만약 그가 자기 손가락의 불구를 받아들이지 않고 피눈물 나는 훈련을 거듭하며 만들기를 계속하려 했다면 혹 위대한 '만들기'의 장인이 되었을는지는 몰라도, 무신론의 시대에 숱한 영혼을 살리는 생명용품이 되지는 못했을 것이다.

그는 눈물을 뿌리며 자신의 '마라', 엄지손가락 상부 관절 불구를 그대로 수용했다. 그토록 자신이 원하던 만들기를 포기하는 대신, 상부 관절 불구로도 할 수 있는 일을 향했다. 그는 서재로 들어가 관절 불구인 바로 그 손으로 글을 읽고, 또 쓰기 시작했다. 이와 같은 그의 삶이 위대한 기독교 변증가로 연결되었음은 물론이다. 따라서 그가 눈물을 흘리며 만들기를 접고 서재를 찾던 그 순간이 야말로, 20세기 최고의 기독교 사상가이자 저술가가 탄생하는 순간이었다. 루이스에게 '마라'가 없었던들 있을 수 없는 '나오미'였다. 하나님께서는 루이스를 20세기 역사의 지평을 새롭게 하는 생명용품으로 쓰시기 위해 일찍부터 눈물의 '마라'를 거치게 하셨던 것이다.

사랑하는 청년들이여, 그대가 살아가는 동안 삶의 길목에서 적지 않은 '마라'를 만나게 될 것이다. 그때 그 '마라'를 피하려 해서는 안 된다. 하나님께서는 그대에게 '마라'를 피하라고 주시는 것이 아니라, 헤쳐 나가라고 '마라'로 인도하심을 잊지 말아라. '마라' 없인 진정한 '나오미'가 될 수도, 얻을 수도 없다. 룻이나 나오미가 '마라'를 피하려 했던들 그들의 인생은 정말 '마라'로 끝나고 말았을 것이다. '마라'를 전적으로 수용했기에, 하나님에 의해 영원한 '생명의 나오미'가 되었다. 루이스도 마찬가지였고, 그대 역시 예외가 아니다.

> 고난당하기 전에는 내가 그릇 행하였더니 이제는 주의 말씀을 지키나이다 주는 선하사 선을 행하시오니 주의 율례로 나를 가르치소서 교만한 자가 거짓을 지어 나를 치려 하였사오나 나는 전심으로 주의 법도를 지키리이다 저희 마음은 살쪄 지방 같으나 나는 주의 법을 즐거워하나이다 고난당한 것이 내게 유익이라 이로 인하여 내가 주의 율례를 배우게 되었나이다 주의 입의 법이 내게는 천천 금은보다 승하니이다(시 119:67-72)

내리사랑

이스라엘 역사의 지평을 뒤흔든 룻기의 내용은 총칼로 무장한 혁명 대열이나 광장을 가득 메운 시위대 속에서 나온 이야기가 아니다. 지극히 평범한, 전혀 알려져 있지 않던 무명의 가정, 그것도 고부간에 남편을 먼저 떠나보낸 불완전한 가정의 이야기다. 그럼에도 그 가정이 역사의 지평을 새롭게 할 만큼 중요했다면, 그 가정이 내리사랑의 우물이었기 때문이다.

흘러간 강물은 되돌아오지 않는다. 대가를 요구하지 않는다는 말이다. 쉬지 않고 낮은 곳으로 흘러가다가 자신을 필요로 하는 자에게 자기를 몽땅 내어줄 뿐이다. 사랑의 특성 역시 내리사랑이다. 대가를 바라는 것은 사랑이 아니다. 부모가 자식에게 자신이 베푼 사랑에 대한 대가를 기대하는 순간부터 부모 자식 간의 관계는 뒤틀려 버리고 만다. 사랑은 그냥 주는 것이요, 그래서 사랑은 언제나 내리사랑이다. 중요한 것은, 생명의 역사는 언제나 내리사랑 속에서 일어난다는 사실이다.

룻기의 제목은 며느리 룻의 이름이다. 이를테면 며느리인 룻이 룻기의 주인공이다. 그렇다고 사랑도 며느리가 먼저 한 것이 아니다. 이미 살펴본 것처럼, 시어머니인 나오미의 며느리에 대한 내리사랑으로부터 룻기는 전개되고 있다. 룻더러 세 번씩이나 친정으로 돌아가라는 시어머니의 간절한 내리사랑이 없었던들, 이방 여인 룻이 죽기까지 시어머니를 따르려 붙좇지는 않았을 것이다.

보아스가 불이익을 감당하면서까지 룻과 계대결혼을 했다는 것은, 그 역시 내리사랑의 사람이었음을 의미한다. 보아스는 대체 누구인가? 마태복음 1장 5절에 의하면 보아스는 여리고 여인 라합의 아들이다. 라합은 온 여리고 사람들이 우상숭배에 빠져 있을 때 홀로 하나님을 경외하던 믿음의 여인이다. 그런 어머니로부터 내리사랑을 받으며 장성한 보아스가, 아무 대가 없이 룻에게 내리사랑을 부어 준 것은 전혀 이상한 일이 아니다.

우리말 사전은 내리사랑의 의미를 '손윗사람의 손아랫사람에 대한 사랑, 특히 자식에 대한 부모의 사랑'이라 정의하고 있다. 즉 내리사랑의 '내리'를 높은 연령에서 낮은 연령으로의 '내림'으로만

이해하고 있다. 그러나 낮은 데로 흐르는 사랑의 특성을 내리사랑
이라 한다면, 그때의 낮은 곳이란 반드시 연령상으로 아랫사람만
을 의미하지 않는다. 이 땅에 계셨던 예수님의 내리사랑이 당신보
다 육신적으로 연소한 자들에게만 국한되었다면 그런 사랑을 과연
참된 사랑이라 할 수 있겠는가? 성경적인 내리사랑의 토대는 나이
가 아니라 은혜다. 어떤 형태의 은혜이든, 물질적인 은혜이든 지적
인 은혜이든 영적인 은혜이든 상관없이, 주님의 은혜를 입은 자가
동일한 은혜를 받지 못한 자—상대의 나이나 신분과 무관하게—에
게 자신이 받은 은혜를 대가 없이 나누어 주는 것이 내리사랑이다.
주님의 제자들이 주님으로부터 그저 받은 구원의 은혜를 세상 사
람들에게 그저 나누어 주기 위해 자신들의 삶을 바친 것, 그것이
내리사랑이다. 제자들이 만난 대상 중엔 제자들보다 연장자거나
세상적으로 지체 높은 자들이 많았지만, 그러나 그들이 갖지 못한
것을 제자들이 그냥 주었다는 점에서 제자들은 내리사랑의 표본이
었다.
　룻은 본래 나오미의 며느리였다. 나이로 보나 관계로 보나 룻은
나오미의 아랫사람이었다. 천지가 개벽하여도 고부간의 관계가 역
전될 수는 없었다. 그러나 룻의 처지가 달라졌다. 시어머니 나오미
는 여전히 과부다. 더욱이 나오미의 내리사랑으로 나오미를 모시
고 살던 룻이 보아스와 개가하였으니, 늙은 나오미는 혈혈단신 홀
로 살아야 하는 외톨이 신세가 되고 말았다. 반면에 룻은 사랑하는
남편을 만나 행복한 가정을 일구었고, 더구나 아들을 얻기까지 했
다. 이제 젊은 룻이 크고 강한 자가 된 반면, 늙은 나오미가 작고
약한 자가 되었다. 룻의 처지가 높은 곳이라면 나오미의 상황은 낮

은 곳이었다. 내리사랑의 여건이 역전된 것이다. 다시 말해 이제 사랑이 룻으로부터 나오미로 흘러내릴 차례였고, 룻은 주저 없이 내리사랑을 실천하였다. 갓 태어난, 눈에 넣어도 아프지 않을 아들 오벳을 나오미로 하여금 키우게 한 것이다. 그것은 자기 아들을 버리거나 포기했다는 의미가 아니라, 룻의 개가로 고부간의 관계가 끊어진 나오미를 룻이 계속 어머니로 모셨다는 말이다. 나오미를 위한 룻의 내리사랑이었던 것이다.

이처럼 룻기는 내리사랑을 삶으로 실천한 사람들의 이야기다. 특히 나오미와 룻의 내리사랑은 내리사랑의 압권이다. 먼저 나오미가 룻에게 내리사랑을 베풀고 그 다음엔 룻이 나오미에게 내리사랑을 되갚는 내리사랑의 순환 속에서 이스라엘 역사의 지평이 새로워졌다.

성경 인물들 가운데 육체를 지닌 채 승천한 세 사람이 있다. 에녹, 엘리야, 예수님이시다. 예수님께서는 인간의 몸으로 오시긴 하셨지만 동시에 하나님이셨으므로 예외로 하자. 에녹과 엘리야는 무엇을 잘 했기에 산 채로 승천할 수 있었는가?

먼저 엘리야를 생각해 보자. 그는 위대한 영감의 선지자였을 뿐만 아니라 죽은 자를 살리기도 했고, 갈멜 산에서 불의 응답을 받음으로 바알 선지자 450명과 아세라 선지자 400명을 단신으로 제압하기도 했다. 그의 생애를 들여다볼수록 죽음을 거치지 않고 하나님의 부르심을 받을 만한 능력의 선지자임을 알게 된다.

그렇다면 에녹은 무엇을 했는가? 무엇을 얼마나 잘 했으면 인간 중에서 처음으로 산 채로 승천하는 영광을 얻었는가? 성경 어디에도 에녹이 엘리야와 같은 눈부신 활약을 했다는 기록은 없다. 에녹에 대한 성경의 설명은 다음이 전부다.

> 에녹은 65세에 므두셀라를 낳았고 므두셀라를 낳은 후 300년을 하나님과 동행하며 자녀를 낳았으며 그가 365세를 향수하였더라 에녹이 하나님과 동행하더니 하나님이 그를 데려가시므로 세상에 있지 아니하였더라(창 5:21-24)

에녹이 위대한 인물이라고 알려진데 비하여 그에 대한 설명은 빈약하기 짝이 없을 정도다. 그가 한 일이라곤 "므두셀라를 낳은 후 300년을 하나님과 동행하며 자녀를 낳은 것"이 모두다. 300년을 하나님과 동행하며 자녀를 낳았다는 것은 또 무슨 말인가? 그것은 단순히 300년 동안 매해 자녀를 낳았다는 말이 아니라, 하나님 안에서 자녀를 바르게 사랑하며 키웠다는 뜻이다. 바른 사랑이란 두말할 것도 없이 대가를 요구하지 않는 내리사랑이다. 이것이 에녹의 위대한 점이다. 그는 무려 300년 동안이나 바른 내리사랑을 실천했고, 그 결과 그는 죽지 않고 하나님의 부르심을 받은 첫 번째 인간이 되었다.

왜 하나님께서는 이렇듯 내리사랑을 중요시하시는가? 왜 유독 내리사랑의 실천자를 도구 삼아 역사의 지평을 새롭게 하시는가? 내리사랑의 사람만 하나님의 내리사랑의 통로가 될 수 있기 때문이다. 하나님께서는 내리사랑의 진원지시다. 그분의 사랑이 내리사랑이 아니었던들 죄와 사망의 골짜기에 떨어진 내게까지 그 사랑이 흘러왔을 까닭이 없다. 그렇다면 이젠 내가 누군가를 위해 하나님의 내리사랑의 통로가 되지 않을 수 없다. 이것이 하나님께서 언제나 내리사랑의 사람을 당신의 도구로 쓰시고, 그들을 통해 역사의 지평을 새롭게 하시는 까닭이다.

300년 동안 하나님 안에서 에녹이 실천한 내리사랑 속에서 자란 므두셀라가 라멕을 낳았고, 라멕의 아들 노아에 의해 인류의 역사가 새로이 전개된 것은 조금도 놀랄 일이 아니다. 내리사랑의 나오미와 보아스, 룻에 의해 이스라엘 역사의 지평이 새로워진 것 또한 똑같은 이유에서였다.

지금은 제3세계에서 충실히 선교 사역에 헌신하고 있는 젊은 선교사 한 분이 어느 날 상담차 나를 찾아왔다. 당시 그는 유럽에서 언어연수를 막 끝내고 귀국했을 때였다. 그는 아내와 이혼하기로 결심한 뒤, 이혼을 실행하기 전에 자신의 행동에 대한 나의 동의를 구하기 원했다. 그가 이혼을 결심한 이유는 다음과 같았다.

남편이 유럽에서 언어연수를 받는 동안, 유럽 생활을 힘들어했던 아내는 먼저 귀국하여 국내에서 생활하고 있었다. 연수를 끝낸 남편도 귀국하여 선교지 출발을 위한 준비로 분주한 나날을 보낼 때였다. 아내가 느닷없이 거액의 돈을 요구하였다. 결혼한 이후 아내의 입에서 농담 삼아라도 언급해 본 적이 없는 엄청난 금액이었다. 남편은 그 까닭을 묻지 않을 수 없었고, 머뭇거리던 아내가 입을 열었다.

남편이 유럽에 있는 동안 홀로 국내에 머물고 있던 아내는 틈이 나면 소위 웹서핑으로 무료함을 달랬고, 마침내 인터넷 채팅까지 하게 되었다. 미지의 남자와 채팅을 거듭하던 중, 한번 만나 저녁 식사나 하자는 남자의 제의에 아내는 단순 호기심으로 응하였다. 그러나 그날 밤 아내는 그 남자에게 성폭행을 당하고 말았다. 그러나 그건 끝이 아니라 단지 시작일 뿐이었다. 그 이후부터 남자는 아내에게 돈을 요구하기 시작했다. 물론 돈을 주지 않으면 남편에게 폭로한다는 협박과 함께였다. 남자가 요구하는 금액의 돈을 가지고 있을 리 없는 아내는 깊은 번민 끝에 남편에게 모든 진상을 털어놓은 것이었다.

남편은 아내를 용서하기로 했다. 여자를 성폭행하고 금품을 갈취하려는 폭력배가 나쁜 사람일 뿐, 피해자인 아내에겐 잘못이 없다는 판단이었다. 그러나 그 파렴치한 폭력배에 의해 또다시 희생되는 여자가 없게끔 그를 고발, 그 폭력배는 경찰에 체포되었다. 아내는 고발자의 입장으로 경찰서에서 조서를 작성했고, 남편은 옆에서 아내를 도왔다. 그 과정에서 남편은 새로운 사실을 알게 되었다. 아내가 성폭행을 당한 뒤, 그 남자와 다시 동침한 적이 있다는 사실이었다. 그것은 남편에게 너무나도 충격적이었다. 성폭행은 어쩔 수 없는 상황 속에서 불가항력적으로 당한 일이기에 이해한다 하더라도, 그 이후의 동침은 아내의 자발성을 전제로 할 때에만 가능한 일이라 여긴 남편은 더 이상 아내를 용서할 수 없었다. 아내를 부정한 여인으로 간주한 남편은 아내에게 이혼을 선포했고, 자신의 잘못을 누구보다 잘 알고 있는 아내는 동의할 수밖에 없었다. 그리고 남편이 나를 찾아온 것이었다. 자신이 비록 목회자요 곧 선교지로 파송될 선교사이긴 하지만, 부정한 아내와 이혼할 수밖에 없는 자신의 정당성을 누군가로부터 인정받고 위로받기 원하는 마음이 역력했다.

나는 그에게 평소 아내를 인생 동역자로 여겨 무슨 일이든 아내와 상의하는지, 아니면 항상 자기 혼자 결정한 뒤 단지 그 결과만을 아내에게 통보하는 것은 아닌지를 물었다. 그는 후자라고 답했다. 이번에 제3세계에 선교사로 나가기로 한 것과 관련, 그 결정을 내리기까지 아내와 어떤 과정을 거쳤는지 다시 물었다. 역시 자신이 일방적으로 결정한 뒤 아내에게 그 사실을 알렸을 뿐이라고 했다. 나는 그에게 다음과 같이 말했다.

당신의 아내는 당신을 위해 자기 친정과 자기 호적을 버렸습니다. 그리고 자기 이름을 당신의 호적에 올렸지요. 오직 당신의 아내가 되기 위해서였습니다. 그런데 당신은 아내를 인생 동역자로 대접해 주지 않았습니다. 마치 수하 사람을 대하듯, 모든 결정은 당신 혼자 내린 뒤 일방적으로 명령만 해 왔지요. 태어난 나라를 떠나 외국, 그것도 제3세계로 선교 사역을 떠난다는 것은 결코 간단한 문제가 아닙니다. 그러나 당신은 그 중대한 문제와 관련해서도 아내와 단 한 번의 사전 논의도 하지 않았습니다. 그렇다면 당신에게 아내란 존재는 대체 무엇입니까? 남편으로부터 아내 대접을 받지 못하는 아내에겐 누군가의 위로가 필요하지 않겠습니까? 미국에서 인터넷 채팅에 빠지는 주부의 대부분이 남편에게서 사랑받지 못하는 아내들임은 이미 잘 알려져 있지 않습니까? 당신의 사랑을 받지 못한 아내가 인터넷 채팅을 통해 어느 남자로부터 위로를 받았다면 오히려 당연한 일이 아니겠습니까? 한번 만나 저녁 식사나 하자는 남자의 제의를 당신의 아내가 단호히 거절하기에는, 그동안 당신이 아내를 너무나도 오랫동안 외로움 속에 방치해 두지 않았습니까? 그러나 전혀 뜻하지 않게 아내는 그 남자에게 성폭행을 당했습니다. 그날 밤 아내가 영육 간에 얼마나 고통스러워했을는지 상상해 본 적이 있습니까? 그 이후 그 남자가 아내를 협박했습니다. 만약 나오지 않으면 남편에게 사실을 알린다고요. 물론 회유도 했지요. 한 번만 더 응해 주면 다시는 연락지 않겠다는 것이었지요. 그 말을 믿는 것 외에 다른 방도가 없었던 아내가 그 남자를 따라 여관을 행할 때, 그녀의 심정은 도살장으로 끌려가는 소와 같지 않았겠습니까? 그러나 그 몹쓸 남자는 약속을 지키지 않았습니다. 처음부터 지킬 의도가 없었지요. 그는 그때부터 더욱 집요하게 돈을 요구하며 협박하였습니다. 할 수 없이 아내는 누구도 아닌, 남편인 당신에게 돈 이야기를 꺼내었습니다. 처음부터 아내에겐 당신을 속일 의도가 조금도 없었던 것이지요. 그렇지 않았다면 아내는 필경 당신 아닌 다른 사람에게 돈을 구하려 했을 것입니다. 그리고 당신의 물음에 아내는 자신의 부끄러운 실수를 털어놓았습니다. 이제 냉정하게 생각해 봅시다. 당신의 아내가 왜 이렇게 되었습니까? 누가 그녀를 이렇게 만들었습니까? 바로 당신입니다. 아내를 아내로 사랑하지 않은 당신이 범인입니다. 당신은 남의 집 귀한 딸을 데려다가 이렇듯 망가뜨렸습니다. 당신의 아내가 되겠다며, 친정과 자기 호적을 포기하고 당신의 호적에 자신의 이름을 올린 아내를 당신이 버렸습니다. 가장 사랑해야 할 아내를 이렇게 만든 당신이 선교 사역을 감당하겠다고요? 자기 아내도 사랑하지 못하는 사람이 누구를 제대로 사랑할 수 있단 말입니까? 자기 아내를 망가뜨린 사람이 사람을 위해 목회를 하겠다고요? 하나님께서는 당신에게 첫 번째 목회 대상으로 아내를 맡기셨는데, 당신에게 목회란 대체 무엇입니까? 그러고도 당신은 지금 아내를 용서할 수 없다며 아내와 이혼을 결심했습니다. 누가 누구를 용서한다고요? 용서를 구해야 할 사람은 바로 당신입니다. 먼저 아내를 제대로 사랑하지 못한 죄를 하나님께 회개하십시오. 그리고 아내 앞에 무릎 꿇고, 여보 내가 당신을 이렇게 만들었소, 나를 용서해 주시오, 눈물로 아내의 용서를 구하십시오.

나의 눈을 뚫어지게 응시하며 내 말을 듣던 그는, 감사하게도 나의 권면을 전적으로 받아들였다. 그는 그날로 아내 앞에 무릎을 꿇고 자신의 잘못을 사과하며 아내의 용서를 구했다. 남편의 그 내리사랑 앞에 변화되지 않을 아내가 어디 있겠는가? 그 내리사랑 안에서, 외로움을 인터넷 채팅으로나 달래려던 아내의 황폐한 심령이 어찌 주님의 생명으로 소생되지 않겠는가? 어찌 그 아내가 이번에는 자신의 내리사랑으로 남편에게 보답지 않겠는가? 그와 같은 내리사랑의 사람들에 의해, 그들이 나아갈 제3세계 역사의 지평이 어찌 새로워지지 않겠는가?

사랑과 생명은 본래 구별되지 않는다. 사랑이 생명이고, 생명은 사랑의 또 다른 이름이다.

사랑하는 자들아 우리가 서로 사랑하자 사랑은 하나님께 속한 것이니 사랑하는 자마다 하나님께로 나서 하나님을 알고 사랑하지 아니하는 자는 하나님을 알지 못하나니 이는 하나님은 사랑이심이라(요일 4:7-8)

생명의 근원이신 하나님께서 사랑이심도, 사랑과 생명은 둘이 아니라 하나인 까닭이다. 그러므로 언제 어디서나 내리사랑의 사람을 통해 생명의 역사는 일어날 수밖에 없다. 내리사랑의 사람, 곧 그가 역사의 지평을 뒤흔드는 하나님의 생명용품이기 때문이다.

먼 시선

역사의 지평을 새롭게 하는 생명의 용품이 되기 위해서는 역사의 지평, 즉 미래를 바라보는 먼 시선을 지녀야 함은 두말할 나위가 없다. 목전에 묶인 시선으론 안 된다.

그러나 혼동해서는 안 된다. 대부분의 사람은 자신의 욕망을 미래에 투사한 뒤, 그 투사된 욕망의 미래를 향해 매진한다. 그리고 일반적으로 그런 자를 가리켜 미래지향적 사람이요, 미래지향적 시선의 소유자라 평한다. 그러나 그것은 참된 의미의 미래지향적 시선 혹은 먼 시선이 아니다. 자기 욕망이 투사된 미래를 향한 행진은 단지 시간상의 진행을 의미할 뿐, 본질적으로는 언제나 자기 욕망으로의 회귀에 지나지 않는다. 따라서 아무리 10년 20년 후의 목표를 세우고 추진한들, 그런 자의 시선은 결국 자기에게 매어 있을 따름이다.

하나님을 경외하는 자에게 미래란 자기 욕망의 대체어가 아닌, 반드시 이루어질 하나님의 약속 그 자체이다. 그러므로 그에게 미래를 향한 먼 시선이란, 미래 언젠가는 반드시 이루어질 하나님의 약속에 대한 믿음을 의미한다. 내가 필요로 하는 하나님의 약속이 언제나 당장 이루어지길 원하는 짧은 시선으론 자기 욕망에 걸려 넘어질 수밖에 없다. 먼 시선을 지닌 자만 어떤 상황에서든 지금 걸어야 할 진리와 생명의 길을 꿋꿋이 걸을 수 있고, 역사의 지평은 그런 자에 의해 새로워진다.

룻이 나오미의 만류에도 불구하고 나오미를 붙좇으며 '어머니의 하나님이 나의 하나님'이라 고백할 때, 룻은 이미 먼 시선을 지니고 있었다. 그녀가 그 순간 하나님을 보았다는 것 자체가 그녀의 먼 시선을 입증해 주고 있다. 만약 그때 룻이 짧은 시선의 소유자였더라면 그 결정적인 순간 그녀에겐 하나님 대신 자기만 보였을 것이고, 그녀 역시 오르바처럼 자기 길로 가 버리고 말았을 것이다. 그러나 그녀는 하나님을 믿었다. 비록 그 길이 육신적으로는 고된 길일지라도, 하나님께서 반드시 결과를 아름답게 책임져 주실 것이란 먼 믿음의 시선을 지녔기에 늙은 시모를 끝까지 붙좇았다.

나오미 역시 자기 앞에 펼쳐진 귀향의 길이 비록 쓰디쓴 '마라'였지만, 그 '마라'로 인도하신 분이 하나님이신만큼 하나님께서 모든 것을 합력하여 선을 이루어 주실 것을 믿는 먼 시선의 소유자였기에 그 '마라'를 정면 돌파하였다. 나오미와 룻 모두 이처럼 먼 시선을 지니고 있지 않았던들, 그들의 인생은 3,000년 전 머나먼 중동에서 죽음용품으로 끝나고 말았을 것이다.

일반적으로 우리는 모세를, 40년 동안 이집트의 왕자로 살다가 우발적인 살인 사건에 연루되어 어쩔 수 없이 왕궁을 떠나 미디안 광야로 도피한 인물로 여기고 있다. 그러나 모세에 대한 히브리서의 증언은 이와는 전혀 다르다.

믿음으로 모세는 장성하여 바로의 공주의 아들이라 칭함을 거절하고 도리어 하나님의 백성과 함께 고난 받기를 잠시 죄악의 낙을 누리는 것보다 더 좋아하고 그리스도를 위하여 받는 능욕을 애굽의 모든 보화보다 더 큰 재물로 여겼으니 이는 상 주심을 바라봄이라(히 11:24-26)

모세는 부귀영화가 보장되는 이집트의 왕자 신분을 스스로 거절했고, 그것은 믿음으로 인함이었다. 그 믿음이란 이집트의 모든 보화보다 하나님께서 주실 상을 더 귀하게 여기는 믿음, 곧 먼 시선의 믿음이었다. 그렇지 않고야 당장 이집트의 왕자 생활을 스스로 포기할 까닭이 없다. 그렇다면 이집트의 왕궁에서 성장한 모세가 어떻게 그처럼 믿음의 먼 시선을 지닐 수 있었는가? 상기 본문은 모세가 '믿음으로 장성하였음'을 증언하고 있다. 이때의 믿음이란 대체 누구의 믿음인가? 모세 스스로 지닌 믿음인가? 그럴 리가 없다. 모세는 이집트 공주의 양자로 이집트 궁중 교육 속에서 자랐으니 자생적으로 그런 믿음을 지니게 되었을 턱이 없다. 모세 자신이 아니라면 그 믿음은 누구의 믿음을 일컫는가? 두말할 것도 없이 모세의 아버지 아므람과 어머니 요게벳의 믿음이다.

이집트의 파라오는 히브리 노예들이 사내아이를 낳으면 반드시 강에 던져 죽이라는 명령을 내렸다. 노예의 수가 급증, 이집트를 위협할 수도 있었기 때문이다. 그러나 아므람과 요게벳은 갓 태어난 모세를 숨긴 채 키웠다. 석 달이 지나 더 이상 숨길 수 없게 되자, 그들은 모세를 갈대 상자에 넣어 나일 강에 띄워 보냈다. 모세가 든 갈대 상자가 나일 강을 따라 흘러갈수록 그 상자를 바라보는 모세 부모의 시선은 점점 더 멀어진다. 먼 시선이 아니고는 그 상자를 놓칠 수밖에 없기에, 시간이 갈수록 더욱 먼 시선이 된다. 그들의 그 먼 시선은 궁극적으로 무엇을 지향하고 있는가? 말할 것도 없이 하나님의 약속이다.

> 여호와께서 아브람에게 이르시되 너는 정녕히 알라 네 자손이 이방에서 객이 되어 그들을 섬기겠고 그들은 400년 동안 네 자손을 괴롭게 하리니 그 섬기는 나라를 내가 징치할지며 그 후에 네 자손이 큰 재물을 이끌고 나오리라(창 15:13-14)

하나님께서는 그들의 선조 아브람(아브라함의 옛 이름)에게 이집트의 노예생활 400년 만에 해방시켜 주실 것을 약속하셨다. 모세의 부모는 이 약속의 말씀을 믿었던 것이다. 지금은 비록 이집트의 노예일망정 언젠가 도래할 해방의 날을 믿음으로 바라보는 먼 시선을 지니고 있었다. 그 결과 그들이 나일 강에 띄워 보낸 모세는 이집트 공주의 양자가 되었고, 모세의 어머니 요게벳은 모세의 유모가 되어 자기 품으로 모세를 키울 수 있었다. 친모의 품에서 양육된 모세가 '믿음으로 장성하였음'은 지극히 당연한 일이었고, 그로부터 80년 후에 모세는 출애굽의 지도자가 되어 이스라엘 역사의 지평을 새롭게 열었다. 모세 부모가 믿음의 먼 시선을 지니지 않았던들 불가능한 생명의 역사였다.

이처럼 미래를 향한 믿음의 먼 시선을 지닐 때에만 첫째, 언제나 정도를 걸을 수 있다. 정도를 걷는 자신에 의해 미래 역사의 지평이 새로워질 것이 보이는 까닭이다. 바꾸어 말하면 그렇지 않을 경우, 바로 자신에 의해 미래 역사의 한 부분이 허물어지는 것을 예견하는 까닭이다.

둘째, 소망과 용기를 잃지 않을 수 있다. 당장은 아무것도 보이지 않고 아무 일도 일어날 것 같지 않지만, 하나님의 약속의 말씀을 믿고 나아가는 한 하나님께서 언젠가는 반드시 그 결과를 책임져 주실 것이기 때문이다.

셋째, 자기 야망과 하나님의 비전을 구별할 수 있다. 역사의 지평을 바라보는 먼 시선을 지닌 자는 무엇을 행하든, 그 일이 이루어지는 때를 스스로 결정하지 않는다. 자신의 계획이나 일을 통해 이루어지는 것은 자기 야망이 아니라 하나님의 비전이요, 하나님의 비전인 이상 자신이 이 세상을 떠난 뒤에도 그 열매는 하나님에 의해 반드시 결실될 것을 믿기 때문이다. 그러나 짧은 시선의 소유자는 언제나 일의 성취 시기를 스스로 결정, 자신의 목표를 자신이 설정한 때에 이루기 위해 수단과 방법을 가리지 않는다. 그것은 개인의 야망일 뿐 하나님의 비전일 수는 없다.

마지막으로, 지금 주어진 가장 작고 평범한 일에 충실할 수 있다. 대부분의 사람들은 크고 위대한 일을 하려 한다. 그러나 가장 위대한 일은 가장 평범한 일로부터 시작된다. 룻은 위대한 일을 하려 하지 않았다. 그녀는 평범한 가정주부로 시어머니를 공경하고 아이를 키우는 일에 충실했을 뿐이다. 그렇지만 그 결과는 참으로 위대했다. 모세의 부모 역시 대단한 사람들이 아니었다. 그들은 자기 몸에서 태어난 자식의 생명을 보호하려는, 부모라면 응당 해야 할 일을 했을 뿐이다. 그럼에도 그 평범한 일을 통해 이루어진 결과는 핵폭탄과도 같았다.

가장 위대한 일과 가장 평범한 일은 둘이 아니라 본래 하나다.

오직 먼 시선을 지닌 자만 이 사실을 깨닫기에, 결과적으로 그런 자만 역사의 지평을 새롭게 하는 하나님의 도구로 쓰임 받는다.

지금까지 살펴본 것처럼, 믿음에 관한 한 먼 시선의 중요성은 아무리 강조해도 지나침이 없다. 먼 시선 아니고는 참된 크리스천으로 세상을 이기며 살아갈 방도가 없다. 그렇다면 우리에겐 대체 어느 정도까지 먼 시선이 필요한가?

> 모세가 하나님께 고하되 내가 이스라엘 자손에게 가서 이르기를 너희 조상의 하나님이 나를 너희에게 보내셨다 하면 그들이 내게 묻기를 그의 이름이 무엇이냐 하리니 내가 무엇이라고 그들에게 말하리이까 하나님이 모세에게 이르시되 나는 스스로 있는 자니라 또 이르시되 너는 이스라엘 자손에게 이같이 이르기를 스스로 있는 자가 나를 너희에게 보내셨다 하라 하나님이 또 모세에게 이르시되 너는 이스라엘 자손에게 이같이 이르기를 나를 너희에게 보내신 이는 너희 조상의 하나님 곧 아브라함의 하나님, 이삭의 하나님, 야곱의 하나님 여호와라 하라 이는 나의 영원한 이름이요 대대로 기억할 나의 표호니라(출 3:13-15)

시내 산에서 모세를 부르신 하나님께서 모세에게 이집트로부터 이스라엘 백성을 해방시킬 것을 명하시자, 모세는 이스라엘 백성에게 하나님을 어떻게 소개해야 할지를 하나님께 여쭈었다. 하나님께서는 먼저 당신이 '스스로 있는 자', 즉 자존자(自存者)이심을 밝히셨다. 그 누구 혹은 그 무엇에 의해 만들어진 피조물이 아니시란 의미였다. 하나님께서는 그것으로 그치시지 않고 당신을 '아브라함의 하나님, 이삭의 하나님, 야곱의 하나님'이라 재차 가르쳐 주신 뒤, 바로 이 호칭이 하나님의 '영원한 이름'이요 '대대로 기억할 표호(表號)'란 말씀을 덧붙이셨다. '표호'의 히브리어 원어 '제케르'는 단순한 이름이 아닌 기념비적 이름이란 뜻이다. 하나님께서는 '아브라함의 하나님, 이삭의 하나님, 야곱의 하나님'이란 호칭의 중요성을 그렇게 표현하신 것이다.

이집트로 돌아간 모세는 이스라엘 백성에게 하나님을 당연히 이 호칭으로 가르쳤고, 그 이후 이스라엘 백성은 주님께서 이 땅에 오실 때까지 1,400년 동안 기도할 때마다 이 호칭으로 하나님을 불렀다. 그러나 그들은 이 호칭의 참 의미가 무엇인지, 왜 하나님께서 당신을 그렇게 부르라 하셨는지에 대해서는 전혀 모르고 있었다. 그 모든 의문은 주님에 의해 해소되었다.

> 죽은 자의 부활을 의논할진대 하나님이 너희에게 말씀하신 바 나는 아브라함의 하나님이요 이삭의 하나님이요 야곱의 하나님 이로라 하신 것을 읽어 보지 못하였느냐 하나님은 죽은 자의 하나님이 아니요 산 자의 하나님이시니라(마 22:31-32)

주님께서는 부활에 관해 언급하시면서, 하나님께서 당신을 '아브라함의 하나님, 이삭의 하나님, 야곱의 하나님'이라 하신 것은 하나님께서 '죽은 자의 하나님'이 아니라 '산 자의 하나님'이시기 때문이라고 설명하셨다.

아브라함, 이삭, 야곱은 하나님을 믿었지만 모두 죽었다. 만약 그것으로 모든 것이 끝나 버렸다면 하나님은 죽은 자의 하나님일 수밖에 없다. 하나님을 믿은 결과가 죽음 이상일 수 없다면 말이다. 그러나 하나님께서는 죽은 자의 하나님이 아니라, 산 자의 하나님이시기에 당신을 그런 호칭으로 부르게 하셨다는 것이다. 무슨 의미인가? 아브라함도, 이삭도, 야곱도 모두 죽었지만, 그러나 그게 끝이 아니란 것이다. 그들의 육체는 죽었지만 그들의 영은 하나님 안에 영원히 살아 있다는 것이다. 그래서 하나님은 산 자의 하나님이시고, 하나님께서는 이 사실을 당신의 백성에게 일깨워 주시기 위해 당신을 '아브라함의 하나님, 이삭의 하나님, 야곱의 하나님'으로 부르게 하시고, 그 호칭을 당신의 '영원한 이름' '대대로 기억할 표호'로 삼으신 것이다. 하나님 당신을 위해서가 아니라 하나님을 믿는 당신의 백성으로 하여금 하나님의 영원하심, 영원하신 하나님, 인간을 영원히 살리시는 하나님을 알게 하시기 위함이었다.

따라서 하나님을 믿는 우리가 지녀야 할 먼 시선의 궁극적 겨냥점은 영원이다. 영원을 보지 않고서는, 영원을 의식하지 않고서는, 영원에 접속되지 않고서는 결국 자기 욕망의 노예가 될 뿐이다.

그러나 영원은 유한한 인간에겐 때론 너무나 막연한 개념이다. 그러므로 영원을 향해 믿음의 먼 시선을 고정시키되, 시선의 거리만은 좀더 구체화할 필요가 있다. 한마디로 영원을 믿는 자의 시선은 최소한 몇 년 후까지 바라볼 수 있어야 하는가?

아브라함은 100세에 이삭을 낳았고, 이삭은 60세에 야곱을 낳았으며, 야곱의 향년은 147세였다. 즉 아브라함의 출생에서부터 이삭을 거쳐 야곱의 죽음까지는 총 307년이다. 바로 이것이 우리가 지녀야 할 먼 시선의 거리다. 하나님께서 정녕 아브라함의 하나님, 이삭의 하나님, 야곱의 하나님이심을 믿는다면, 죽은 자의 하나님이 아니라 산 자의 하나님이심을 믿는다면, 사람을 영원히 살리시는 영원하신 하나님을 믿는다면, 우리는 최소한 300년 후를 내다보며 살아야 한다.

사도 바울이 로마의 감옥 속에 갇혔다가 참수형을 당하여 죽을 때, 그가 로마에서 이룬 업적이 대체 무엇이었는가? 가시적인 업적이라곤 아무것도 없었다. 겨우 같은 감방 속의 죄수들과 감옥 간수들이 그를 통해 복음을 받아들였을 뿐이다. 인생 결과가 고작 그 정도라면 바울은 인생 실패자와 다름없고, 그 정도의 성과를 위해 자신의 목숨을 바쳤다면 그는 얼빠진 사람과 진배없다.

하지만 그의 사후에 어떤 일이 일어났는가? 바울이 참수형을 당한 지 300년 만에 그가 뿌린 복음에 의해 로마제국의 역사가 새로워졌다. 그는 그 어떤 가시적인 업적도 없이 참수형을 당해 죽었을 뿐이지만, 그러나 그는 살아 있을 때부터 이미 로마 역사의 지평을 새롭게 하고 있었다. 그는 정녕 아브라함의 하나님, 이삭의 하나님, 야곱의 하나님을 믿는 자였다. 죽은 자의 하나님이 아닌 산 자의 하나님, 영원하신 하나님을 믿었다. 그렇기에 그의 시선은 300년 후를 향하고 있었다. 비록 감옥에서나마 자기 한 사람이라도 진리의 씨앗을 뿌리기만 하면, 300년 후엔 로마의 역사가 반드시 뒤집어질 것을 그는 믿음으로 내다보았다. 자신이 위대해서가 아니라, 자신이 믿는 하나님께서 전능하신 창조주심을 믿었기 때문이다. 그리고 로마의 역사가 그의 믿음대로 펼쳐졌음은 이미 주지의 사실이다.

바울, 그는 300년 후를 내다보는 먼 시선으로 로마제국을 살리는 생명용품이 되었다.

지금 우리의 주위를 둘러보면 참으로 암울할 뿐이다. 정치, 경제, 사회, 교육, 문화, 종교 등 어느 분야 하나 부패하지 않은 곳이 없다. 들여다보면 볼수록 그야말로 총체적 부패요, 가히 부패공화국이다.

그래도 그대는 진리의 사람이 되어야 한다.

혹 그대는 이렇게 반문할지도 모른다. 온 세상이 진흙탕인데 나 혼자 진리를 따른다고 대체 무슨 소용이 있겠는가, 내가 맑은 물 한 방울이 된다 한들 이 진흙탕 세상에 무슨 변화가 있겠는가?

그대의 말이 맞다. 그대 홀로 진리를 따른들 당장은 아무 소용 없어 보일 것이다. 그대가 아무리 진리를 외친들 세상은 미동도 않을 것이다. 오히려 그대에게 상대적인 불이익이 돌아오기가 더 쉬울 것이다.

그러나 그대는 먼 시선을 지녀라! 300년 후를 내다보라!

그대 한 사람이라도 진리의 씨앗을 뿌리기만 하면, 300년 후 대한민국은 반드시 새로워질 것이다. 그대라도 맑은 물 한 방울이 되기만 하면, 그대로 인해 진흙탕 대한민국은 300년 후에 기필코 소생할 것이다. 진흙탕으로 스며든 물 한 방울이 도리어 진흙탕에 동화되는 것이 자연의 이치라면, 맑은 물 한 방울이 진흙탕 전체를 정화시키는 것은 하나님의 창조의 원칙이요 오병이어의 법칙이다. 천지를 창조하신 하나님께서는 그대를 생명용품 삼아 대한민국 역사의 지평을 반드시 새롭게 하실 것이고, 그 구체적인 열매는 300

년 후에 결실될 것이다.

믿음의 먼 시선을 지닌 자는 결코 절망하지 않는다. 그는 300년 후에 성취될 하나님의 약속을 지금 보고 있음이다.

감히 고백건대 나는 이 믿음의 시선으로, 칠흑 같은 조국의 현실 속에서 오늘도 진리의 씨를 뿌리며 걷는다.

미래—창조의 대상

고등학교 때 겨울방학 동안 산사에서 지낸 적이 있다. 지금부터 38년 전의 이야기다. 당시의 겨울은 지금과는 비교할 수 없을 만큼 추웠고, 눈도 엄청나게 많이 그리고 자주 내렸다. 매해 겨울마다 영하 20도의 한파가 며칠씩 계속되었고, 영하 10도는 예사였다. 눈이 내리는 날엔 발목까지 눈 속에 빠지곤 했다.

인적과는 완전 단절된 깊은 산 속 산사에서 밤을 지새우노라면, 눈 오는 밤엔 으레 눈이 내리는 소리를 들을 수 있었다. 외풍에 흔들리는 촛불 아래서 책을 읽다가 사박사박 소리에 창문을 열면 으레 눈이 내리고 있었다. 아침이 되어 방문을 열고 나가면, 나뭇가지들은 쌓인 눈에 짓눌려 모두 아래로 휘어져 있었다. 눈이 멈추지 않고 밤낮 계속 내릴 때면, 이따금씩 뚝뚝 하는 소리가 났다. 눈의 무게를 이기지 못한 가지 부러지는 소리였다. 그러다가도 눈이 멈추면 가지에 쌓인 눈은 바람결에 날아가 버리거나 햇볕에 녹아내린다. 어디선가 먹이를 찾아 날아온 새가 나뭇가지에 앉아 사방을 두리번거리다 이내 날아가 버린다. 그러면 새가 날아간 뒤에도 나는, 새가 앉았던 나뭇가지가 한동안이나 흔들리는 것을 바라보곤 했다.

눈이란 대기 중의 구름으로부터 지상으로 떨어져 내리는 얼음의 결정체. 결정체의 모양은 육각판, 별, 나무 모양 등 다양한데, 그 크기는 일반적으로 0.1밀리미터에서 5밀리미터에 지나지 않는다. 이 작은 결정체의 무게라야 대체 얼마나 되겠는가? 그럼에도 그 눈으로 인해 나뭇가지가 휘어지기도 하고, 아예 꺾이기도 한다. 어디 그뿐인가? 새가 잠시 앉았다 떠나도 나뭇가지는 한동안 출렁인다.

이내 녹아 버릴 눈과 미물에 지나지 않는 새도 이렇듯 나뭇가지에 영향을 미치고 있다면, 하물며 만물의 영장인 인간이 무려 칠팔십 년이나 세상에 머물다 갈진대, 어찌 세상의 미래가 그와 무관할 수 있으며, 그로 인해 역사의 지평이 어찌 아니 출렁일 수 있겠는가? 단, 사람에 따라 개인적인 차이가 있다면 그 출렁임이 긍정적인 방향이냐, 아니면 부정적인 방향이냐의 차이일 뿐이다.

이런 의미에서 미래란 단순히 기다림의 대상이 아니라 적극적인 창조의 대상이다. 그대의 미래는 지금 그대가 추구하고 있는 현재의 삶에 의해 구체화되어 가고 있기 때문이다. 그러므로 그대의 미래는 누구의 책임도 아니다. 지금 어떤 삶을 살고 있든 현재의 그대가 그대 미래의 책임자다. 그리고 그대의 미래는 그대 개인의 미래로 끝나지 않고 반드시 역사의 지평에 영향을 미치게 마련이다. 역사의 지평을 뒤흔들되 역사를 허물며 뒤흔들 수도 있고, 새롭게 세우며 뒤흔들 수도 있다. 이 세상을 70-80년 동안이나 거쳐 가면서도 자신의 현재와 미래를, 타인의 미래와 역사의 지평을 허무는 죽음용품으로 공동묘지에서 썩어 버린다면, 그런 자는 차라리 태어나지 않음만 못하다.

청년이여, 하나님 안에서 그대 자신을 생명용품으로 가꾸어라.
예수 그리스도 안에서 그대 자신과 조국의 새로운 미래를 창조하라.
수레바퀴는 축을 중심으로 제자리를 돌 뿐이지만 수레를 끄는 자가 있는 한 수레가 앞으로 나아가듯, 그대가 비록 오늘을 살지언정 그대로 인해 조국의 역사는 새롭게 나아갈 것이다. 생명용품인 그대를 바퀴 삼아 하나님께서 친히 역사를 이끌고 계시기 때문이다.

2 홀로, 더불어

이새가 그 아들 다윗에게 이르되

네 형들을 위하여 이 볶은 곡식 한 에바와

이 떡 열 덩이를 가지고 진으로 속히 가서

네 형들에게 주고 이 치즈 열 덩이를 가져다가

그들의 천부장에게 주고

네 형들의 안부를 살피고 증표를 가져오라

때에 사울과 그들과 이스라엘 모든 사람이

엘라 골짜기에서 블레셋 사람과 싸우는 중이더라

사무엘상 17:17-19

더불어 산다는 것은?

 오늘날 우리 사회에서 시급하게 구현해야 할 가장 절박한 화두
가 있다면 공생, 즉 함께 더불어 사는 삶이다. 이것이 더없이 시급
한 까닭은, 작금 우리 사회가 심각하게 분열되고 있기 때문이다.

 한 사회를 이루고 있는 구성원들은 크게 세 세대로 나누어진다.
첫째, 오늘의 사회가 있기까지 과거에 수고하고 땀 흘린 세대로 공
경과 섬김의 대상이다. 둘째, 우리의 사회를 위해 지금 현재 수고
하며 애쓰는 세대로 격려와 협조의 대상이다. 마지막으로 우리 사
회를 위해 미래에 수고하며 땀 흘릴 세대로 투자와 양육의 대상이
다. 바람직한 사회란 이 세 세대가 한데 어우러져, 서로 공경과 협
조 그리고 투자를 아끼지 않으며 더불어 공생하는 사회다.

 그러나 오늘 우리의 현실은 어떠한가? 계층, 학력, 연령, 이념,
지역별로 나라는 사분오열, 갈가리 찢어져 있다. 사회 통합을 앞장
서 견인해야 할 정치 지도자들은 자신들의 정치적 이득에 따라 오

히려 분열과 갈등을 적극적으로 조장하거나 심지어 즐기고 있다. 그 결과 남북 분단보다 남남 분열을 더 우려하는 목소리가 비등하다. 이 와중에 교회와 크리스천은 어떤 모습인가?

> 새 계명을 너희에게 주노니 서로 사랑하라 내가 너희를 사랑한 것같이 너희도 서로 사랑하라(요 13:34)

크리스천이란 주님께로부터 새 계명을 부여받은 자다. 새 계명이란, 주님께서 우리를 사랑하신 것처럼 서로 사랑하며 사는 것, 즉 서로 더불어 사는 것이다. 주님께서 우리를 어떻게 사랑하셨는가? 십자가에서 우리를 위해 죽으시기까지 사랑하셨다. 바로 그런 사랑으로 서로 공생하는 것이 주님께서 명하신 새 계명이요, 이것이 크리스천과 교회의 의무인 동시에 존재 이유이다.

과연 이 땅의 교회와 교인들은 공생의 몫을 제대로 감당하고 있는가? 불행히도 그 대답은 '아니요'이다. 크고 작은 교회를 막론하고 목사와 장로, 목사와 교인, 교인과 교인 간에 반목과 대립 그리고 분열의 내홍(內訌)을 겪지 않는 교회가 드물 지경이다. '서로 사랑하라'는 새 계명을 부여받은 교회 내에서조차 '더불어'의 삶을 이루지 못한다면, 교회 밖 세상에서 공생이 구현된다는 것은 요원한 일이 아닐 수 없다.

대체 그 이유는 무엇인가? 저마다 공생의 필요성을 역설함에도 왜 우리 사회에서 공생이 실제로는 이루어지지 않는가? 아니 주님을 믿지 않는 자들은 차치하고서라도, 공생의 의무를 다해야 할 크리스천마저 왜 함께 더불어 살지 못하는가?

그 이유는 크게 두 가지로 생각할 수 있다. 첫째는 사람들이 공생의 필요성은 절감하면서도 막상 공생의 본질이 무엇인지는 알지 못하기 때문이요, 둘째는 공생의 대전제가 홀로 서는 삶—즉 자립임을 모르는 탓이다.

일반적으로 사람들은 공생을 삶의 형식이나 방법과 관련된 것으로 이해하고 있다. 사람들이 공생의 필요성을 절감하면서도 공생에 실패하는 주된 이유가 이것이다. 공생이란 삶의 본질과 관련된 문제임을 이해하는 것에서 공생은 비로소 시작된다. 그렇다면 공생의 본질은 과연 무엇인가?

법을 지키는 것

더불어 산다는 것은 법의 문제이다.

하나님과 인간은 본질적으로 다르다. 하나님께서는 창조주시요 거룩하시며 영원하신 분인데 반해, 피조물에 지나지 않는 인간은 더러운 죄인인 동시에 지극히 유한하다. 따라서 인간은 근본적으로 하나님과 함께할 수 없는 존재다. 그럼에도 하나님께서는 인간이 하나님과 동거할 수 있는 길을 제시해 주셨다.

> 너희가 나를 사랑하면 나의 계명을 지키리라(요 14:15)
> 나의 계명을 가지고 지키는 자라야 나를 사랑하는 자니 나를 사랑하는 자는 내 아버지께 사랑을 받을 것이요 나도 그를 사랑하여 그에게 나를 나타내리라(요 14:21)

하나님과 근본적으로 다른 인간은 하나님의 법을 지킴으로 하나님과 동거할 수 있다. 이 땅에 육신을 입고 임하신 하나님의 법—로고스가 곧 예수 그리스도시다. 따라서 인간은 예수 그리스도 안에서 하나님과 동거할 수 있고, 예수 그리스도 안에 거한다 함은 하나님의 법 안에 거하는 것이다. 하나님의 법을 경시하고 하나님과 동거하는 길이 인간에게 있을 수 없다.

인간 사회도 마찬가지다. 생각과 수준 그리고 능력이 제각각인 사람들이 한데 더불어 살기 위한 제도적 장치가 법이다. 그러므로 법을 등한히 하는 자를 통해서는 공생이 구현될 수 없다. 법을 어긴다는 것 자체가 이미 누군가의 삶을 침해하고 있음을 뜻한다. 이런 의미에서 공생의 의무를 다해야 하는 크리스천은 누구보다도 법을 준수해야 한다.

왜 사소한 교통법규라도 반드시 지켜야 하는가? 왜 붉은 신호등이면 멈추어야 하고 저마다 차선을 지켜야 하는가? 이유는 너무나도 간단하다. 더불어 살기 위함이다. 30여 년 전 내가 운전면허를 딸 때는 하루 1시간씩 한 달 동안 매일 운전학원에 나가 각종 법규와 자동차 구조에 대한 강의를 들어야 했다. 그래야만 필기시험에 통과할 수 있었다. 그러나 요즈음은 어떤가? 필기시험을 치기 전 '문제은행'을 몇 시간 훑어보곤 그냥 합격한다. 그렇게 양산된 운전자들이 과연 교통법규 내용을 제대로 알 수나 있을까? 교통법규 하나 제대로 지키지 못하는 자들이 과연 누구와 더불어 공생하며 살 수 있겠는가?

스위스에서 제네바한인교회를 목회할 때의 일이다. 어릴 때 스위스로 건너가 40년 동안 그곳에서 사는 분이 있었다. 그분은 근

20년 동안 한 아파트에서 살았기에 자기 집 주위, 이를테면 횡단보도와 신호등 그리고 감시카메라가 어디에 있으며 어느 골목 속도 제한이 몇 킬로미터인지 눈을 감고도 훤히 알고 있었다.

어느 날 밤 귀가 길이었다. 그가 자동차를 운전하며 잠시 딴생각을 하는 사이 아파트에 이르는 길목에서 그만 속도를 위반, 감시카메라에 잡히고 말았다. 필름에 찍힌 속도는 60킬로미터였다. 제한속도 40킬로미터 구간에서 20킬로미터를 초과한 것이다. 우리나라에서는 제한속도 40킬로미터의 구간을 60킬로미터로 주행하면 오히려 양호한 편이라 할 수 있다. 그러나 스위스는 달랐다. 제네바 시가 교통위원회를 즉각 소집, 이 '사건'을 안건으로 다루었다. 제네바 시가 20킬로미터 속도 위반을 '사건'으로 다룬 것은, 차들이 고속으로 질주하는 고속도로에서는 20킬로미터 위반이 혹 있을 수 있지만 시내 한복판, 그것도 대로가 아닌 주택가에서의 20킬로미터 위반은 살인 행위라고 간주한 까닭이었다. 결국 교통위원회는 몇 차례에 걸친 토론 끝에 한 달간 면허정지와, 벌금 600프랑에 교통위원회 소집 경비 400프랑을 합쳐 총 1천 프랑의 범칙금을 납부토록 결정했다. 2004년 2월 9일 현재 스위스의 1프랑이 한화 962.16원이므로, 1천 프랑이라면 무려 96만 2,160원이다. 그리고 한 달간 면허정지 기간 중 교통비를 포함하면 20킬로미터 속도 위반으로 치른 값은 가히 상상을 초월할 정도다.

나는 그 과정을 지켜보면서 얼마나 부러웠는지 모른다. 사소해 보이는 교통법규 위반 자체를 살인 행위로 보는 그들의 법의식이 부러웠던 것이다. 그 같은 투철한 법의식을 지녔기에, 그들은 법의 토대 위에서 서로 더불어 사는 데 불편을 느끼지 않는다.

2002년 12월 인도 코친의 유대인 회당을 찾았다가 배낭여행 중인 젊은 한국 여성을 만났다. 그 전해에 대학을 졸업한 청년은 그해 9월 서울을 출발하여 중국 대륙을 횡단, 히말라야 산맥을 돌아 인도 서쪽의 코친에 이르기까지 15개월이 소요되었으며, 한국엔 이듬해 그러니까 2003년 4월경에 귀국할 예정이라고 했다. 말하자면 그녀는 장장 19개월에 걸친 대장정의 막바지에 있었다. 차를 타고 가다가 걷고 싶으면 걷고, 어느 곳이든 마음 끌리는 곳에 배낭을 풀고 잠자기를 19개월이나 할 수 있다는 것은 얼마나 멋지고도 낭만적인 일인가? 그러나 그 긴 낭만을 즐기기 위해서는 필요 경비가 만만찮을 터였다. 여행 경비는 어떻게 조달하는지를 묻는 나의 질문에 그녀는 스스럼없이 대답했다.

대학에서 건축을 전공한 그녀는 졸업과 동시에 건축사 자격시험에 합격, 취득한 자신의 자격증을 설계사무소에 대여해 주었다. 그 대가로 설계사무소가 매달 일정액을 자기 통장에 입금해 주면, 자신은 필요 경비를 신용카드로 직접 결제하거나 현금으로 인출해 사용한다고 했다. 돈을 받고 자격증을 대여해 주는 것은 법으로 금지되어 있지 않느냐고 묻자, 그녀는 "불법이긴 하지요" 하며 큰 소리로 웃었다. 뭘 그런 걸 따지느냐는 표정이었다. 그날 마음이 얼마나 씁쓸했는지 모른다.

대학을 갓 졸업한 청년의 건축사 자격증을 돈으로 빌리지 않고서는 존립조차 할 수 없는 설계사무소라면 정상적인 업체일 수 없다. 한마디로 불법 설계사무소다. 그런 엉터리 사무소에서 과연 제대로 된 설계도면이 나올 수 있을까? 오늘날 우리 사회에서 부실공사로 인해 야기되는 문제의 심각성은 이미 그 도를 넘었다. 경제적

손실은 말할 것도 없고 인명피해마저 막심하다. 부실공사란 부당한 이득을 위해 관련 법규를 무시하는 행위다. 그러므로 법을 어기고 행해지는 부실공사란 '살인 행위'와 다름없다. 그동안 이 땅에서 부실공사의 피해자로 목숨을 잃은 자가 얼마나 많은가?

그런데 이제 대학을 갓 졸업한 젊은 여성 역시 자신의 해외여행 경비를 조달키 위해 불법으로 건축사 자격증을 대여, 결과적으로 '살인 행위'에 가담하고서도 전혀 문제의식을 느끼지 않는 곳이 대한민국이다. 우리 사회에 만연한 법 경시 풍조는 절대로 기성세대에 국한된 이야기가 아니다. 대부분의 젊은이들 역시 남녀를 불문하고 아예 법 준수에 대한 개념조차 없다.

크리스천들은 주님의 이름으로 사랑하노라 서로 고백하고, 이웃을 내 몸처럼 사랑하자고 다짐한다. 그러나 서로 사랑하며 더불어 사는 삶은 고백이나 다짐으로 이루어지는 것이 아니다. 그것은 무엇보다 먼저 법을 지킴으로써 구현된다. 가장 사소한 법이라도 준수해야 한다는 것은 법조문 자체를 금과옥조로 삼으라는 말이 아니다. 그것은 더불어 사는 사람을 존중하기 위함이다. 법을 무시하는 것은 어떤 의미에서건 누군가에게 해를 끼치는 살인 행위와 다름없다.

예절을 지키는 것

더불어 산다는 것은 예의범절의 문제다.

서로 다른 사람들이 더불어 살기 위한 타율적 장치가 법이라면, 예의란 공생을 위한 자발적 규범이다. 법이 중요하긴 하지만 그렇다고 모든 사람이 법의 전문가인 것은 아니다. 법을 다루는 사람 사이에도 법 조항에 대한 이해나 해석이 다를 수 있다. 여기에 예절의 필요성이 대두된다. 법에 대한 인식이 상이한 사람들도 예의의 토대 위에서는 얼마든지 더불어 살 수 있다. 이런 의미에서 법과 예절은 공생을 위한 상호보완적 관계다.

다음은 사도 바울이 로마 교회에 뵈뵈를 천거한 내용이다.

> 내가 겐그레아 교회의 일꾼으로 있는 우리 자매 뵈뵈를 너희에게 천거하노니 너희가 주 안에서 성도들의 합당한 예절로 그를 영접하고 무엇이든지 그에게 소용되는 바를 도와줄지니 이는 그가 여러 사람과 나의 보호자가 되었음이니라(롬 16:1-2)

바울은 로마의 교인들에게 시골 출신의 뵈뵈를 소개하면서, 로마제국의 심장인 로마를 난생 처음 방문하는 그녀를 '성도들의 합당한 예절'로 영접해 줄 것을 부탁하였다. 이제 로마 교인들과 더불어 살아갈 뵈뵈에게는 그보다 더 좋은 선물은 없다. 뵈뵈가 시골 출신이라는 이유로 로마 교인들이 함부로 대해서는 그들 사이에 진정한 공생이 가능할 리 만무하다. 헬라어 원어 '악시오스'의 본뜻은 '가치 있게' '존귀하게'이지만, 우리말 성경이 '합당한 예절로'라 번역한 것은 참으로 적절하다. 합당한 예절로 영접하는 것이야말로 상대를 가장 존귀하게 대하는 길이다.

자칫 사랑을 예의범절과는 무관한 것으로 오해하기 쉽다. 사랑하면 예의를 경시해도 좋다는 오해다. 그러나 사실은 그 반대다. 사랑에 대한 성경의 정의에 귀 기울여 보자.

사랑은 오래 참고 사랑은 온유하며 투기하는 자가 되지 아니하
며 사랑은 자랑하지 아니하며 교만하지 아니하며 무례히 행치
아니하며(고전 13:4-5상)

사랑은 어떤 경우에도 무례히 행치 않는 것이다. 사랑하기 때문
에 부부지간에, 형제지간에, 동료 사이에, 이웃 사이에 반드시 지
켜야 할 합당한 예절이 있게 마련이고, 그 예절을 지킴으로 공생의
폭과 깊이가 더해지는 법이다.

2002년 7월 캐나다에서 돌아오는 비행기 속에서 있었던 일이다.
내 주위 좌석엔 캐나다 순회공연을 끝내고 귀국하는 모 여자대학
무용단원 십여 명이 인솔 교수와 함께 자리를 잡고 있었다.

저녁 식사를 끝내고 취침 시간이 되었다. 기내 불이 꺼지고 승객
들은 모두 편안한 자세를 취했다. 나 역시 잠을 자기 위해 의자의
등받이를 뒤로 젖혔다. 그와 동시에 내 뒷좌석에 앉아 있던 여학생
이 나의 등을 톡톡 쳤다. 웬일인가 돌아보니, 자기 다리가 불편하
므로 나더러 의자를 바로 세우라는 것이었다. 3등석 좌석이 비록
좁긴 하지만, 그러나 의자를 뒤로 젖히고 다리를 뻗으면 그런 대로
몇 시간 정도는 큰 불편 없이 잠잘 수 있다. 그런데 키도 커 보이지
않는 여학생이 왜 내 의자로 인해 자기 다리가 불편하다고 할까?
나는 몸을 돌려 여학생의 다리 쪽을 내려다보았다. 여학생은 바닥
에 배낭을 두고, 그 위에 자기 다리를 올려 놓고 있었다. 그런 자세
로는 젖혀진 나의 의자와 여학생의 무릎이 닿을 수밖에 없었다. 나
는 여학생에게 배낭을 머리 위 선반에 올리면 편하게 갈 수 있지
않겠느냐고 말했다. 여학생은 지금의 자세가 자기에게 더 편하므

로, 대신 내 의자를 바로 세우라고 다시 요구했다. 그러고는 자기 의자를 뒤로 젖혀 편한 자세를 취하는 것이었다. 자기 홀로 편키 위해 타인의 불편을, 마치 자기 권리처럼 당연한 듯 요구하는 여학생에게 무슨 말을 해 주려다 그냥 참았다.

비행기 승객은 승객끼리 지켜야 할 예절이 있다. 그럼에도 그 여학생이 그토록 이기적인 행동을 서슴없이 행하는 것은, 그 학생이 그렇게 무례하게 자라 왔음을 스스로 입증하는 것이다. 나는 여학생의 요구대로 내 의자를 바로 세운 뒤 서울까지 왔다. 그리고 혼자 생각해 보았다. 저 여학생이 저런 예의로 이 다음 결혼하면, 부부 사이가 과연 원만할 수 있을까? 저런 무례함이 시부모나 이웃과의 관계에서 심각한 문제를 야기하지나 않을까?

그러나 그 여학생이 유별난 젊은이어서 그런 것이 아니라, 이 땅의 청년들 대부분이 실은 그 여학생과 같다는 사실을 간과해서는 안 된다.

1년 전 제3세계에 속한 나라의 한인선교사 수련회에 참가한 적이 있었다. 수련회가 열린 장소는 아름다운 휴양도시의 1급 호텔이었다. 경제적으로 넉넉하지 못한 선교사들로서는 감히 엄두도 내지 못할 수준의 호텔이었다. 마침 그 호텔 경영자의 부인이 한국인이었다. 한인 교민이라곤 한 사람도 없는 곳에서 외롭게 홀로 신앙 생활 하던 그 부인은 한인선교사 수련회가 자기 도시에서 열린다는 사실을 알고 남편을 설득, 파격적인 가격으로 숙식을 제공해 주어 고급 호텔에서의 수련회가 가능할 수 있었다.

호텔에서 처음 맞는 아침이었다. 아침 7시가 채 되기도 전에 호텔 복도에서 아이들이 뛰어노는 소리가 요란하게 들렸다. 젊은 선교사의 아이들이었다. 숨바꼭질에 달리기와 씨름, 칼싸움까지 하였다. 한마디로 호텔 복도가 아니라 어린이 놀이터였다. 나는 70년대 초 사회생활을 할 때부터 해외여행을 하며 근 30년 동안 세계 도처의 호텔에 투숙해 보았지만, 외국 어느 호텔에서도 경험해 보지 못한 일이었다.

호텔 측에서는 하루 세끼 식사를 모두 호화판 뷔페로 제공해 주었다. 식사 때마다 어린아이들 중에는 샐러드 바에서 손으로 야채를 주물럭거리는 아이들이 있었다. 먹지도 못할 음식을 산더미처럼 가져가서 테이블 위나 바닥에 마구 흘리기도 하였다. 그러나 그 어떤 부모도 아이들을 제지하거나 꾸짖지 않았고 이런 광경은 수련회가 끝날 때까지 계속되었는데, 이것은 실은 국내의 뷔페식당 어디서나 볼 수 있는 광경이다.

수련회가 끝나기 직전 호텔 경영자 부인에게 아이들의 무례함에 대해 내가 대신 사과하였다. 호텔 종업원들 보기에 같은 한인으로서 입장이 난처하지 않았느냐고 묻자, 부인의 대답은 예상했던 대로였다. 그 나라엔 국민 모두가 경멸하는 특정 지방이 있다고 한다. 그 지방인들이 얼마나 무례하고 불손한지, 그 나라 사람들은 안하무인으로 행동하는 자를 가리켜 "저 작자는 ○○지방 출신이 틀림없다"고 욕할 정도라 한다. 그런데 호텔 종업원들이 부인에게 말하기를, 한국 아이들은 그 지방 아이들보다도 더 버릇없다고 했다는 것이다.

왜 한국 아이들이 제3세계에서 그런 혹평을 받는가? 그 아이들의 젊은 부모들이 예의와는 무관하게 살고 있기 때문이다. 그렇다면 생각해 보지 않을 수 없다. 자기 아이를 그토록 무례하게 키우는 선교사가, 제3세계의 빈민 같은 현지인들을 과연 바르게 섬기면서 그들과 함께 더불어 살 수 있겠는가?

중요한 것은 그들의 모습 또한 이 땅 젊은이들의 보편적인 실상이라는 것이다.

대체 그 이유는 무엇인가? 왜 우리의 청년들은 비행기 속에서의 그 여대생처럼, 제3세계의 그 젊은 선교사들처럼 무례할 정도로 자기중심적인가?

지금의 청년들은 부모가 의도적으로 산아제한을 실시하는 시대에 태어났다는 공통점을 지니고 있다. 그래서 형제가 많지 않다. 한 명 있거나 아니면 외톨이다. 태어나서부터 더불어 사는 삶을 몸으로 체득할 기회를 갖지 못한 채, 자기중심적일 수밖에 없는 환경에서 성장했다. 따라서 비행기 속의 특정 여대생이나 제3세계의 젊은 특정 선교사들처럼 그들의 본성이 모자라거나 나빠서가 아니라, 몸에 배어 버린 자기중심적인 행동이 결과적으로 타인에 대한 무례함으로 드러나는 것이다. 젊은이들이 이와 같은 자신의 한계를 깨닫고 스스로 극복하려 하지 않는 한, 아무리 공생의 구호를 외친들 공생의 삶이 절로 주어질 수는 없다.

더불어 사는 삶이 정착된 구미의 경우, 비행기나 버스에서 내릴 때 앞좌석의 승객부터 내리는 것은 상식이다. 그것이 혼잡을 피하는 길이기에 모두에게 유익하기 때문이다. 그러나 우리의 경우엔 비행기 혹은 버스가 목적지에 당도하기 무섭게 밀치고 먼저 나가려는 사람들이 부지기수고, 물론 그 속엔 청년들도 포함되어 있다. 에스컬레이터 입구에 서서 이야기하느라, 혹은 슈퍼에서 자기 카트를 복도 중앙에 세워 두고 물건을 고르느라 타인의 통행에 지장을 주는 청년들도 많다. 휴대폰을 사용해서는 안 될 공공장소에서 버젓이 통화하는 청년은 또 얼마나 많은가?

나는 그런 청년들을 볼 때마다 가슴이 미어지는 통증을 느낀다. 그와 같은 청년들의 현재 모습이 곧 미래 대한민국의 실체일 것이기 때문이다. 타인에 대한 배려 없이, 오직 자기 자신만 아는 이기적 인간들로 구성된 사회란 생각하는 것만으로도 끔찍하지 않은가? 더욱이 그 끔찍한 사회가 미래 우리 자손들이 살아가야 할 터전이라면, 무슨 수를 쓰든 우리 자신의 손으로 그런 불상사를 미연에 방지해야 하지 않겠는가?

여기에 동의한다면, 그대들은 지금부터 타인과 더불어 살기에 합당한 예절의 사람으로 자신을 가꾸지 않으면 안 된다.

우리말 사전은 예의범절을, "일상생활에서 갖추어야 할 모든 예의와 절차"라 풀이하고 있다. 흔히 사람들은 이것을 타인을 향해 지켜야 할 특별한 행동으로 여기고 있다. 그래서 상대에 따라 행동이 달라진다. 이를테면 자신보다 지위가 높은 자에 대해서는 지나칠 정도로 예의를 지키려 하면서도, 지체가 낮은 자는 간단히 업신여긴다. 그러나 진정한 의미에서의 예절이란 상대를 향한 행동이기 이전에 상대를 위해 자기 자신을 지키는 것, 즉 상대를 위한 자기 억제 혹은 자기 절제다.

내가 3년 동안 살던 제네바의 아파트엔 여러 동이 있었는데, 마침 내가 속한 동에는 유색 인종이 동양인인 나밖에 없었다. 그로 인해 한동안 같은 동에 사는 백인 주민들의 텃세가 무척 심했다. 아파트 지하실엔 지정 주차장이 있었는데, 매일 자기 자동차의 재떨이를 내 차 옆이나 앞에 비우는 백인이 있었다. 하루는 차에서 내리면서 자동차 문을 잠그지 않았던가 보다. 이튿날 아침 자동차 문을 여니, 운전석 의자 위에 담뱃재와 꽁초가 소복이 쌓여 있기도 했다. 주차장이나 복도에서 주민을 만나 먼저 인사말을 건네면 대부분 건성으로 받거나 아니면 아예 무시해 버렸는데, 나이 든 백인 중에는 인사하는 나의 눈을 아무 대꾸도 없이 빤히 들여다보는 사람도 있었다. 네가 왜 여기에 사느냐는, 무언의 모독이었다.

그때마다 속이 뒤틀렸지만 나는 나 자신을 억제, 변함없는 언행으로 그들을 대했다. 나는 크리스천이었고, 그들은 더불어 살아야 할 내 이웃이었기 때문이다. 매일 아무 일도 없다는 듯 자동차 옆에 버려진 담뱃재와 꽁초를 내 손으로 치웠고, 인사를 건성으로 받거나 무언의 모독을 가하는 주민들에게도 한결같이 웃으며 인사를 계속했다. 6개월 정도 지나자 내 차 주위에 재떨이를 비우는 일이 멈췄다. 1년쯤 되자 나의 인사를 받지 않는 사람이 없었고, 1년 반이 넘었을 때엔 바쁜 사람을 붙잡고 이야기보따리를 푸는 주민도 있었다. 결국 제네바를 떠나 귀국할 때까지 백인들과 더불어 사는 공생의 기쁨을 누리게 되었는데, 그것은 자기 억제 혹은 자기 절제의 결과였다. 만약 내 차 주위에 재떨이를 비우거나 나의 인사를 묵살하는 백인들에게 나 역시 감정대로만 대했던들, 나는 외국에서 3년을 살면서도 외톨이로 살다 왔을 것이다.

예절이란 상대에 대한 자기 지키기다. 상대를 업신여기려는 자신을 억제하고, 상대가 너무 좋아 도를 지나치려는 자신을 절제하는 것으로부터 '일상생활에서 갖추어야 할 모든 예의와 절차'가 지켜진다. 예절이 공생의 건실한 토대인 까닭이 여기에 있다.

물질을 나누는 것

더불어 산다는 것은 물질의 문제다. 더불어 살기 위해서는 어떤 형태로든 물질의 나눔을 수반하게 마련이다.

누가복음 10장엔 그 유명한 '사마리아인의 비유'가 소개되고 있다. 한 행인이 예루살렘에서 여리고로 내려가다 강도를 만나, 가진 것을 다 빼앗기고 거반 죽게 된 채 길에 내버려졌다. 지나가던 제사장과 레위인은 피투성이가 되어 쓰러져 있는 그를 보았지만 그냥 지나쳤다. 그러나 유대인이 짐승처럼 여기는 사마리아인은 그를 본 즉시, 자신의 가방 속에 들어 있던 기름과 포도주로 응급조처를 취했다. 그러고는 그를 자신의 나귀에 태워 여인숙으로 옮겼다. 이튿날 아침 그는 여인숙 주인에게 근로자 이틀 분 임금에 해당되는 두 데나리온을 주면서 강도 만난 자를 부탁했다. 추가 경비가 들 경우, 자신이 돌아오는 길에 갚아 주겠다는 약속까지 했다.

이 이야기를 마치신 주님께서 제자들에게, 제사장과 레위인 그리고 사마리아인 중에 누가 강도 만난 자의 이웃이냐고 물으셨다. 사마리아인과 강도 만난 자는 본래 한 동네에 사는 이웃 관계가 아니었다. 이웃으로 번역된 헬라어 '플레시온'은 단순히 옆집 사람이 아니라 '더불어 사는 자'를 뜻한다. 제자들은 자비를 베푼 자라 대답했고, 이에 주님께서 제자들에게 명령하셨다. "가서 너도 이와 같이 하라."

주님께로부터 강도 만난 자의 진정한 이웃으로 평가받은 사마리아인이 행한 것이 대체 무엇인가? 생면부지의 그를 위해 자신의 포도주와 기름과 돈, 한마디로 물질을 나눈 것이다. 그러므로 주님께서 제자들에게 "너도 이와 같이 하라"신 말씀은, 너희도 진정 타인과 더불어 살기 원한다면 너희의 물질을 아까워해서는 안 된다는 의미였다.

중학생인 셋째 아들 승윤이가 작년에 2학년 1학기 중간고사를 칠 때의 일이다. 영어 시험이 있던 날 저녁을 먹으며 투덜거렸다. 자신의 답이 분명히 맞는데도 선생님이 틀렸다고 채점했다는 것이다. 일주일 후 영어 시험지를 받아오던 날에도 똑같은 불평을 했다. 아이의 불평이 왜 한 주간이 지나도 진정되지 않는지, 아내와 함께 시험지를 직접 확인해 보았다. 승윤이가 이의를 제기한 문제는 다음과 같았다.

다음 글을 읽고 이어질 응답으로 가장 적절한 것을 고르시오.
: I broke your CD player, it's all my fault.(내가 네 CD 플레이어를 망가뜨렸어. 전적으로 내 잘못이야.)
1) Not at all.(천만의 말씀이야.)
2) Thank you.(고마워.)
3) Never mind.(괜찮아.)
4) Of course not.(물론 아니고 말고.)
5) You should not use that.(이젠 손도 대지마.)

문맥상 가장 적절한 답은 3번, '괜찮아'이다. 나는 승윤이에게 대체 몇 번 답을 택했었는지 물었다. 아이는 5번(이젠 손도 대지마)을 택했다며, 자기에게 그런 일이 일어날 경우 자긴 정말 그렇게

말할 텐데 왜 그게 틀렸냐며 오히려 내게 반문하였다. 물론 문법적
으로는 승윤이 답이 맞을 수도 있었다. 그러나 승윤이가 모르는 것
이 있었다. 사람보다 물질을 더 중요시해서는 절대로 타인과 더불
어 살 수 없다는, CD 플레이어와는 비교할 수도 없이 귀중한 진리
였다.

> 의인의 열매는 생명나무라 지혜로운 자는 사람을 얻느니라(잠
> 11:30)
> 갈릴리 해변에 다니시다가 두 형제 곧 베드로라 하는 시몬과 그
> 형제 안드레가 바다에 그물 던지는 것을 보시니 저희는 어부라
> 말씀하시되 나를 따라 오너라 내가 너희로 사람을 낚는 어부가
> 되게 하리라 하시니 저희가 곧 그물을 버려두고 예수를 좇으니
> 라(마 4:18-20)

사람을 얻는 것보다 더 큰 지혜는 없다. 이 다음 우리가 하나님
앞에 설 때 하나님께서는 우리에게 물질이 아니라, 사람을 얼마나
얻었는지를 물으실 것이다. 바로 그 목적을 위해 주님께서 우리를
부르셨기 때문이다. 그러므로 어리석은 자는 물질을 위해 사람을
버리는 자요, 지혜로운 자는 사람을 얻는 도구로 물질을 선용하는
자다.

그대는 앞으로 평생토록 그대 수중에 들어 있는 물질 가운데엔
타인의 몫이 있음을 잊어서는 안 된다. 많은 사람들이 청지기 의식
을 말하지만, 실제로 청지기 의식을 실천하며 사는 자는 드물다.
자신의 물질 중엔 하나님께 바쳐야 할 헌금 외에 타인의 몫도 있음

을 인정하려 하지 않기 때문이다. 만약 자신의 물질 속에 포함된 타인의 몫을 인정하지 않으면 타인과의 공생은 고사하고, 친형제끼리도 부모의 유산 앞에서 원수가 될 수밖에 없다. 부모의 유산을 놓고 더불어 살아야 할 형제끼리 송사를 벌이는 것은 결코 남의 이야기가 아니다. 그것은, 공생은 물질의 문제요 그대의 물질 속엔 타인의 몫이 포함되어 있음을 그대의 삶으로 수용하고 실천하려 하지 않을 경우, 바로 그대 자신의 치부가 될 것이다.

물질과 관련하여 신학생과 목회자에게 특별히 하고 싶은 말이 있다. 한국 교회 교인들이 목회자를 섬기는 정성은 세계적으로도 유례가 없을 뿐만 아니라, 눈물겨울 정도다. 예를 들면, 목회자와 관련된 경비를 대부분 교인들이 지불한다. 특별한 경우가 아니고는, 차비든 식사비든 으레 교인 부담이다. 따라서 신학교에 입학하여 전도사로 호칭되는 순간부터 대접받기 시작한 목회자는, 얼마 지나지 않아 교인들의 대접을 당연시하게 된다. 교회로부터 봉급 외에 주택비와 차량 유지비 등 각종 명목의 수당을 지급받으면서도 막상 교인들과의 만남에서는 자기 돈을 쓸 필요도 없고, 쓸 생각조차 않게 되는 것이다. 그 결과 교인의 헌금으로 교인들을 섬기기 위해 존재하는 목회자 중에는 교인보다 더 많은 예금을 지닌 기막힌 기현상이 이 땅에서 벌어지고 있다.

눈을 감고 정직하게 자문해 보자. 교인을 위해 자기 봉급을 털어 본 적이 없는 목회자가 과연 교인을 진정으로 사랑하며 더불어 공생할 수 있겠는가? 그를 통해, 그의 설교를 통해, "가서 너도 이와 같이 하라" 명령하신 주님께서 역사하시겠는가?

목회자의 재산은 결코 예금통장이 아니다. 목회자의 재산은 무엇이든 주님께서 주신 것을 교인과 더불어 나누는 공생심(共生心)이다.

마음으로 사람을 품는 것

공생이란 궁극적으로 마음의 문제다. 마음으로 사람을 품지 못하면 아무리 군중 속에 싸여 있다 한들, 실은 누구와도 더불어 사는 것이 아니다.

작년 3월 초 프랑스의 유명한 요리사 베르나르 르와조가 엽총으로 자살하였다. 그가 얼마나 유명한 요리사였는지 그가 자살하던 날 프랑스의 텔레비전 방송국들이 정규 뉴스 시간에 그의 자살 소식을 보도했고, 며칠 후 그에 대한 특집 다큐멘터리가 방영될 정도였다. 프랑스의 세계적인 타이어 회사 미슐랭은 매해 프랑스 모든 식당을 등급별로 평가한 식당 안내서 〈기드 미슐랭〉(Guide Michelin)을 출간하는데, 베르나르 르와조가 경영하는 식당은 지난 27년간 줄곧 최고 등급인 별 세 개의 평가를 받아 왔었다. 그런데 웬일인지 올해 초에 발간된 그 안내서엔 그의 식당이 두 등급이나 강등, 별 한 개로 떨어져 있었다. 이에 수치심을 이기지 못한 그는 자살로 생을 마감해 버렸다.

인간의 육체는 세월이 흐르면 쇠하게 마련이기에, 인간의 능력 또한 나이가 들수록 감퇴할 수밖에 없다. 아무리 솜씨가 좋다 한들 한평생 정상의 자리를 지킬 수는 없는 법이다. 장장 27년간이나 프랑스에서 최고의 요리사로 군림했다면 그것만으로도 얼마나 감사한 일인가? 나이 들어 비록 별 한 개의 등급으로 떨어졌을지라도, 평생 최고의 요리사로 살아온 자신의 경륜과 솜씨로 타인에게 봉사하며, 타인과 더불어 노후를 즐기며 사는 길은 얼마든지 있을 것이다. 그럼에도 별 두 개를 잃었다 하여 그는 자신의 생 자체를 포기해 버렸다.

결국 그의 마음속엔 자기 외엔 아무도 없었던 셈이요, 그는 평생 자신의 식당에서 수많은 손님을 맞았지만 그 누구와도 공생한 것은 아니었다. 참으로 불행한 일이 아닐 수 없다. 그러나 이것이 어찌 그만의 이야기이겠는가?

인도의 시크교는 처음부터 공생을 위해 태동된 종교다. 시크교의 창시자인 나나크(Nanak)가 태어난 인도 서북부의 펀자브는, 지정학적으로 중동의 이슬람교가 힌두교의 나라인 인도로 유입된 통로였다. 따라서 펀자브에서 외래 종교인 이슬람교와 전통적인 힌두교가 가장 격렬하게 대립한 것은 어쩔 수 없는 일이었고, 어릴 때부터 두 종교 간의 유혈참극을 보며 자란 나나크가 서로 다툼 없이 함께 더불어 살자는 취지로 시크교를 만든 것은 시대적 요구에 대한 응답이었다. 이에 나나크의 주장에 동조하는 많은 사람들이 힌두교와 이슬람교로부터 시크교로 개종하였고, 그들의 제일 화두는 언제나 공생이었다.

그러나 나나크가 나이 들어 임종이 가까워지자 시크교도들 사이에 심각한 대립이 일어났다. 힌두교 출신 시크교도들은 교주가 죽으면 교주의 시신을 힌두교 예법을 따라 화장하기를 주장한 반면, 이슬람교에서 개종한 시크교도들은 이슬람 율법을 좇아 매장하기를 고집했다. 이로 인한 양진영의 갈등이 얼마나 깊었던지 끝내 분열의 위기에까지 다다랐다.

뒤늦게 이 사실을 전해들은 나나크는 죽기 전날 밤 양 진영의 대표를 불러, 자기 이불 속 좌우에 각각 백합화를 가져다 두게 했다. 그리고 날이 새면, 이불 속 백합꽃이 시들지 않은 쪽의 의견대로 자신의 시신을 처리할 것을 주문했다. 이튿날 새벽같이 양 진영 대표가 나나크의 방에 들어가 조심스럽게 교주의 이불을 들쳤다. 교주의 시체는 간곳없이, 전날 밤 자신들이 가져다 둔 백합화만 어느 쪽도 시들지 않고 싱싱한 모습 그대로 있었다. 제자들은 그제야 비로소 깨달았다. 한 이불 속의 백합화가 함께 공존하듯 자신들 역시 시크교도로 더불어 공생해야 함에도, 단지 같은 공간에서 몸으로만 동거했을 뿐 마음은 서로 배척하고 있었다는 깨달음이었다. 그때부터 그들은 마음으로 서로 받아들임으로 진정한 공생의 삶을 구현할 수 있었다.

은혜로워 보이던 신앙공동체가 분열되는 모습을 보라. 저들이 정말 함께 신앙생활을 했던 사이인가, 믿어지지 않을 정도로 격렬하게 다툰다. 왜 그럴까? 몸만 함께 있었을 뿐 서로 마음으로 상대를 받아들인 것은 아니었기 때문이다. 상대를 마음으로 수용한다는 것은 상대의 입장에 서는 것이다. 상대의 입장에 서기 전까지는 아무리 몸이 한데 있어도 상대를 이해할 수 없고, 오히려 가까운 만큼 오해거리만 증가할 것이기에 공생이 가능할 도리가 없다.

너희 안에 이 마음을 품으라 곧 그리스도 예수의 마음이니 그는 근본 하나님의 본체시나 하나님과 동등됨을 취할 것으로 여기지 아니하시고 오히려 자기를 비어 종의 형체를 가져 사람과 같이 되었고 사람의 모양으로 나타나셨으매 자기를 낮추시고 죽기까지 복종하셨으니 곧 십자가에 죽으심이라(빌 2:5-8)

우리가 평생 품기를 지향해야 할 마음은 재론의 여지 없이 '주님의 마음'이다. 주님께서는 삼위일체 하나님이셨음에도 친히 인간이 되시어 인간의 입장에 서 주셨다. 죄와 사망의 굴레에서 고통당하는 인간을 이해하시고 당신이 친히 구원자 되어 인간과 함께해 주셨다. 그것은 주님께서 먼저 당신의 마음으로 인간을 품어 주셨기에 가능한 일이었다. 이처럼 우리 역시 상대를 우리 마음에 품고 상대의 입장에 섬으로 그와 진정으로 더불어 살 수 있다.

크리스천에겐 자신이 마음으로 얼마나 많은 사람을 품고 있는지 간단하게 확인하는 방법이 있다. 자신의 기도 속에 몇 사람이나 포함되어 있는지를 따져 보면 된다. 기도는 노동이다. 기도가 쉽지 않기 때문이다. 노동과 같은 기도 시간에 타인을 위해 진심으로 기도하는 것은 생각보다 훨씬 어렵다. 대부분의 기도는 자기 자신, 자기 가정의 울타리를 맴돌 뿐이다. 그러므로 자신의 기도 속에 매일 등장하는 타인, 바로 그 사람만 진정 자신이 마음으로 품고 있는 사람이다. 그렇지 않고서는 그를 위해 매일 기도한다는 것 자체가 불가능하다.

그대의 기도 속엔 몇 사람이나 등장하고 있는가? 그대와 생각과 뜻이 다른 자들 몇 명을 위해 그대는 날마다 기도하는가? 그대의 기도가 품고 있는 자만 실은 그대의 마음이 품은 자요, 그대는 그들의 입장에서 그들과만 공생하고 있다. 만약 그대의 기도가 그대 자신과 가족 이외에 그 누구도 품고 있지 못하다면, 그대는 현재 누구와도 더불어 살지 못하는 외톨이에 지나지 않는다.

이처럼 공생이란 삶의 형태나 방법의 문제가 아니라 본질의 문제다. 이 본질에 대한 각성과 자기 훈련이 없이는, 크리스천이 아무리 '서로 사랑하자'고 외쳐도 그것은 공허한 메아리에 지나지 않을 것이다.

홀로 선다는 것은?

사람마다 공생의 필요성을 역설함에도 실생활 속에서 공생이 이루어지지 않는 두 번째 큰 이유는, 공생의 대전제가 홀로 서는 삶, 즉 자립임을 모르기 때문이라고 했다. 성경은 일관되게 우리의 자립을 요구하고 있다.

> 너희 땅의 곡물을 벨 때에 너는 밭 모퉁이까지 다 거두지 말고 너의 떨어진 이삭도 줍지 말며 너의 포도원의 열매를 다 따지 말며 너의 포도원에 떨어진 열매도 줍지 말고 가난한 사람과 타국인을 위하여 버려 두라 나는 너희 하나님 여호와니라(레 19:9-10)

소위 시혜자(施惠者), 즉 은혜를 베푸는 자의 법칙이다. 밭 주인은 추수할 때 밭 모퉁이와 땅에 떨어진 곡물은 그대로 두어야 한다. 포도원일 경우에도 열매의 일부와 떨어진 것을 거두면 안 된다. 그것은 하나님께서 불쌍한 자를 위해 남겨 두신 것이다.

그렇다면 이런 질문이 제기된다. 밭 모퉁이와 바닥에 떨어진 곡물이 전체 수확량의 몇 퍼센트인지를 정확하게 계산한 뒤 전체를 다 거두어 창고에 쌓아 두었다가, 가난한 사람들이 올 때마다 창고에서 꺼내어 주는 것이 훨씬 위생적이면서도 인간적이지 않겠는가? 왜 하나님께서는 굳이 가난한 자의 몫을 그냥 밭에 내버려 두라고 하시는가? 만약 주인이 자기 창고에 거두어들일 경우, 그는 가난한 자들에게 마치 자기 것을 인심 쓰듯 나누어 줄 것이요, 더욱이 자기 마음에 드는 사람에게만 주려 할 것이 뻔하다. 그것은 하나님의 뜻이 아니다. 하나님께서는 농장 주인의 호불호에 상관없이 필요한 사람이라면 누구든지 와서 먹을 수 있도록, 가난한 자의 몫을 밭에 그냥 내버려 두라는 시혜자의 법칙을 내리셨다.

동시에 수혜자(受惠者), 즉 은혜를 받는 자에게도 수혜자로서 지켜야 할 법칙을 주셨다.

네 이웃의 포도원에 들어갈 때에 마음대로 그 포도를 배불리 먹어도 가하니라 그러나 그릇에 담지 말 것이요 네 이웃의 곡식밭에 들어갈 때에 네가 손으로 이삭을 따도 가하니라 그러나 네 이웃의 곡식밭에 낫을 대지 말지니라(신 23:24-25)

수혜자는 언제라도 포도원이나 곡식밭에 들어가 배불리 먹을 수는 있지만, 그러나 그릇에 담거나 낫으로 잘라 올 수는 없었다. 하나님께서는 왜 수혜자가 한 번에 며칠 혹은 몇 주일분을 가져오게 하시지 않는가? 그 경우 수혜자에게는 십중팔구 거지 근성이 생길

것이다. 살다 보면 자기 힘으로 헤쳐 나갈 수 없을 만큼 경제적으로 궁핍한 상황을 맞을 수 있다. 그런 경우를 대비해 하나님께서는 타인의 도움으로 그 난관을 극복할 수 있도록 배려해 주셨다. 그러나 그것은 어디까지나 자립을 위한 배려이지, 일평생 거지로 빌어먹으라 하심이 아니었다. 수혜자들이 이것을 착각하지 않도록, 시혜자의 법칙 외에 수혜자의 법칙을 따로 주신 것이다.

이집트에서 해방된 이스라엘 백성들이 40년간의 광야 생활 끝에 요단 강을 건너 마침내 가나안 땅으로 들어갔을 때다.

> 이스라엘 자손들이 길갈에 진 쳤고 그달 사십 일 저녁에는 여리고 평지에서 유월절을 지켰고 유월절 이튿날에 그 땅 소산을 먹되 그날에 무교병과 볶은 곡식을 먹었더니 그 땅 소산을 먹은 다음날에 만나가 그쳤으니 이스라엘 사람들이 다시는 만나를 얻지 못하였고 그해에 가나안 땅의 열매를 먹었더라(수 5:10-12)

이스라엘 백성들이 광야를 거치는 40년 동안 그들은 하나님께서 하늘에서 내려 주시는 만나를 먹으며 살았다. 아무 수고도 없이 가만히 앉아 먹고살 수 있다는 것은 얼마나 편해 보이는가? 광야에서 그 정도였다면, 하나님께서 친히 인도하신 약속과 축복의 땅—젖과 꿀이 흐른다는 가나안에 입성하면 하늘에서 매일 진수성찬이 떨어져야 마땅할 것 같다. 그러나 그들이 가나안에 진을 침과 동시에 만나는 멈추었다. 그해엔 이미 가나안 땅에 거두어져 있던 곡식으로 끼니를 때웠지만, 그 다음해부터는 그들이 직접 땀 흘리고 수고하면서 곡식을 거두어야만 했다.

약속의 땅은 일하지 않고 먹는 거지의 땅이 아니었다. 스스로 먹을 것을 위해 일하지 않으면 안 되는 자립의 땅이었다. 이스라엘 백성이 가나안에 입성하여 처음으로 진을 친 곳은 '길갈'이었다. 길갈이란 '굴러가다' 는 뜻으로 이스라엘 백성들이 가나안에 입성, 이집트에서 노예생활 하던 수치가 종식되었다는 의미였다. 그러나 그들이 단지 지리적으로 길갈에 거했기 때문이 아니라, 스스로 자립하는 자가 됨으로 노예의 수치에서 비로소 벗어났음은 두말할 나위가 없다.

이처럼 자립은 하나님의 일관된 요구 사항이다. 대체 그 이유가 무엇일까? 왜 자립이 공생의 대전제일까? 왜 하나님께서는 우리에게 홀로 설 것을 요구하시는가? 그 이유는 너무나도 간단하다. 자립하지 않으면 공생은커녕 누구에겐가 기생할 수밖에 없고, 기생은 공생의 가장 큰 장애물이다.

크리스천이 한 인간으로 자립한다는 것은 무엇을 의미하는가? 인간은 세월이 흘러가면 학교를 졸업하고 부모로부터 분가, 자기 길을 걷게 마련이다. 그렇다면 세상 인간 치고 자립하지 않는 인간이 있을 수 있는가? 그러나 자립 또한 삶의 형태나 방법의 문제가 아니라 본질의 문제다. 자립의 본질 역시 네 가지로 생각해 볼 수 있다.

경제적 자립

경제적 자립의 중요성은 아무리 강조해도 지나침이 없다. 이것 없이는 일평생 누군가에게 얹혀 기생자로 살아가게 마련이다. 그런 자에게 진정한 의미에서의 공생이 가능할 리 만무하다.

그러나 오해하지 말아야 할 것은, 여기에서 말하는 경제적 자립이란 흔히 세상에서 말하듯 경제적 욕구를 스스로 충족시킬 수 있는 능력의 배양 혹은 확립을 뜻하지 않는다. 성경이 일깨워 주는 경제적 자립이란, 주어진 경제적 상황에 자기 자신을 맞추어 넣는 능력을 기르고 갖추는 것이다. 돈에 대한 자기 욕구를 스스로 채울 수 있는 능력을 절대시하는 자는 반드시 돈의 노예가 된다. 욕구의 충족은 항상 더 큰 욕구를 촉발하기 때문이다. 결국 그런 자에게 하나님은 돈을 위한 종속변수에 지나지 않게 된다. 하나님께서는 우리가 우리에게 주어진 경제적 상황에 우리 자신을 맞출 줄 아는 경제적 자립인이 되기를 원하신다. 그 경우에만 어떤 상황에서든 하나님을 삶의 절대 목적으로 삼을 수 있다.

크리스천 치고 빌립보서 4장 13절의 말씀을 모르는 자는 없다.

내게 능력 주시는 자 안에서 내가 모든 것을 할 수 있느니라

크리스천들이 사도 바울에 의해 기록된 이 구절을 좋아하는 까닭은 소위 구미에 맞기 때문이다. 주님 안에서 무엇이든 다 할 수 있다는 것보다 더 매력적인 말씀이 어디에 있겠는가? 그래서 입시생의 공부방에서도, 사업가의 사무실에서도 이 구절을 심심찮게 만날 수 있다. 하지만 이 구절을 좋아하는 사람들 중에, 바울이 무슨 이야기 끝에 이런 말을 하게 되었는지 알고 있는 사람은 거의 없다. 바울은 먼저 이렇게 고백했다.

내가 궁핍하므로 말하는 것이 아니라 어떠한 형편에든지 내가 자족하기를 배웠노니 내가 비천에 처할 줄도 알고 풍부에 처할 줄도 알아 모든 일에 배부르며 배고픔과 풍부와 궁핍에도 일체의 비결을 배웠노라

이것이 크리스천들이 좋아하는 빌립보서 4장 13절의 직전 구절인 11절에서 12절의 내용이다. 바울은 경제적으로 풍부할 때도 있었고 말할 수 없이 궁핍할 때도 있었지만, 그 어떤 상황에서든 교만이나 비굴에 빠짐 없이 주어진 경제적 상황에 자신을 적응하는 능력을 길렀다. 바로 이것이 빌립보서 4장 13절의 배경이다. 즉, 그렇게 하였더니 능력 주시는 주님 안에서 무엇이든 할 수 있었다는 것이다. 그렇지 않겠는가? 사람이 물질에 매이면 자신의 능력으로 축적한 물질로 무엇이든 할 수 있을 것 같지만, 실은 물질 때문에 중요한 것은 아무것도 하지 못한다. 그 반면 어떤 경제적 상황이든 스스로 적응할 수 있는 자는 물질로부터 자유하기에, 그는 주님의 능력 안에서 무엇이든 할 수 있다. 사도 바울이 그에게 능력 주시는 주님 안에서 모든 것을 할 수 있었던 것은 그가 진정한 경제적 자립인이었기 때문이다.

주님의교회 개척 초기의 일이다. 하루는 오후 3시경, 당시 20대 말이었던 한 청년이 땀을 뻘뻘 흘리며 나를 찾아왔다. 비 오듯 땀을 흘리는 청년의 얼굴은 붉기는커녕 백짓장처럼 희었다. 더워서 흘린 땀이 아니라, 무언가 충격으로 인한 식은땀이었다.

가난한 집에서 태어나 가난하게 자란 그 청년은 자력으로 서울의 명문 대학에 입학하였다. 대학생활 시작과 함께 그의 대사회관

(對社會觀)에 일대 전환이 일어났다. 자신이 가난에 절어 살아온 것은 부모나 자기 잘못이 아니라 사회의 구조적 모순에 기인한다는 인식이었다. 그는 운동권의 일원으로 적극적인 투쟁에 나섰고, 결과는 징역살이였다. 만기를 채우고 출소했지만 복학은 허락되지 않았다. 대학 중퇴에 운동권 출신의 전과자인 그를 받아 주는 직장도 없었다. 천신만고 끝에 영세 기업의 외판사원직을 구했지만, 봉급 없이 판매 수당만으로 살아야 하는 세일즈맨의 삶은 불안정하기만 했다.

그렇다고 청년의 삶이 마냥 우울하기만 했던 것은 아니다. 얼굴 예쁘고 마음씨 착한 규수와 백년가약을 맺게 되었다. 청년은 가진 것이라곤 빈손뿐인 자신의 아내가 되겠다는 규수가 너무나도 고마웠다. 규수를 위해 격식을 갖춘 결혼식을 거행키로 결심한 그는 신문광고를 보고 고리대금을 빌렸다. 그 돈으로 결혼식도 올리고 제법 어울리는 신방도 꾸몄다.

문제는 그 다음이었다. 불안정한 외판사원의 수입으론 원금은 고사하고 상상을 초월하는 고율의 이자를 낼 형편도 아니었다. 이자에 이자까지 붙어 얼마 지나지 않아 이자가 원금보다 더 많아졌다. 형편이 그 지경에 이르기까지 고리대금업자와 연계된 폭력배로부터 얼마나 협박을 받았는지 모른다. 협박에 별 효과가 없자 폭력배는 청년에게 최후통첩을 했다. 일정한 기한 내에 돈을 갚거나 부채에 상응하는 담보 혹은 보증인을 세우지 않으면, 청년의 아내에게 위해를 가하겠다는 것이었다. 자신에 대한 협박은 얼마든지 견딜 수 있었지만, 자기 목숨보다 귀한 갓 결혼한 아내를 해치겠다는 폭력배의 최후통첩은 청년에겐 크나큰 충격이었다. 그는 고심

끝에 식은땀을 흘리며 나를 찾아온 것이었다.

당시 주님의교회는 헌금의 50퍼센트를 선교 구제비로 지출하고 있었으므로, 청년은 교회가 자신을 구제 대상에 포함시켜 자기 빚을 대신 갚아 주기를 간청했다. 평생에 걸쳐 반드시 이자까지 교회에 되갚겠다는 약속과 함께였음은 물론이다. 얼마나 상황이 다급했으면 자신이 다니는 교회 목사를 생각, 식은땀을 비 오듯 흘리며 그런 부탁을 했겠는가? 그러나 나는 청년의 간청과는 달리 다음과 같이 말했다.

만약 형제의 나이가 50대 말이거나 60대라면, 형제의 딱한 사정을 제직회의 안건으로 올려 보겠습니다. 그러나 형제는 20대의 청년입니다. 형제의 나이에, 형제가 저지른 경제적 문제를 타인의 도움으로 손쉽게 해결하려 하면, 일평생 경제적 의타심에서 벗어나지 못합니다. 형제의 나이엔 형제가 저지른 문제를 형제 스스로 해결해야만 합니다. 그래야 진정한 자립인으로 살아갈 수 있습니다. 지금 당장 아내에게 가서, 고리 사채로 결혼식을 올리고 신방을 꾸민 사실을 고백하십시오. 지금 살고 있는 신방의 전세금과 돈이 될 만한 가재도구를 처분하여 부채의 일부를 갚으십시오. 그리고 나머지 부채는 노동을 해서라도 형제가 직접 반제하십시오. 부채를 다 갚기까지 잠잘 곳을 구하지 못하면, 제 책임하에 교육관 일부를 합판으로 막아 방을 만들어 드리겠습니다. 거기서 주무십시오. 먹을 것이 없으면 제 집에서 하루 세끼 저와 함께 식사를 하십시다. 숙식에 관해서는 제가 책임지고 돕겠습니다. 단, 돈 문제만은 형제 스스로 해결하십시오. 형제의 미래를 사랑하는 제가 형제를 위해, 목회자로서 해 드릴 수 있는 말이 이것입니다.

청년은, 부채를 대신 갚아 달라는 자신의 간청에 스스로 해결하라고 응답한 나를 원망하거나 반박하지 않았다. 오히려 그 반대였다. 그는 그 길로 아내에게 가 모든 사실을 다 털어놓았다. 신방 전세금을 뽑아 부채의 일부를 갚은 뒤, 아내와 함께 서울 근교 농가의 토방을 얻었다. 출입구 외엔 창문 하나 없는 토굴 같은 흙방을 새로운 보금자리로 삼았다. 부채로 시작한, 분수에 넘친 신혼살림의 수준을 남의 도움으로 유지하려 한 것이 아니라, 주어진 경제적 상황에 자신을 비로소 맞추어 넣은 것이다.

청년은 그 토방에서 서울을 오가며 자동차 정체 구간에서 뻥튀기나 오징어를 들고 파는 등, 밤과 낮을 가리지 않고 몸이 으스러지게 일했다. 그리고 몇 년 지나지 않아 부채를 깨끗이 정리하였다. 순전히 청년 자력으로 이룬 쾌거였다. 부채를 완전 청산하던 날 청년이 다시 나를 찾아왔다. 돈을 요구한 자신의 부탁을 내가 들어주었더라면 자긴 이미 의타적 인간으로 전락해 버리고 말았을 텐데, 돈 대신 자립 정신을 심어 준 것을 진심으로 감사했다.

그가 앞으로 살아가면서 또 다른 경제적 위기를 맞을지도 모른다. 하지만 나는, 그가 자신에게 능력 주시는 주님 안에서 모든 것을 할 수 있을 것을 확신한다. 그는 주어진 경제적 여건에 스스로 적응할 줄 아는 진정한 경제적 자립인이기 때문이다.

행위의 자립

홀로 선다는 것은 행위의 자립을 뜻한다. 한마디로 남의 손을 빌려 자기 일을 행치 않는 것이다. 자신이 행하여야 할 일을 타인에게 떠맡겨서야 누가 그와 더불어 살기를 원하겠는가?

전국 어느 곳의 목욕탕을 막론하고 공통점이 있다. 물론 이것은 내가 아는 남탕의 경우이긴 하지만, 목욕탕마다 바닥엔 타월이 여기저기 내팽개쳐져 있다. 욕객이 사용한 뒤 그냥 내버려 두고 나간 것이다. 타월뿐만이 아니다. 사용한 일회용 칫솔, 면도기 등도 아무렇게나 버려져 있다. 욕객들 중에서 자신이 사용한 타월을 수거함에 직접 넣는 사람은 소수에 지나지 않는다. 심지어는 아이를 데리고 온 사람마저 아이 보는 앞에서 타월을 내팽개쳐 두고 나간다. 왜 노소를 불문하고 자신이 사용한 타월을 자신의 손으로 치우지 않고, 마치 당연하다는 듯 탕 바닥에 내버려 두고 나가는가? 행위의 자립이 전혀 이루어져 있지 않기 때문이다.

선진국과 후진국을 구별하는 데엔 여러 가지 기준들이 있을 것이다. 그러나 내겐 아주 간단한 방법이 있다. 공중화장실을 들러보는 것이다. 선진국으로 갈수록 깨끗하고 후진국일수록 불결하다. 이런 관점에서 한국은 선진국이 되기에는 아직도 한참 멀었다.

영국, 미국, 일본 할 것 없이 선진국에 있는 한인 업소들의 화장실은 거의 지저분하다. 화장실을 청소하지 않아서가 아니다. 아침이면 다른 업소들처럼 화장실을 깨끗하게 청소하는 데엔 예외가 없다. 그럼에도 한인 업소의 화장실이 지저분한 것은 그 화장실의 주 사용자들, 즉 한인들이 지저분하게 사용하는 탓이다.

국내 공중화장실의 불결 상태는 더욱 심하다(당시는 지금보다 한층 불결했다─편집자 주). 그것은 국내에 체류하고 있는 제3세계 근로자들 때문이 아니다. 그 주범은 누구도 아닌 바로 우리 국민, 우리 자신이다. 왜 공중화장실 이용자들이 모두를 위한 화장실을 청결하게 사용치 못하는가? 왜 자신이 더럽힌 것을 남으로 하여금 치우게 만드는가? 행위의 자립인이 아니기 때문이다.

경부고속도로를 달리다 보면 서울에서 부산에 이르기까지 갓길 바깥쪽으론 거의 쓰레기 천지다. 여타 고속도로의 상황도 마찬가지다.

작년 9월 8일 환경부는 경찰 및 지방자치단체와 합동으로, 추석 연휴 기간인 10일부터 14일까지 5일간 고속도로변에 쓰레기를 버리는 행위를 집중 단속기로 하고 위반자는 최고 10만 원의 과태료를 물리기로 하였다. 얼마나 많은 사람들이 고속도로변에 쓰레기를 버리면 경찰이 집중 단속까지 벌이겠는가? 텔레비전 보도에 의하면 자동차 안에서 먹은 과자 봉지나 음료수 병을 버리는 정도가 아니라, 아예 집 쓰레기를 갖다 버리는 자도 부지기수라 한다.

국립 공원을 비롯한 전국의 명산도 쓰레기로 홍역을 치르고 있다. 여름에 홍수가 질 때마다 산 아래 강이나 호수로 떠내려 오는 쓰레기 더미를 보라. 플라스틱 병이나 캔에서부터 폐타이어에 내다 버린 냉장고까지 그야말로 보기에 민망스러울 정도다.

서울은 대한민국 수도건만 뒷골목마다 버려진 쓰레기로 가득하다. 왜 이처럼 전 국토가 쓰레기장으로 변했는가? 국민 각자가 행위의 자립인이 되지 못했기 때문이다.

그건 단지 기성세대의 이야기요 자신들과는 무관하다고 주장하는 청년들도 있을 것이다. 과연 그런가?

우리 집 근처에는 정자(亭子)가 있다. 낮에는 나이 드신 분들의 소일터고, 밤엔 청춘남녀의 데이트 장소다. 그런데 노인들이 점한

낮과는 달리 청년들 차지인 밤이 되기만 하면 정자 주위는 담배꽁초에 술병과 음식물 등, 온통 쓰레기장으로 변해 버리고 만다.

오늘날 극장의 주 고객은 20-30대 청년들이다. 그러나 매회 상영이 끝날 때마다 극장 속은 어김없이 쓰레기장이 된다. 물론 청년들이 아무렇게나 버려 둔 것 때문이다. 야구장이나 축구장의 주 입장객도 청년들이지만, 경기가 끝나고 나면 관람석은 쓰레기 천지다. 주말 저녁 시간 이후의 명동 거리는 인파에 휩쓸릴 정도로 사람들이 붐빈다. 물론 대부분 청년들이다. 40대 이상만 되어도 주말 그 시간에 명동을 찾는 경우는 극히 드물다. 그런데 명동의 가로등마다 쓰레기들이 산더미처럼 쌓여 있다. 대부분 종이컵과 음식물 포장지로, 청년들이 보행 중 먹거나 마신 뒤 버린 것들이다.

2002년 6월은 온 나라가 월드컵 열기로 달아올라 있었다. 한국과 이태리 간의 시합이 있던 날 밤, 나는 역사적인 야외 응원의 현장을 직접 체험하기 위해 가족들과 함께 시청 앞 광장에 나갔다. 한국이 연장전에서 2대 1로 역전승한 직후의 시청 앞 광장은 그야말로 열광의 도가니였다. 수많은 청년들이 음악에 맞추어 함성을 지르며 춤을 추었다. 언론에서는 야외 응원에 나선 청년들이 경기가 끝나면 쓰레기를 깨끗하게 치운다는 미담을 보도하고 있었다. 하지만 온통 쓰레기장으로 변한 그 넓은 광장에서 쓰레기를 치우는 청년들은 볼 수 없었다. 단지 텔레비전 카메라 주위의 청년들만 그 일에 나섰을 뿐이다. 그리고 그날 밤 서울시 용역업체의 청소부들이 밤을 새워 가며 광장을 치웠다.

이것이 오늘날 이 땅 청년들의 실상이다. 응당 자신이 해야 할 것마저도 부모가 대신해 주는 과잉 보호 속에서 성장한 청년들에게 행위의 자립이 전혀 이루어져 있지 않은 탓이다.

이처럼 행위의 미자립인들이 다툼이나 분열 없이 더불어 살 수 있겠는가? 불가능하다는 것은 불을 보듯 뻔하지 않은가? 서구 사회가 더불어 깨끗한 도시, 청결한 마을을 이루고 사는 것은 그 나라의 청소부들 숫자가 우리보다 많거나 근무 시간이 더 길기 때문이 아니다. 그 사회의 구성원들이 자신의 쓰레기를 남의 손을 빌려 처리하려는 행위의 미자립인이 아니라, 반드시 버려야 할 곳에 버리는 자립인들이기 때문이다. 행위의 자립인이 된다는 것은 한 개인의 문제가 아니라, 이처럼 많은 사람들이 더불어 살아가는 사회 문제로 직결된다.

나아가 행위의 자립을 이룬 사람만 타인의 인권을 진정으로 존중할 수 있다. 누구나 자기 한계를 초과한 일은 타인의 도움으로 처리하게 된다. 이를테면 주부가 집안일이 많아져 파출부의 도움을 받기로 했다고 치자. 이 경우 그 주부가 행위의 미자립인이라면 그녀는 파출부를 언제든 돈으로 살 수 있는 대상으로 여길 것이요, 그녀의 사고 속엔 파출부의 인권을 생각할 공간조차 있을 수 없다. 그러나 행위의 자립을 이룬 주부라면 그녀에게 파출부는 인생 동역자가 된다. 그는 자신의 일을 스스로 행해 왔었기에, 자신의 과중한 일을 도와주는 파출부 없이는 자기 생이 완성될 수 없음을 안다. 그래서 그는 자기 인생 동역자인 파출부를 자신처럼 존중하면서 파출부와 한 시대를 진정으로 더불어 살게 된다.

이것은 일터에서도 마찬가지다. 행위의 자립을 이루지 못한 상사는 아랫사람을 도구 이상으로 보지 않는다. 행위의 자립인만 함께 일하는 자를 인생 동역자로 섬길 것이요, 그로 인해 주위의 사람들은 공생의 의미와 가치를 알게 될 것이다.

행위의 자립 없이는 주님과의 동거도 어렵다.

> 나더러 주여 주여 하는 자마다 천국에 다 들어갈 것이 아니요
> 다만 하늘에 계신 내 아버지의 뜻대로 행하는 자라야 들어가리
> 라(마 7:21)
> 사람이 친구를 위하여 자기 목숨을 버리면 이에서 더 큰 사랑이
> 없나니 너희가 나의 명하는 대로 행하면 곧 나의 친구라(요
> 15:13-14)
> 너희는 도를 행하는 자가 되고 듣기만 하여 자신을 속이는 자가
> 되지 말라(약 1:22)
> 내 형제들아 만일 사람이 믿음이 있노라 하고 행함이 없으면 무
> 슨 이익이 있으리요 그 믿음이 능히 자기를 구원하겠느냐(약
> 2:14)

믿음은 깨달음, 신뢰, 행함의 순서로 전개되고 심화된다. 자신의
죄인 됨과 주님의 구원을 깨닫는 것으로부터 시작된 믿음은 구원
의 은총을 베푸시는 주님에 대한 신뢰로 이어지고, 그 신뢰는 주님
의 말씀대로 행하는 삶으로 귀결된다. 바른 믿음이라면 어떤 모양
으로든 행동의 변화로 드러나지 않을 수 없고, 행함과 무관한 믿음
이란 믿음일 수 없다. 행동의 자립 없이 주님과 동거할 수 없는 까
닭이 이것이다.

행동이 뒷받침되지 않는 자의 믿음이란 공허한 말놀이나 말장난
에 지나지 않는다.

의식의 자립

이 세상에는 진정한 자립에 걸림이 되는 그릇된 관습이나 풍조가 만연해 있다. 홀로 선다는 것은 세상의 그릇됨에 자신의 의식이 종속되지 않는 것, 즉 의식의 자립을 의미한다.

> 너희는 이 세대를 본받지 말고 오직 마음을 새롭게 함으로 변화를 받아 하나님의 선하시고 기뻐하시고 온전하신 뜻이 무엇인지 분별하도록 하라(롬 12:2)

그릇된 세상을 본받지 않고 하나님의 뜻을 분별, 실천해 가기 위해서는 의식의 자립이 선행되지 않으면 안 된다. 의식의 자립 없이는, 그릇된 세상을 그릇된 줄도 모르고 그릇된 세상 풍조에 휩쓸리게 마련이다. 의식의 자립인만 그릇된 세상의 그릇됨을 자각, 교정할 수 있다. 그렇다면 오늘날 청년들이 의식하지 않으면 안 될 세상의 그릇된 풍조는 구체적으로 무엇인가? 크게 세 가지만 생각해 보기로 하자.

첫째, 우리 사회에 팽배해 있는 그릇된 체면 문화이다.
우리말 사전은 체면을 '남을 대하기에 떳떳한 도리나 입장'으로 풀이하고 있다. 체면이란 대인관계에서 더없이 중요하다. 체면을 지킨다는 것은 자신을 지키는 도리이기에, 결과적으로 상대에 대한 배려로 나타난다. 자신의 체면을 소중히 여기는 자는 상대의 체면도 존중하는 까닭이다. 문제는 체면 자체가 목적이 될 경우다. 그때의 체면은 자신과 타인을 동시에 망치는 흉기로 전락한다.

우리 사회에서 그릇된 음주 문화에 대한 비판은 어제오늘 제기된 문제가 아니다. 그럼에도 개선의 기미는 보이지 않는다. 폭탄주의 폐해는 가시지 않고, 술로 인해 건강을 도륙 내는 사람은 남자서너 명당 한 명꼴이다. 크리스천조차도 술자리를 피하지 못한다. 상사나 업자가 권하는 술잔을 거절하지 못하는 것이다. 왜가? 그릇된 체면 문화 때문이다. 바꾸어 말해 의식이 자립해 있지 못한 까닭이다. 의식의 자립인이라면 당연히 거절할 수 있어야 한다. 그리고 술잔의 거절로 인해 불이익이 돌아온다면 기꺼이 감수해야 한다. 억지로 술을 퍼마시고 얻는 이득보다는 거절하고 당하는 불이익이 긴 안목에서는 오히려 영육 간에 유익이 될 것임은 재론의 여지도 없다.

밤을 지새우는 힘겨운 입시 과정을 거쳐 대학에 입학한 청년들 가운데, 신입생을 위한 수련회에서 선배의 술잔을 억지로 받아 마시다가 목숨을 잃는 학생들이 해마다 거르지 않고 나온다. 왜 먹지도 못하는 술을 당당하게 거절하지 못하는가? 소위 '왕따' 당하기 싫기 때문이다. 그러나 그것이야말로 의식이 자립하지 못했다는 증거다. 도대체 술 마시지 못해 왕따 당하는 것이 무엇이 두려운가? 술을 마시지 못한다고 왕따 시키는 선배가 무슨 진정한 선배일 수 있겠는가? 그런 병약한 의식으로야 사회는 고사하고 이 험한 세상에서 어찌 자기 자신인들 바로 세울 수 있겠는가?

현재 우리 사회의 신용불량자는 400만 명을 초과하였고, 그 수는 증가 일로에 있다. 도대체 자기 수입을 초과, 신용불량자가 되면서까지 신용카드를 남용한 까닭이 무엇인가? 그릇된 체면 문화로 인함이다. 그릇된 체면은 인간을 자신에 대해 부정직하게 만든다. 정직보다 더 큰 재산과 힘은 없건만, 그릇된 체면은 없는 것을 있는 것처럼 꾸미게 함으로써 결국 스스로 파멸, 파산하고 만다. 자동차 크기에서 아파트 평수에 이르기까지 온통 허세투성이다. 식사한 뒤에 서로 돈을 내겠다고 싸우는 광경은 다른 나라에서는 보기 어렵다. 모두 경제적 여유가 있어서라기보다는 그릇된 체면 때문이다.

이런 풍조에 편승하여 20대 청년들 역시 7-8명 중 한 명이 신용 불량자다. 왜 직업도 없는 대학생이 신용카드를 몇 개씩 지니고 있어야 하는가? 세상은 모로 가도 바로 가야 할 청년들의 의식이 그릇된 체면 문화에 한없이 매몰되고 있다.

한국은 가히 가짜명품 천국이다. 외국 유명 브랜드를 도용한 가짜명품 제작은 법적으로 엄연한 도적질이다. 따라서 가짜명품을 사는 것은 마치 장물을 구입하는 것과 같다. 유독 한국에서 가짜명품이 판을 치는 이유는 가짜명품에 대한 수요가 그만큼 많기 때문이요, 그 역시 따지고 보면 그릇된 체면 문화 탓이다. 가짜라도 좋으니 명품으로 치장해야 자신의 체면이 선다고 생각하는 병든 의식의 산물이다. 가짜명품의 주 고객 역시 청년들이다. 정의로워야 할 청년이 가짜를 가짜인 줄 알면서도 가짜 상표로 자신을 치장하기 위해 구입하는 것이다.

이처럼 그릇된 체면 문화에 이미 깊이 젖어 있는 청년들이 장차 이 사회의 주역이 된들, 과연 무엇이 진정으로 새로워질 수 있겠는가? 생각할수록 가슴 아픈 일이다.

둘째, 그릇된 결혼 문화이다.

지난 9월 한국소비자보호원이 최근 결혼한 418쌍을 대상으로 조사한 결과, 평균 혼수 비용은 집값을 포함하여 무려 9,088만 원으로 나타났다. 응답자의 61.6퍼센트가 혼수 비용을 전적으로 부모에게 의존하였다. 100퍼센트 부모 돈으로 결혼한 청년이 61.6퍼센트에 이른다는 것은, 100퍼센트는 아닐지라도 부모로부터 경제적인 도움을 받은 경우를 포함하면 실제로는 거의 모든 청년이 부모 의존적인 결혼을 하였음을 의미한다. 결혼을 앞두고 배우자와 다툰 적이 있다고 응답한 청년은 40퍼센트였는데, 그 중에서 37.8퍼센트가 다툼의 이유를 예물과 예단 문제로 들었다. 젊은이들이 결혼식을 거행하기도 전에 예물로 싸운다면, 그들의 결혼생활이 과연 행복해질 수 있을는지 걱정이 앞선다. 현재의 결혼 문화가 사치스러워 개선되어야 한다고 응답한 자는 73.4퍼센트였다. 대다수의 청년들이 결혼 문화가 그릇되어 있음에 동의한 것이다. 문제는, 그럼에도 불구하고 거의 모든 청년들이 막상 자신이 결혼할 때는 그릇된 결혼 문화를 고스란히 답습하고 있다는 것이다.

이 땅의 청년들 가운데 부모의 도움 없이 자력으로 결혼하는 청년을 찾아보기는 극히 어렵다. 설문조사의 발표처럼, 거의 모든 청년들이 부모의 도움으로 결혼을 치른다. 그렇다고 이 땅의 부모들이 평균 9,088만 원에 이르는 자식 결혼 비용을 모두 은행에 재어 놓고 있는 것은 아니다.

부모들은 자식의 결혼 날짜가 확정되는 순간부터 주위 사람들에게 결혼 소식을 알리기 시작한다. 졸업한 지 수십 년 되는 학교 동창생이나 거래처 사람은 물론이요, 명함철을 펼쳐 놓고 누군지 기억조차 없는 사람들에게까지 청첩장을 보낸다. 물론 조금이라도 더 많은 축의금을 걷어 자식 혼수 비용을 충당키 위함이다. 그래서 결혼식장마다 신랑·신부와는 일면식도 없는 사람들로 붐비고, 결혼 시즌이 되면 웬만한 사람들은 알지도 못하는 신랑·신부 결혼식엘 그 부모 때문에 참석하느라 주말마다 할 일도 못한다. 심지어 얼마 전부터는 아예 온라인 계좌번호가 인쇄된 청첩장이 나돌기도 한다. 바쁜데 굳이 예식장까지 찾아올 필요 없이 축의금만 송금하라는 의미일 것이다. 이것이 오늘날 이 땅의 가감 없는 결혼식 풍경이다.

그러나 막상 결혼식의 주인공인 신랑과 신부, 청년들은 이에 대해 일말의 수치심도 느끼지 않는다. 자신을 잘 아는 친척과 친구들의 축복 속에 거행되는 결혼식은 참으로 아름답다. 그러나 자신은 알지도 못하는 부모 거래처 사람들로 예식장이 채워지고 그들이 달갑잖게 낸 축의금으로 비용을 충당하는 결혼식이라면, 적어도 결혼 당사자인 신랑과 신부는 스스로 모독을 느껴야 하지 않겠는가? 그럴 바에야 차라리 모든 허례허식을 버리고, 직계 가족들만 모여 조촐하게 결혼식을 치르겠다고 자청하는 청년도 있어야 하지 않겠는가? 그러나 현실은 그렇지 않다.

이제 우리 한번 깊이 생각해 보자. 이 땅의 청년들은 집값을 포함하여 평균 9,088만 원의 경비를 들이고 결혼, 신혼살림을 시작한다. 물론 그 경비는 거의 부모 혹은 부모 주위 사람들에 의해 충당된다. 청년들이 자기 능력 이상의 경제 수준으로 신혼생활의 첫발을 내딛는 것이다. 경제 수준을 올리는 것은 쉽지만 내리는 것은 여간 힘든 일이 아니다. 그렇다면 그렇게 시작한 수준을 지키기 위해 만약 공무원이라면 과연 자기 봉급만으로 만족하며 살아갈 수 있겠는가? 장사하는 청년이 해당 법규에 따라 정직한 세금을 납부할 수 있겠는가? 혹은 결혼하고서도 계속 누군가의 경제적 도움 속에 살아가는 의타적 인간이 되지는 않겠는가? 남의 돈으로 자기 능력 이상의 수준으로 사회에 첫발을 내디딘 청년들에 의해, 대체 이 사회 어느 부분에서 진정한 개혁이 이루어질 수 있겠는가?

내가 제네바한인교회를 섬길 때, 한국에서 박사학위 과정을 끝내고 대기업에 취직한 뒤 로잔 공대에 연수차 나와 있는 청년이 있었다. 제네바와 로잔 간의 70여 킬로미터를 멀다 않고 주일마다 예배에 참석하는, 볼수록 믿음직스럽고 장래가 촉망되는 청년이었다. 하루는 그 청년이 그해 연말경 자신과 함께 잠시 서울을 다녀올 수 없겠느냐고 물었다. 그때쯤 서울에서 결혼식을 올릴 예정인데 나더러 주례를 맡아 달라는 것이었다. 목사가 결혼식 주례를 위해 주일을 비우고 출국하는 것이 덕스러울 수 없어 나는 청년의 이해를 구하고 거절하였다. 그 대신 내가 아끼던 청년인지라, 한국에서 결혼 문화가 얼마나 그릇되어 있는지를 설명해 준 다음 대안을 제시했다.

한국에 가서 약혼자와 양가의 부모님을 설득시켜라. 그리고 그 다섯 분을 모시고 제네바로 와서 이곳에서 결혼식을 올리자. 필요 경비는 누구의 도움도 받지 말고 본인들이 부담해라. 모든 허례허식을 버리자. 주일예배가 끝나는 대로 결혼예배를 드리고, 교인들이 준비해 온 음식으로 피로연을 대신하자. 예물로는 금반지만 주고받아라. 서울에 돌아가면 자신의 현재 능력에 맞추어 단칸방에서부터 시작해라. 절대로 자기 능력 이상의 수준을 욕심내지 마라. 사람들은 누구나 개혁을 이야기하면서도 항상 자기는 예외로 삼는다. 자네는 자네 결혼식부터 개혁해라. 그러면 주님께서는 자네를 들어 우리 사회의 미래를 새롭게 하실 것이다.

청년은 귀국하여 먼저 약혼자와 뜻을 모았다. 그리고 양가의 부모님께 자신들의 계획을 알린 뒤 허락을 구했고, 자식들의 바른 뜻을 가상히 여긴 부모들은 흔쾌히 동의했다. 청년의 아버지는 직업이 외교관이었다. 직장이나 업무를 통해 알게 된 사람들의 결혼식에 평생 얼마나 많은 축의금을 내었겠는가?

자신이 다니는 교회의 불미스런 일들로 인해 만날 때마다 마음 상해하는 성도님이 있었다. 한 번은 그분에게, 그렇게 속상해 할 바에야 차라리 교회를 옮기는 것이 어떠냐고 말했다. 그분은, 아직은 아니라고 했다. 그 교회에 다니는 동안 평생 축의금을 내기만 했는데, 이 다음 자기 자식 결혼식 때 축의금을 되받고 난 뒤에 교회를 옮길 것이라 했다. 이것이 결혼 축의금과 관련된 오늘날의 현실이다. 그렇다면 딸도 없이 무녀독남 외아들인 청년의 부모는, 단한 번밖에 없는 기회인 아들 결혼식을 통해 평생 내보내기만 한 축의금을 고스란히 거두어들여야 하지 않겠는가? 그러나 부모는 자식의 뜻을 더 소중히 여겼다. 그릇된 풍조에 휩쓸리지 않은 신랑·신부도 장하지만, 나는 자식들이 옳다고 믿는 바를 실천할 수 있도록 자식들을 믿어 준 양가의 부모님들이 더 존경스럽다.

2000년 8월 20일, 주일예배에 뒤이어 그 청년의 결혼예배가 드려졌다. 양가 부모 이외의 하객은 제네바한인교회 교인과 마침 스위스 여행 중 주일예배에 참석한 홍성사 직원 등 100여 명뿐이었다. 그러나 얼마나 감동적인 결혼예식이었는지 모른다. 식이 끝난 뒤엔 교인들이 준비해 온 음식으로 식사하며 기쁨을 함께 나누었다.

귀국한 신혼부부는 자신들의 능력에 맞추어 서울 근교의, 조그마한 주방 겸 거실에 작은 방 하나 달린 소형 아파트에 둥지를 틀었다. 얼마나 공간이 협소하던지, 우리 부부가 방문하였을 때 함께 앉아 식사하기가 불편할 정도였다. 그러나 그 작은 공간은, 부모의 도움으로 신방을 꾸민 수십 평 아파트보다 훨씬 값지다. 그 공간이야말로 그 청년들의 의식이 그릇된 세상 풍조에 매몰되지 않았다는 증명서다.

나는 그 청년들이 정말 자랑스럽다. 그리고 그런 청년들이 있는 한 우리에겐 소망이 있다. 하나님께서는 그런 자를 도구 삼아 역사의 지평을 새롭게 하실 것이기 때문이다.

마지막으로 그릇된 성(性) 정체성 혼동이다.

얼마 전 일본에서는 사내아이의 15퍼센트가량이 변기에 앉아서 소변을 눈다는 보도가 있었다. 그것은 하나님의 창조법칙과는 다른 방식이다. 그 이유는 무엇인가? 일반적으로 집 안 화장실에 소변기를 따로 갖춘 집은 드물다. 좌변기 하나를 모든 용변의 용도를 위해 사용한다. 그런 까닭에 사내아이들이 서서 소변을 눌 경우 변기가 더럽혀지는 것을 못마땅해 하는 일본 주부들이 사내아이들을 어려서부터 여자처럼 앉아서 오줌을 누게 한 결과, 청소년이 되어서도 앉지 않으면 소변이 불가능하게 된 것이다. 변기에 앉아서만 소변을 볼 수 있는 청소년이 과연 건전한 남성 의식을 지닐 수 있겠는지 큰 의문이 아닐 수 없다.

정반대의 경우도 있다. 2001년 초 유럽 뉴스 채널인 유로뉴스는, 네덜란드에서 선 채로 소변을 누는 여인의 모습을 방영한 적이 있다. 한 여인이 남자 화장실의 소변기 앞으로 다가간다. 주머니에서 미리 준비한 깔대기를 꺼내어 요도구(尿道口)에 대곤 남자처럼 서서 오줌을 눈다. 일이 끝난 뒤엔 사용한 깔대기를 쓰레기통에 버리고 나간다. 소변을 보던 남자가 얼이 빠진 얼굴로 화장실을 나가는 여자의 뒷모습을 바라본다. 이런 화면을 유로뉴스가 다룬 것은 네덜란드에서 여자들이 기립 상태로 소변을 눌 수 있도록 깔대기가 제작, 시판되고 있음을 보도하기 위함이었다. 만약 아프리카 어느 부족 여성들이 전통적으로 서서 오줌을 누어 왔다면 문화인류학적으로 받아들일 수 있다. 그런데 오래도록 앉아서 소변을 누던 서구 여성들이 단지 외적으로 남자와 똑같아지기 위해 남자 화장실에서 남자처럼 기립 소변을 시도한다면, 그런 여자는 또 바른 여성 의식을 지닐 수 있을까?

현재 일본 기업의 중견 간부 중에는 여성의 수가 증가 일로에 있다고 한다. 요즈음 일본의 청년들은 거의 마마보이다. 형제 없이 외톨이로 성장한 청년들은, 밖에서 일하는 아버지와는 무관하게 집 안에서 어머니의 일방적인 영향 속에서 자랐다. 자연히 남성의 여성화가 이루어졌고, 그런 남성은 직장에서 남자 상사 아래에서는 정서적으로 불안하여 제대로 근무할 수 없게 되었다. 여성 상사라야 마음 편하게 일할 수 있는 것이다. 결국 마마보이들의 여성화는 사회와 직장 속에서도 지속되고 있다.

프랑스의 여성 잡지 〈엘〉(Elle)은 금년 3월 '남성은 어디에 있는가?'라는 특집기사에서 남성은 더 이상 존재하지 않는다고 결론 내리면서, 특히 25세에서 35세에 이르는 젊은 세대의 남성을 가리켜 기꺼이 남성성을 버릴 준비가 되어 있는 현대판 환관이라 규정했다. 여기에는 그럴 만한 이유가 있다. 현재 서구유럽에선 결혼보다는 동거가 보편적이다. 결혼은 파경을 맞을 경우 여러 가지 법적인 제약이 수반되는데 비해, 동거는 아무런 제재를 받지 않기 때문이다. 한마디로 서구식 동거란 남자와 여자가 평생 더불어 살기 위함이 아니라 언제든 부담 없이 헤어지기 위해 취해지는 편법이다. 동거의 특징은 아이를 갖지 않는 것이다. 아이를 가지면 결별할 때 문제가 많아지는 까닭이다. 이런 사회 풍조 속에서 정상적인 아빠가 되기 원하는 남자는 여자의 눈치를 보지 않을 수 없다. 아이를 낳을 것인가 말 것인가, 낳는다면 어느 남자의 아이를 낳아 줄 것인가의 선택은 전적으로 여성의 몫이 되었기 때문이다. 젊은 남자는 여자의 눈에 들기 위해 남성성까지 기꺼이 포기하는, 자기도 모르게 현대판 환관이 되지 않을 수 없다. 바꾸어 말해 유럽에서도 여자의 비위를 맞추려는 남성의 여성화는 보편적인 현상이 되었다.

남성의 여성화는 남성만의 문제로 그치지 않는다. 남성의 여성화는 여성의 남성화와 맞물려 있다. 요즈음 유행하는 '유니섹스'(unisex: 의상이나 머리 모양 등에서 남성과 여성의 구별이 없는 것)는 남성이 여성화된 만큼 여성이 남성화되었기 때문에 가능한 것이다. 남성과 여성 사이의 구분이 없어진 것이다. 그 결과 전통적으로 은밀히 행해지던 동성애는 이제 공공연하게 이루어지고 있다. 해마다 독일의 프랑크푸르트나 네덜란드의 암스테르담 혹은 스위스의 취리히에서 벌어지는 동성애자들의 축제는 그 규모와 파격적인 행렬의 모습에 어안이 벙벙할 뿐이다. 더욱이 동성애자들의 표를 의식하지 않을 수 없게 된 서구 각국의 정부에 의해 동성 결혼마저 합법적으로 인정되는 추세이며, 동성애 혹은 동성 결혼을 비판하거나 반대하면 시대에 뒤떨어진 자로 매도당하는 희한한 시대가 되었다.

우리나라라고 해서 다를 바는 없다. 오래 전부터 각 가정에서는 자녀를 한두 명만 낳았다. 이를테면 사내아이 대부분이 외아들이요, 일방적인 어머니의 영향력 아래에서 마마보이로 자란다. 탁아소 보모나 유치원 교사는 100퍼센트 여성이다. 초등학교 역시 여교사의 수가 압도적으로 많다. 남학생들이 여성화될 수밖에 없는 구조다. 남학생들이 여성화되는 만큼 여학생들은 남성화되고 있다. 이제 초등학교에서는 남학생에게 매 맞는 여학생보다도 여학생들에게 몰매 맞는 남학생이 더 많은 실정이다.

연상의 여인들과 결혼하는 청년, 특히 재혼 여성과 초혼하는 남성의 비율도 계속 늘고 있다. 여성화된 남성에게는, 모성을 느낄 수 있는 연상의 여인이 정서적으로 더 편한 것이다. 동성애도 일반적인 사회 문화 현상으로 자리 잡고 있다.

얼마 전 내가 다니는 교회 여중학생이 박애주의자가 무슨 의미인지 아느냐고 물었다. 분명한 것을 물을 때는 언제나 다른 뜻이 있게 마련이다. 설명을 부탁했더니, 동성과 이성을 동시에 사랑하는 자를 가리켜 박애주의자라 한다. 이것은 대학생이나 고등학생의 이야기가 아니다. 중학생들 사이에서 주고받는 농담의 내용이다. 동성애는 우리나라에서 이 정도로 보편적인 화두가 되었다.

모 대학 동성애 동아리의 후견인 역할을 한다는 그 대학의 한 여교수는 자신이 동성애를 지지하는 까닭을, 반드시 이성끼리만 사랑해야 한다는 도식적인 사고로부터 탈피하기 위함이라고 밝혔다. 단지 그런 이유로 동성애가 정상적으로 간주되어야 한다면, 나는 그분에게 묻고 싶다. 부모에게서 태어난 자식이 반드시 자식으로 살아야 한다는 도식적인 사고로부터 벗어나기 위해 부모를 자발적으로 연인 삼아 성관계를 가져도 무방한지를 말이다. '자발적'이란 단어를 사용한 것은, 자신의 어머니인 줄 알지 못한 채 어머니와 동침했던 오이디푸스의 경우와 구별하기 위함이다.

하나님께서는 남자와 여자를 다르게 만드셨다. 남자를 먼저 만드신 뒤에 여자를 만드셨다. 시간상의 차이가 있는 것이다. 사용하신 재료도 다르다. 남자는 진흙으로 만드셨고 여자는 남자의 갈빗대를 재료로 삼으셨다. 구조도 다르고 역할 또한 다르다. 남녀평등이란 생명의 본질과 역할의 등가를 뜻하는 것이지, 역할의 내용이나 품성마저 판에 박은 듯 동일해야 된다는 말이 결코 아니다.

하나님께서는 당신의 형상에 따라 남자와 여자를 만드셨다. 그러므로 남자와 여자가 각각 바른 남성성과 여성성을 갖출 때, 다시 말해 남자와 여자가 남자와 여자로서의 바른 의식을 지닐 때, 그 남자와 여자의 결합 속에 하나님의 형상은 이루어진다.

남자가 지녀야 할 바른 의식이란 한 가정을 바르게 이끌어 가야 할 강인한 책임 의식이요, 여자는 모든 가족을 한데 어우르고 품어야 할 자애로운 모성 의식임은 두말할 나위가 없다.

영적인 자립

주일예배가 중요한 것은 한 주간 동안 나아가야 할 방향이나 추구해야 할 큰 틀, 이를테면 삶의 총론을 얻는 시간인 까닭이다. 그 이후 매일의 삶 속에서 필요한 각론은, 총론의 바탕 위에서 각자가 찾아야만 한다. 이와 같은 영적인 자립이 이루어지지 않을 때, 일 평생 특정인에게 계속되는 영적 노예로 살아가게 된다.

경기도에서 농촌 목회를 하는 목회자의 전화를 받은 적이 있다. 자신의 나이가 39세라 밝힌 그분은 교회 성장을 위한 목회컨설팅 프로그램에 등록했다가, 더 중요한 것은 본질이란 자각으로 6개월 만에 중도하차했다면서, 지난 6개월 동안 비싼 돈과 아까운 시간을 허비한 것 같아 무척 가슴 아프다고 했다. 나는 그분에게, 39세의 나이에 본질의 중요성을 깨닫고 영적으로 자립한 것을 오히려 주님께 감사드리라고 말했다.

대부분의 사람들은 39세는커녕 늙어 죽을 때까지 영적으로 자립지 못하는 것이 우리의 실정이다. 여기에는 목회자와 교인의 구별이 없다. 목회자는 목회자대로 자기 고유의 목회 철학을 지니지 못한 채 '성장목회' '치유목회' '셀목회' '멘토링' 등 목회 유행을 쫓아다니기 바쁘고, 교인은 교인대로 자기 인생의 모든 결정을 스스로 하지 못해 일일이 목회자에게 의존하고 있다. 문제는 거의 모든 목회자가 교인들의 삶의 자리를 경험해 보지 못했다는 것이다. 대부분의 목회자는 회사를 경영하거나 장사를 해 본 적이 없다. 그런데도 교인들은 자기 일터와 관련된 각론까지 목회자로부터 얻으려 한다. 사실은 거꾸로 되어야 한다. 말씀에 입각하여 세상사에 대한 총론을 제시해 준 목회자가, 교인들이 각자 자신의 일터에 맞는 각론을 어떻게 적용하고 실천해 가는지 교인들에게 묻고 해답을 구해야 한다.

우리 청년들의 신앙 역시 얼마나 타인 의존적인지를 단적으로 보여 주는 예가 있다. 국내외를 막론하고 웬만큼 믿음 좋다는 청년들이 으레 던지는 질문이 있다. 현재의 학업이나 직업을 계속해야 하느냐, 아니면 신학교에 가느냐 하는 것이다. 자신의 인생임에도 스스로 결정하지 못한다. 나는 그와 같은 청년들에겐 신학교로 진학하지 말 것을 권한다. 일면식도 없는 내게 그런 질문을 하기까지, 그 청년은 그동안 자기 주위의 얼마나 많은 사람들에게 동일한 질문을 던졌겠는가? 그렇다면 내가 어떤 답을 하든 상관없이, 그는 내일이면 또 누구에겐가 똑같은 질문을 다시 던질 것이다.

나 자신의 경험에 비추어 보면, 하나님의 소명을 받은 자는 누구에게도 질문할 필요를 느끼지 않는다. 하나님의 소명은 모든 질문을 사라지게 한다. 내가 하나님의 부르심을 깨달았을 때, 나는 나의 계획을 내 아내와만 상의했다. 아내는 나와 함께 인생길을 걸어가야 할 내 인생의 반려자이기 때문이다. 그 이외의 사람들에겐 내가 가야 할 길을 알렸을 뿐이다. 나의 길과 관련하여 누구에게도 질문하거나 상담을 청해 본 적이 없다. 하나님께서 부르셨는데 무슨 질문이 있으며, 누구의 조언이 따로 필요하겠는가?

대부분의 청년들이 학교 시험 혹은 논문 준비와 주 중 교회 행사가 겹칠 경우 어느 쪽에 비중을 두어야 하는지를 질문하기도 한다. 크리스천이란 무엇을 하든 주님을 위해 사는 자들이다. 크리스천이 행하는 모든 일이 성직인 까닭이 이것이다. 크리스천 대학생이 공부하는 것도 궁극적으로는 주님을 위함이요, 그렇기에 크리스천 대학생에게 공부하는 것보다 더 중요한 일은 없다. 주일은 주님의 날로 거룩하게 지켜야 하지만, 나머지 엿새의 최우선 목표는 지적

연마여야 한다. 그것이 크리스천 학생의 구별, 즉 거룩이다. 크리스천 학생의 거룩이 입증되어야 할 곳은 교회 이전에 학교다. 조금만 생각하면 이렇듯 자명한 일을, 많은 크리스천 학생들이 학업과 교회 사이에서 갈등하고 있다. 영적으로 자립하지 못했기 때문이다.

영적 자립을 이루지 못하면 이처럼 하찮은 문제마저 누구에겐가 답을 구하며 살아야 하는데, 중요한 사실은 인생을 망쳤을 경우, 자신의 질문에 주저 없이 답을 주던 목회자 중 그 누구도 결코 책임져 주지 않는다는 것이다. 자기 인생은 자신이 책임지는 것이며, 그것은 영적 자립으로 가능하다.

요즈음은 어느 교회를 가나 '경배와 찬양' 붐이다. 그런데 어디를 가도 모두 천편일률적이다. 서울에서나 부산에서나 광주에서나 심지어는 미국에서도 한국 청년들의 찬양은 선곡, 연주, 인도 방식에서 아무 차이가 없다. 찬양인도자의 사설(辭說) 내용이나 스타일마저도 판에 박은 듯이 똑같다.

왜 광주 청년들은 광주에 사는 자신들만의 신앙고백이 담긴 찬양을 만들지 못하는가? 왜 부산 청년들에겐 부산 청년 고유의 찬양 스타일이 없는가? 왜 미국에 살고 있는 한인 청년들 역시 국내 청년들의 찬양을 그대로 답습하기만 하는가? 왜 전 세계에 퍼져 있는 한국 청년들의 찬양은 일률적으로 단순 모방에 지나지 않는가?

자기 자신만의 신앙고백이 없기 때문이다. 즉 영적으로 미자립 상태에 있기 때문이다.

주님께서는 수차례에 걸쳐 "귀 있는 자는 들으라"고 말씀하셨다. 세상에 귀가 없는 자가 어디에 있는가? 그러므로 이 말씀은, 주님의 말씀을 스스로 이해할 수 있는 영적 자립인이 되라는 의미다.

더욱이 말세를 다루고 있는 요한계시록에는 "귀 있는 자는 성령이 교회들에게 하시는 말씀을 들으라"는 구절이 여덟 번이나 반복되고 있다. 모든 가치관이 뒤흔들리는 말세에는, 영적 자립 없이는, 타인과의 공생은 고사하고 자기 자신 하나도 지킬 수 없다.

왜 다윗이었을까?

하나님을 믿음으로 일평생 자신을 생명용품으로 일구었던 룻은 하나님의 은총으로 아들 오벳을 얻었다. 태어난 것은 핏덩이 오벳 뿐인데도, 하나님께서는 성경을 통해 룻의 손자인 이새와 증손자 다윗까지 동시에 보여 주셨다. 하나님 안에서는 무명인의 평범한 일상사를 통해서도 역사의 지평이 얼마든지 새로워질 수 있음을 일깨워 주시기 위함이었다.

여기에서 우리가 주목지 않을 수 없는 것은, 다윗은 이새의 외아들이 아니라는 사실이다. 이새에겐 아들이 무려 여덟 명이나 있었다. 그런데도 그 중에서 역사의 지평을 새롭게 하는 하나님의 도구로 왜 다윗이 택함을 받았을까?

이스라엘 왕 사울은 이스라엘의 초대 왕이 되는 은총을 입었음에도 하나님을 등지고 권력의 노예로 전락하고 말았다. 하나님께서는 선지자 사무엘을 부르셨다.

여호와께서 사무엘에게 이르시되 내가 이미 사울을 버려 이스
라엘 왕이 되지 못하게 하였거늘 네가 그를 위하여 언제까지 슬
퍼하겠느냐 너는 기름을 뿔에 채워 가지고 가라 내가 너를 베들
레헴 사람 이새에게로 보내리니 이는 내가 그 아들 중에서 한
왕을 예선하였음이니라 사무엘이 가로되 내가 어찌 갈 수 있으
리이까 사울이 들으면 나를 죽이리이다 여호와께서 가라사대
너는 암송아지를 끌고 가서 말하기를 내가 여호와께 제사를 드
리러 왔다 하고 이새를 제사에 청하라 내가 너의 행할 일을 가
르치리니 내가 네게 알게 하는 자에게 나를 위하여 기름을 부을
지니라(삼상 16:1-3)

사무엘은 하나님의 명령에 따라, 대체 이새의 아들이 몇 명이나
되는지도 알지 못한 채 그의 집을 찾아갔다. 첫째 아들 엘리압부터
차례대로 사무엘 앞에 나아왔지만 그때마다 하나님께서는 아니라
고 하셨다. 마침내 막내아들 다윗이 등장했을 때다.

이에 보내어 그를 데려오매 그의 빛이 붉고 눈이 빼어나고 얼굴
이 아름답더라 여호와께서 가라사대 이가 그니 일어나 기름을
부으라(삼상 16:12)

하나님께서 이스라엘의 새로운 왕으로 선택해 두신 자는 다윗이
었다. 왜 다윗이었을까? 본문의 묘사처럼 그의 외모가 빼어났기 때
문이었을까? 제일 먼저 이새의 장자 엘리압을 본 사무엘은 그의 외
모에 감탄했다. 하나님께서 새로운 왕으로 예선하신 자가 엘리압

임에 틀림없다고 사무엘이 속단할 정도였다. 그때 하나님께서 사무엘에게 말씀하셨다.

> 그 용모와 신장을 보지 말라 내가 이미 그를 버렸노라 나의 보는 것은 사람과 같지 아니하니 사람은 외모를 보거니와 나 여호와는 중심을 보느니라(삼상 16:7)

하나님의 말씀에 의하면, 하나님께서는 다윗의 외모를 보시고 그를 선택하신 것이 아니었다. 하나님께서 평가하신 것은 다윗의 중심이었다. 대체 다윗의 중심엔 무엇이 자리 잡고 있었기에 하나님께서 그의 중심을 보시고 그를, 역사의 지평을 뒤흔드는 당신의 도구로 택하셨는가?

이새의 집을 방문한 사무엘은 이새의 아들들을 장자에서부터 시작하여 차례대로 만나 보았지만 하나님께서는 모두 아니라 하셨다. 그렇다고 또 다른 아들이 집에 있었던 것도 아니었다.

> 또 이새에게 이르되 네 아들들이 다 여기 있느냐 이새가 가로되 아직 말째가 남았는데 그가 양을 지키나이다(삼상 16:11상)

의아해진 사무엘이 자기 앞에 있는 아들이 모두냐고 묻자 이새는, 한 명이 더 남아 있는데 지금 들판에서 양을 지키는 중이라고 대답하였고, 그가 바로 다윗이었다.

다윗은 장자거나 차자가 아니라 막내, 그것도 8형제 중의 막내였다. 일반적으로 막내는 집안일에 대해 책임감이 투철하지 못한 경향이 있다. 성품이 나쁘거나 게을러서가 아니라, 대개의 경우 부모나 형들이 막내가 해야 할 일을 대신 해 주는 까닭이다. 그러나 다윗은 달랐다. 일곱 명의 형들이 모두 집에서 편안히 지내고 있는 동안, 다윗 홀로 들판에서 아버지의 양을 보살피기를 전혀 꺼리지 않았다. 물론 그때는 다윗이 양을 돌볼 차례였을 것이다. 중요한 것은 8형제의 막내인 다윗이 누구의 도움도 없이, 집 안도 아닌 들판에서 자기 의무를 홀로 감당하고 있다는 사실이다. 이때 다윗은 어린 나이에도 불구하고 홀로 선 상태였다. 일반적으로 의타적이기 쉬운 막내의 그릇된 의식에서 탈피, 이미 의식의 자립을 이루고 있었다.

블레셋의 거인 골리앗이 이스라엘을 침범했을 때 이스라엘의 모든 군사들은 그의 거대한 외모에 압도당하고 말았다. 그도 그럴 것이 그의 신장은 2미터 70센티미터가 넘었고, 그가 걸친 갑옷의 무게만도 57.5킬로그램에 달했다. 그가 40일 동안이나 이스라엘군을 향해 하나님을 마음껏 모독하며 싸우기를 청했지만, 이스라엘 장군 중 누구도 감히 나갈 엄두를 내지 못했다. 그 현장을 목격한 다윗이 스스로 골리앗과 맞서기를 자청했다. 지원자가 있다는 소식에 사울 왕이 기뻐하며 다윗을 만나 보았지만, 그러나 왕은 다윗의 지원을 받아들일 수가 없었다. 사울 왕 앞에 나타난 다윗은 골리앗에 비해 너무나도 왜소하고 어려 보였다. 죽을 것을 뻔히 알면서도 그 어린 사람을 사지로 내몬다는 것은 왕으로서 차마 할 짓이 아니었다. 그때 다윗이 사울 왕을 향해 말했다.

주의 종이 아비의 양을 지킬 때에 사자나 곰이 와서 양 떼에서

새끼를 움키면 내가 따라가서 그것을 치고 그 입에서 새끼를 건
져 내었고 그것이 일어나 나를 해하고자 하면 내가 그 수염을
잡고 그것을 쳐 죽였었나이다 주의 종이 사자와 곰도 쳤은즉 사
시는 하나님의 군대를 모독한 이 할례 없는 블레셋 사람이리이
까 그가 그 짐승의 하나와 같이 되리이다(삼상 17:34-36)

다윗이 들판에서 홀로 아버지의 양을 지킬 때 대충대충 시간만
때운 것이 아니었다. 맹수가 양을 해치려 할 경우 형들의 도움을
요청한 것도 아니었다. 그는 홀로 맹수와 싸워 이겼다. 그리고 이
제 골리앗과 맞서겠다는 것이다. 왕의 병력을 이끌고 가서 싸우겠
다는 말이 아니다. 오직 자기 홀로, 맹수를 쳐 이기던 자신의 손으
로 골리앗을 물리치겠다는 것이다. 그는 철저하게 행위의 자립을
이룬 사람이었다.
　마침내 사울 왕의 허락이 떨어지자 다윗은 단신으로 골리앗과
맞섰다.

다윗이 블레셋 사람에게 이르되 너는 칼과 창과 단창으로 내게
오거니와 나는 만군의 여호와의 이름 곧 네가 모욕하는 이스라
엘 군대의 하나님의 이름으로 네게 가노라(삼상 17:45)

다윗이 거인 골리앗과 싸우기를 자청한 것은, 자신을 위한 영웅
심의 발로가 아니었다. 골리앗이 모욕하는 하나님의 영광을 위함
이었다. 하나님의 영광을 회복하기 위해 죽기를 두려워하지 않고
골리앗 앞에 자신을 내던졌다. 확고한 영적 자립인이 아니고서는

엄두도 내지 못할 일이었다.

골리앗을 이긴 다윗은 사울 왕의 딸을 아내로 맞았다. 왕의 부마가 된 것이다. 그러나 얼마 지나지 않아 사울 왕은 자신의 사위인 다윗을 라이벌로 간주하여 그를 죽이려 하였다. 다윗 한 사람을 죽이기 위해 사울 왕은 3,000명으로 구성된 특공대를 조직하기까지 하였다. 다윗은 살아남기 위해 근 10여 년 동안이나 도피 생활을 해야만 했다. 그러나 자신이 왕의 부마였다고 해서 부마에 걸맞는 삶의 수준을 고집하지 않았다. 그는 동가식서가숙하면서 때론 굴이나 들판에서 잠을 자기도 했다. 그는 갑작스럽게 자신을 엄습한 빈곤의 상황을 조금도 개의치 않았다. 만약 그가 옛 삶의 수준에 얽매어 있었던들 그는 10년간의 도피 생활이 다하기도 전에 자살하거나 아니면 정신이상자가 되고 말았을 것이다. 하지만 그는 이 시기에 도리어 영적으로 더욱 성숙해졌다. 그는 주어진 경제적 상황에 자신을 맞추어 넣을 줄 아는 경제적 자립인이었던 것이다.

이처럼 다윗의 중심은 철저한 자립 정신으로 넘치고 있었다. 그러나 다윗의 중심에 자리 잡은 것은 자립성만이 아니었다. 그의 중심엔 투철한 공생성 역시 뿌리를 내리고 있었다.

골리앗이 이스라엘을 침범했을 때다. 사울 왕은 적군을 물리치기 위해 급히 군사를 모았다. 소집된 군사 중에는 이새의 세 아들들, 즉 장남 엘리압, 차남 아비나답, 삼남 삼마도 포함되어 있었다. 어느 날 이새는 전장에 있는 세 아들들에게 양식을 보내었다.

이새가 그 아들 다윗에게 이르되 네 형들을 위하여 이 볶은 곡

식 한 에바와 이 떡 열 덩이를 가지고 진으로 속히 가서 네 형들
에게 주고 이 치즈 열 덩이를 가져다가 그들의 천부장에게 주고
네 형들의 안부를 살피고 증표를 가져오라(삼상 17:17-18)

이새가 보낸 양식은 곡식 한 에바, 그리고 빵과 치즈 각 열 덩이
였다. 한 에바는 우리의 도량형으로 열두 되, 즉 한 말 두 되다. 게
다가 유대인들의 빵과 치즈는 커다란 덩어리 형태다. 이 양식을 다
합치면 만만찮은 무게다. 더욱이 이스라엘 군이 진치고 있는 엘라
골짜기는 이새의 집이 있는 베들레헴으로부터 무려 60리나 떨어져
있었다. 무거운 양식을 그 먼 거리로 지고 간다는 것은 여간 힘든
일이 아닐 수 없었다. 그런데 이새는 그 일을 다윗에게 시켰다. 세
아들이 참전하였으므로 집에는 아직 다섯 아들이 남아 있었다. 즉
다윗 위로 형들이 네 명이나 더 있었다. 그런데도 이새는 다른 아
들들을 제쳐 놓고 막내아들 다윗에게 그 어려운 일을 시켰다.
  아버지 이새는 정확하게 알고 있었다. 다윗만이 아무 불평 없이
그 일을 해낼 것을 말이다. 이를테면 이새는 아들들 중에 다윗의
공생성이 가장 뛰어남을 믿고 있었다. 다윗이 아버지의 명령에 절
대 순종하여 그 무거운 양식을 지고 60리 길을 걸어 전장의 형들을
기꺼이 찾아간 것은, 평소 다윗이 그 형들을 마음으로 품고 있었음
을 의미한다. 그렇지 않고서야 형들이 네 명씩이나 집에서 놀고 있
는 판에, 막내 다윗 홀로 아버지의 명령에 순종할 까닭이 없다. 무
슨 핑계를 동원하든 형들에게 미루고야 말았을 것이다.
  다윗의 일생에서 가장 잘한 일 한 가지만 택한다면 무엇일까? 대
부분의 사람들은 그가 골리앗과 단신으로 맞서 이긴 것을 꼽을 것

이다. 그러나 깊이 생각해 보면 그게 아니다. 무거운 양식을 먼 전장의 형들에게 전해 주라는 아버지의 명령에 한마디의 이의도 없이 '예' 하고 순종한 것—이것이 다윗 일생일대 가장 잘한 일이다. 그때 순종함으로 형들이 있는 전장을 찾았기에 이스라엘을 모독하는 골리앗을 목격했고, 골리앗과 싸워 이길 수 있었다. 만약 그가 아버지의 명령에 순종치 않았던들 골리앗을 볼 수도 없었고, 골리앗을 물리친 다윗은 존재할 수도 없었을 것이다. 베들레헴 양치기 다윗으로 하여금 이스라엘 역사의 지평을 새롭게 연 다윗이 되게 한 것은 그날의 순종이었고, 그 순종은 평소 형들을 마음으로 품고 살던 그의 공생성에서 비롯되었다.

골리앗을 이긴 다윗을 사울 왕이 질투심으로 죽이려 하자 다윗의 목숨을 건 기나긴 도피 생활이 시작되었다.

> 그러므로 다윗이 그곳을 떠나 아둘람 굴로 도망하매 그 형제와 아비의 온 집이 듣고는 그리로 내려가서 그에게 이르렀고 환란당한 모든 자와 빚진 자와 마음이 원통한 자가 다 그에게로 모였고 그는 그 장관이 되었는데 그와 함께한 자가 400명가량이었더라(삼상 22:1-2)

다윗이 엔게디 광야의 아둘람 굴에 몸을 피하고 있을 때였다. 어떻게 알았는지 다윗의 아버지와 형들이 도망자인 다윗을 찾아왔다. 그들 역시 살해 위협을 느꼈기 때문이었다. 생명을 걸고 도망다니는 자에게 부모와 형제는 거추장스러운 존재이기 쉽다. 생존에 필요한 양식과 물질을 다수와 나누어야 하므로 자신의 몫이 줄

어들 뿐 아니라 기동성도 떨어지게 마련이다. 그러나 다윗은 자신을 믿고 찾아온 부모형제를 나 몰라라 하지 않았다.

설상가상으로 불우한 처지에 속한 자들이 400여 명이나 다윗에게 나아왔다. 그들은 돈이 많거나 출중한 무사들, 이를테면 다윗에게 현실적으로 도움이 될 만한 자들이 아니었다. 환란을 당하거나 원통한 일을 겪은 자들 그리고 빚에 시달리는 자들이었다. 도움은커녕 도리어 다윗이 거두어야 할 사람들이었다. 다윗을 죽이려는 사울 왕은 3,000명의 특공대를 거느리고 있었다. 오합지졸 400여 명과 함께라면 특공대의 추격에 노출되기가 그만큼 더 용이할 것이었다. 게다가 아무 능력도 없는 그들에게 필요한 양식과 물질을 모두 다윗이 책임져야만 했다. 상식적으로는 당연히 그 쓸모없는 자들을 외면해야 할 판이다. 그러나 다윗은 그들마저 거두어 주었다. 그는 이용 가치가 없는 사람들일망정 물질로 섬기기를 주저치 않은 공생의 사람이었다.

다윗의 공생성은 그 정도로 그친 것이 아니었다.

다윗은 거기에서 모압의 미스바로 가서 모압 왕에게 간청하였다. "내가 해야 할 일이 무엇인가를 하나님이 나에게 알려 주실 때까지, 나의 부모가 이곳으로 들어와 임금님과 함께 머물도록 허락하여 주시기 바랍니다." 그리하여 다윗은 자기의 부모를 모압 왕에게 부탁하였다. 다윗이 산성에 머물러 있는 동안에, 다윗의 부모는 모압 왕과 함께 살았다.(삼상 22:3-4 표준새번역)

사울 왕의 추격을 피해 도망 다니지 않을 수 없는 다윗의 처지로는 부모의 안전을 장담할 형편이 아니었다. 부모를 모시고 이리저리 쫓겨 다니는 것이 효도일 수도 없었다. 다윗은 모압 왕을 찾아갔다. 모압은 사해 동편에 자리 잡은 모압 족속의 나라로 국경을 맞대고 있는 모든 나라들이 그렇듯, 이스라엘과 모압 역시 불편한 관계였다. 그러나 다윗은 모압 왕을 찾아가 그 앞에 무릎을 꿇고, 자신의 형편이 나아지기까지 자기 부모를 맡아 달라고 모압 왕에게 간청하였다.

그때 다윗은 이미 이스라엘 제일의 장수였다. 민족적 감정으로나 다윗의 개인적 자존심으로는 있을 수 없는 일이었지만 그러나 자식의 도리, 자식으로서 부모에게 지켜야 할 예의범절을 다하기 위해 그는 기꺼이 모압 왕 앞에 무릎을 꿇었던 것이다.

그뿐만이 아니다. 도피 생활을 하던 다윗에게 사울 왕을 죽일 수 있는 절호의 기회가 두 번이나 있었다. 두 번 다 사울 왕은 깊은 잠에 곯아떨어져 있었다. 칼로 찌르기만 하면 그만이었다. 다윗 측근들은 이것이야말로 하나님께서 주신 보복의 기회이니 단칼로 사울 왕을 죽이라고 재촉했다. 그러나 다윗은 사울 왕을 살려 주었다. 다윗의 생각에는, 하나님께서 기름 부으신 왕을 죽이는 것은 그를 왕으로 세우신 하나님에 대한 불경으로 여겨졌다. 그는 자신의 사사로운 감정보다는 하나님을 경외해야 한다는 하나님의 법을 지키기 위해 두 번이나 사울 왕을 살려 주었다. 그는 진정한 공생의 사람이었다.

이처럼 다윗의 중심엔 자립성과 공생성이 한데 어우러져 있었고, 하나님께서 다윗의 중심에서 보신 것이 바로 이것이었다. 다윗의 자립성은 공생의 텃밭이었고, 그의 공생성은 자립의 열매였다.

하나님께서는 자립과 공생의 교직으로 엮어진 다윗의 중심을 통로로 삼아 이스라엘 역사의 지평을 새롭게 하신 것이다.

여기에서 우리는 귀중한 깨달음을 얻게 된다. 이새의 여덟 아들들이 믿음의 여인인 룻의 증손자로 태어난 것은, 그들의 노력 없이 얻은 하나님의 은총이었다. 하나님께서 한 시대를 위해 쓰신 믿음의 조상 후예로 태어난다는 것은 얼마나 특별한 은총인가?

하지만 이새의 여덟 아들 중 하나님의 은총에 바르게 응답한 자는 다윗뿐이었다. 다윗은 하나님의 은총을 받은 자로서 마땅히 해야 할 일이라 여겼기에 하나님 앞에서 홀로 섰을 뿐이고, 더불어 살아야 할 자와 자신의 삶을 나누었을 따름이다. 하나님께서 그와 같은 다윗을 당신의 도구로 사용하셨다.

홀로 서려 하지 않는 공생인은 평생 기생자로 살아갈 수밖에 없고, 더불어 살려 하지 않는 자립인은 사람을 해치는 유아독존이게 마련이다. 이것이 자립과 공생의 수틀인 다윗을 하나님께서 쓰신 까닭이요, 우리가 추구해야 할 삶의 내용이 자립과 공생인 이유이다.

성경에서 역사의 지평을 새롭게 하는 하나님의 도구로 쓰임 받은 자들이 단 한 사람의 예외도 없이, 한결같이 자립과 공생의 사람들인 까닭 역시 여기에 있다.

링컨보다 루터 킹이 위대한 이유

1863년 1월 1일 미국의 링컨 대통령은 노예해방을 선언하였다. 링컨은 이 선언을 위해 노예제를 찬성하는 남부와 전쟁까지 불사했다. 그러나 링컨의 노예해방 선언은, 흑인의 입장에서 볼 때에는 정치적 선언 이상의 의미가 없었다. 흑인을 위한 법적 제도적 후속 조처가 전무한 가운데 흑인은, 링컨의 노예해방 선언 이후에도 근 100년 동안 인종차별의 속박과 굴레에서 벗어나지 못한 채, 흑인 빈민촌에 갇혀 가난과 무지를 벗 삼아 살아야만 했다. 링컨이 전쟁을 치르면서까지 위대한 노예해방 선언을 하긴 했지만 그러나 미국의 현실 속에서 그 선언은, 마틴 루터 킹 목사의 표현처럼 마치 '부도난 수표' 와도 같았다.

그러나 오늘날의 미국에서는 흑인에게 인종 차별적인 발언이나 행동을 했다가는 즉각 법의 제재를 받는다. 백인의 속마음이야 어떻든 적어도 외형상으로는, 다시 말해 법적 제도적으로는 흑백평

등이 이루어져 있다. 흑인이 백인과 결혼하는 데도 아무 제약이 없다. 50년대까지만 해도 흑인과 몸이 닿는 것이 싫다 하여 흑인을 농구 코트에 세워 주지도 않았지만, 지금 미국 농구 코트의 스타들은 거의 흑인 일색이다. 불과 30-40년 전이라면 상상조차 하기 힘든 세상이 되었다. 흑백 문제와 관련하여 미국 사회가 이처럼 대전환을 이루게 된 데엔 여러 가지 정치 사회적 요인이 있겠지만, 그 정점에 마틴 루터 킹 목사가 자리 잡고 있음은 아무도 부인하지 않는다.

1929년 1월 15일 미국 조지아 주 애틀랜타에서 가난한 흑인 전도사의 아들로 태어난 마틴 루터 킹은 15세 때 애틀랜타 모어하우스 대학에 입학, 19세 때인 1948년에 문학사 학위를 받았다. 개인적으로는 법학과 의학에 관심이 많았으나 아버지의 권유를 받아들여 신학교로 진학하였다. 그는 펜실베이니아 주 체스터에 있는 크로저 신학교 재학 중, 간디의 비폭력 철학과 개신교 신학자들의 다양한 신학 사상을 접하게 되었다. 1951년 신학교를 수석으로 졸업함과 동시에 보스턴 대학으로 옮겨 학업을 계속, 1955년 신학박사 학위를 받았다. 가난한 흑인의 아들이었던 그는 이처럼 백인 지배의 미국 사회 속에서 홀로 설 줄 아는 인간이었다. 그러나 그는 그 능력으로 자기 일신의 영달만을 꾀한 것이 아니었다.

앨라배마 주 몽고메리 시 텍스트 가의 침례교회 목사로 부임한 그는, 그 도시의 로사 파크스라는 흑인 여성이 버스에서 백인의 자리 양보 요구를 거부했다는 이유로 경찰에 체포된 사건을 계기로 흑인 민권운동가가 되었다. 1953년에 결혼한 부인 코레타 스콧과의 사이에 네 명의 자녀를 둔 가장이었지만, 그는 사익(私益)보다 공익(共益)을 위해 자신의 생을 바쳤다.

링컨의 노예해방 선언 100주년이 되던 해인 1963년 8월 28일, 그는 미국 내 인종차별의 심각성을 대내외에 알리기 위해 평화행진을 주도했다. 그날 미국 수도 워싱턴 소재의 링컨 기념관 앞에 운집한 20만 명 이상의 참가자들 앞에서 그 유명한 '나에게는 꿈이 있습니다'란 제목의 설교를 하였다. 그의 설교는 텔레비전과 라디오를 통해 미국 전역에 중계되어 많은 사람을 감동시켰고, 세계 각지에 그의 동조자들을 만들었다. 이 평화행진을 계기로 그의 민권운동은 미국 여론의 반향을 일으켰고 그 결과 이듬해인 1964년, 공공장소에서의 인종 차별대우 철폐와 고용 및 공공소유 시설물에서의 불법적 인종 차별을 금하는 민권법이 통과되어 연방정부 관할하에 전국적으로 법의 시행이 이루어지게 되었다. 흑백 차별 철폐의 새로운 역사가 시작된 것이다.

흑인 민권운동에 나선 흑인은 비단 마틴 루터 킹 목사만이 아니었다. 말콤 엑스 등 많은 흑인 지도자들이 있었지만 마틴 루터 킹의 영향이 가장 컸던 것은, 그의 주장이 흑백 공생이었기 때문이다. 다른 흑인 지도자들의 민권운동은 대부분 그 동기가 백인에 대한 증오와 보복이었다. 자신들이 오랫동안 백인의 압제를 당한 만큼 궁극적인 목표는 흑백 평등이 아닌 흑인 우월 사회였다. 그와 같은 극단적인 사상이 지배 계층인 백인에게 받아들여질 리 없었고, 자신들의 뜻을 관철시키려는 흑인 운동은 과격 양상을 띨 수밖에 없었다. 악순환의 연속이었다. 그러나 마틴 루터 킹은 달랐다. 흑백 차별 타파는 단순히 흑인만의 승리가 아니라, 인간에 대한 편견과 증오심에 갇혀 있는 백인의 승리임을 호소하였다. 그가 링컨 기념관 앞에서 행한 '나에게는 꿈이 있습니다'라는 설교에서 언급된 그의 꿈의 실체가 바로 이것이었다.

> 나에게는 꿈이 있습니다.
> 어느 날 조지아와 미시시피와 앨라배마에 이르기까지 옛날 노예의 아들들이 옛날 노예 주인의 아들들과 함께 형제처럼 살게 되는 꿈입니다.
> 나에게는 지금 꿈이 있습니다.
> 어느 날 백인 어린이와 흑인 어린이가 형제와 자매처럼 손을 잡게 되는 꿈입니다.

이와 같은 킹 목사의 흑백 공생의 호소가 백인들의 양심을 움직였고, 그가 믿었던 대로 흑인의 자식과 백인의 자식이 법적 제도적으로 평등한 사회에서 더불어 사는 새로운 역사가 펼쳐졌다. 이런 관점에서 본다면 링컨 대통령보다 마틴 루터 킹 목사가 훨씬 위대함을 알 수 있다. 링컨은 대통령의 직책과 권력으로 군대를 동원, 전쟁을 치르면서까지 이룬 것이 노예해방 선언에 그쳤지만, 마틴 루터 킹은 총 한 자루 들지 않고 오직 하나님을 향한 믿음으로 미국 역사의 지평을 새롭게 하였다. 오늘날 링컨 기념관 화강암 계단위에 '나에게는 꿈이 있습니다'란 각판이 부착되고, 기념관 1층에서 킹 목사의 육성으로 같은 제목의 설교가 스피커를 통해 울려 퍼지는 것은, 미국 역사에 끼친 그의 공헌이 링컨 대통령에 뒤지지 않음을 입증한다.

그러나 좀더 깊이 생각해 보면 마틴 루터 킹이 위대한 것이 아니라, 그 보잘것없는 흑인을 도구 삼아 미국 역사의 지평을 새롭게 하신 하나님께서 위대하시다. 위대하신 하나님께서 현실 세상 속에서 그를 당신의 도구로 쓰신 것은, 그가 바로 이 시대의 다윗이었기 때문이다. 하나님께서는 흑인인 그의 외모를 보시지 않았다. 하나님께서 보신 것은 그의 중심이었다. 자립과 공생의 정신이 한데 어우러져 있는 그의 중심 말이다. 마틴 루터 킹의 삶이야말로, 역사의 지평을 새롭게 한 룻과 다윗의 이야기는 전설이 아니라 우리 삶 속에서 언제나 이루어질 수 있는 현실임을 깨닫게 해 준다.

그대 청년아!

우리 사회가 분열됨을 가슴 아파하지만 말아라. 남의 탓을 하지도 말아라. 그대가 이 시대의 다윗이 되어라. 그대의 중심을 자립과 공생의 교직판이 되게 하라. 그대의 삶을 자립과 공생의 수틀로 하나님께 드리라.

그대에게 총 한 자루 없어도, 그대에게 권력이 없어도, 하나님께서는 그대를 도구 삼아 역사의 지평을 새롭게 하실 것이다. 그대가 믿는 하나님은 3,000년 전 다윗을 통해 이스라엘을 새롭게 하신 하나님, 우리 시대에 마틴 루터 킹을 당신의 도구로 삼아 미국 역사의 지평을 뒤흔드신 바로 그 하나님, 곧 역사의 주관자시기 때문이다.

3 베레스 웃사

저희가 나곤의 타작마당에 이르러서는

소들이 뛰므로 웃사가 손을 들어

하나님의 궤를 붙들었더니

여호와 하나님이 웃사의 잘못함을 인하여 진노하사

저를 그곳에서 치시니

저가 거기 하나님의 궤 곁에서 죽으니라

여호와께서 웃사를 충돌하시므로

다윗이 분하여 그곳을 베레스 웃사라 칭하니

그 이름이 오늘까지 이르니라

사무엘하 6:6-8

왜곡의 역사

종교에서

이슬람교도들의 종교심은 세계적으로 널리 알려져 있다. 금식절기인 라마단이 되면 이슬람교도들은 무려 한 달 동안 해가 떠서질 때까지 먹고 마시고 피우는 것을 일절 금한다. 성지순례 기간인하지가 되면 매해 적어도 200만 명 이상의 이슬람교도들이 단 열흘 동안 성지를 방문, 메카는 그야말로 인산인해가 된다. 비단 특별 절기가 아니더라도 그들은 매일 하루 다섯 번씩 정해진 시간에직접 사원을 찾거나, 부득이한 경우에는 현재의 위치에서 메카를향해 기도해야 한다. 터키를 여행할 때 운전기사가 틈만 나면 사원을 찾아 기도하는 통에 나는 몇 번이나 차 앞에서 우두커니 기다리고 있어야만 했다. 오만에서는 내가 머문 숙소 바로 앞에 이슬람사원이 있었는데, 새벽부터 스피커를 통해 코란이 울려 퍼지면 동네 사람들이 줄을 지어 사원으로 몰려들었다.

이처럼 이슬람교도들의 종교적 열성은 타의 추종을 불허하지만, 그렇다고 그들이 모두 그들의 경전인 코란의 가르침대로 살아가는 참 신앙인인 것은 아니다.

2003년 4월 9일 미군에 의해 바그다드가 함락되자 삽시간에 벌어진 대약탈극을 온 세계는 텔레비전 화면을 통하여 지켜보았다. 바그다드 시민들은 외국 공관이나 공공 건물, 대저택, 상점 등은 말할 것도 없고 심지어는 박물관, 병원, 약국까지 약탈의 대상으로 삼았다. 이라크 국민의 99퍼센트가 이슬람교도들이다. 그렇다면 그날 대약탈극에 나선 사람들은 나머지 1퍼센트에 해당하는 비이슬람교도들이었을까? 아니다. 그들의 99퍼센트 역시 이슬람교도들이었음에 틀림없다. 그들의 행동은 사원 안에서의 모습과는 달라도 너무 달랐다. 우리는 코란의 내용을 잘 알지 못하지만, 남의 것을 도적질하면 손을 자르라는 율법이 있음은 알고 있다. 그러나 그날 코란의 율법은 누구도 아닌 이슬람교도들에 의해 유린되었다.

그처럼 코란의 내용을 스스로 유린한 그들은 하루에 다섯 번씩 무엇을 위해 기도했고, 또 하는 것인가? 과연 그들의 삶을 통하여 코란의 내용과 정신은 바르게 구현되고 있는가? 아니, 그들이 코란의 내용을 평소에 제대로 숙지하고 있기나 한가? 그처럼 이중적인 그들의 삶은 그들 자신의 책임인가, 아니면 그들을 잘못 가르친 이슬람 성직자들의 책임인가?

참으로 많은 것을 생각하게 된다.

인도 뭄바이(봄베이)에서 힌두사원의 제의에 참관한 적이 있다. 먼저 찾아간 곳은 파괴의 신으로 알려진 시바 신전이었다. 제단 앞 바닥에는 남근 모양의 검은 돌이 박혀 있었다. 남근(링가)을 신성하게 숭배하는 힌두교인들은 그 검은 돌에 이마를 조아려 경배한 뒤, 그 위에 제물인 우유와 물을 부었다. 그러고는 검은 돌을 타고 흘러내리는 우유와 물을 손바닥으로 훑어 자신의 머리에서부터 발끝까지 정성스럽게 발랐다. 일종의 종교적 정결예식이었다. 시바 신에 대한 제사는 그것이 다였다. 다른 어떤 예식도 더 이상 없었다. 신전 바닥에 떨어진 물과 우유는 뗏물이 흐르는 힌두교인들의 맨발 아래서 먹물처럼 검게 변했고, 그로 인한 역겨운 비린내는 견디기가 쉽지 않았다. 신전 안에서는 누구든 신을 벗어야 하는 탓에 나의 양말은 순식간에 젖었고, 양말에 배인 비린내는 그날 저녁까지 가시지 않았다.

유지신(維持神)으로 숭상받는 비슈누 신전은 그야말로 인산인해였다. 윤회를 믿는 힌두교도들이기에 다음 세상에서도 소나 말이 아닌 사람으로 유지되기 원하는 마음의 발로일 것이다. 큰길에서 신전으로 향하는 수백 미터 길이의 골목은, 양 옆에 줄지어 있는 가게에서 제물을 사려는 사람들 때문에 앞으로 나아가기조차 힘들었다. 힌두교도들은 한 사람도 빠짐 없이 과자, 떡, 과일, 꽃 등의 제물을 구입하였다. 계단을 올라 신전 마당에 이르자, 저마다 한 아름씩의 제물을 받쳐 든 힌두교인들이 신전 안으로 들어가기 위해 장사진을 이루고 있었다. 역시 신을 벗고서야 입장할 수 있는 신전 안도 장터이기는 마찬가지였다. 조잡한 신상 앞에 선 사제들은 밀물처럼 밀려드는 사람들로부터 제물을 받느라 아예 상의를 벗어던진 맨몸이면서도 땀을 비 오듯 흘리고 있었다. 그리고 제물을 바친 사람들의 이마에 손가락으로 축복을 의미하는 붉은 물감(티카)을 찍어 발라 주었다. 이를테면 그날의 종교 행위를 완수했다는 일종의 면죄부였다. 면죄부를 받은 힌두교도들은 할 일을 다 마쳤다는 듯 총총걸음으로 신전을 떠났다. 그것으로 그들이 믿는 비슈누 신에 대한 제사, 예배는 모두 끝난 것이었다.

힌두교엔 인류 최고의 서사시로 일컬어지는 베다경이 분명 있건만 그 어디에서도 베다경이 낭독되거나 강독되는 광경을 볼 수는 없었다. 아니, 그들의 제의엔 경전이 전혀 필요치 않았다. 제물을 바치고 그 대가로 면죄부를 받는 것으로 족했다. 그들에겐 경전의 내용을 알 까닭도, 경전을 좇아 살 의사도 없었다. 그렇다면 힌두교의 경전을 앞장서서 부정하고 왜곡하는 자들이야말로 힌두교의 이름으로 밥 먹고 사는 힌두교 사제들과, 힌두교 신들로부터 복 받기 원하는 힌두교 교인들이 아닌가?

불교의 창시자인 석가모니의 핵심 사상은 '무아 사상'이다. '없을 무'(無)에 '나 아'(我), 즉 나는 실재하지 않는 무아라는 것이다. 무아의 존재에 지나지 않는 인간이 실재하는 것처럼 착각하는 데서부터 생로병사의 고통이 수반되기에, 인간 스스로 무아임을 깨달음으로 모든 고통에서 해방될 수 있다고 설파한 석가모니는, 자신의 사후 자기 시신을 화장할 것을 제자들에게 명했다. 인생은 '무'임을 자신의 죽음으로도 재확인시켜 주기 위함이었다.

그러나 석가모니가 열반에 들자 그의 제자들이 가장 먼저 한 일은, 스승의 시신을 화장한 뒤 젓가락으로 재를 뒤지며 사리를 찾으려 한 것이다. 스승은 '무'를 강조하려 자신의 시신마저 태워 없앨 것을 명했건만, 제자들의 관심은 '무'가 아닌 '유'(有)였던 것이다. 그 이후 입적한 스승의 재 속에서 사리를 찾는 관습은 2,500년이 지난 지금까지 이어져 오고 있다.

인간이 '무아'임을 죽음으로도 가르치려 했던 석가모니의 제자들이 이렇듯 대를 이어 '유'에 집착하고 있다면, 그런 제자들에 의해 과연 석가모니의 가르침이 온전히 전해질 수 있겠는가? 오히려 그 누구도 아닌, 불제자들에 의해 석가모니의 가르침이 왜곡되지 않겠는가?

불경의 내용을 왜곡하는 자가 있다면 그는 불경을 알지 못하는 타종교인이 아니다. 불경과 무관한 자에 의해 불경이 왜곡되는 경우란 없다. 불경은 불경을 아는 자에 의해 왜곡되게 마련이다. 이슬람교의 코란이나 힌두교의 베다 역시 그 종교에 소속되어 있는 사제나 교인들, 즉 누구보다도 경전의 내용과 의미를 바르게 지켜야 할 내부 사람들에 의해 왜곡되었고, 또 왜곡되고 있다. 그래서 종교의 역사란 실은 자기 경전 왜곡의 역사라 해도 과언이 아님은, 지난 인류의 역사가 스스로 증명해 주고 있다.

성경에서

앞에서 살펴본 것처럼 세계적인 종교인 이슬람교, 힌두교, 불교에 문제가 있다면 바르게 지켜져야 할 그들의 경전이 왜곡되는 것이며, 왜곡은 외부의 사람이 아닌 종교 내부의 사제와 교인들에 의해 자행된다는 것이다.

그렇다면 성경을 하나님의 말씀으로 믿고 있는 사람들의 경우는 예외인가?

하나님께서 선지자 이사야에게 명령하셨다.

　　말하는 자의 소리여 가로되 외치라(사 40:6상)

그러나 이사야는 알 수가 없었다. 불의가 온 세상을 압도하는 사회적 혼란과 영적 혼돈의 미몽 속에서 대체 입을 열어 인간들에게 무엇을 외쳐야 할지 알지 못했다. 그는 하나님께 여쭈었다.

　　내가 무엇이라 외치리이까(사 40:6중)

이 질문에 대한 하나님의 답변은 간단명료했다.

　　모든 육체는 풀이요 그 모든 아름다움은 들의 꽃 같으니 풀은
　　마르고 꽃은 시듦은 여호와의 기운이 그 위에 붊이라 이 백성은
　　실로 풀이로다 풀은 마르고 꽃은 시드나 우리 하나님의 말씀은
　　영영히 서리라 하라(사 40:6하-8)

하나님께서 이사야에게 외치라신 내용은, 인간이란 순식간에 말라비틀어질 풀인 반면 하나님의 말씀은 영원하시다는 것이었다. 하나님의 말씀이 영원함은 그 말씀의 주체이신 하나님께서 영원하시기 때문이다. 영원하신 하나님께서는 인간이란 한낱 풀에 지나지 않음을 두 번이나 반복해 강조하셨다. 하나님을 믿는 자가 평생

잊지 말아야 할 것이 이것이다.

풀과 같은 인간과 하나님을 비교해 보자. 그것은 소멸과 영원, 유한과 무한, 상대적 존재와 절대적 존재의 대비이다. 그렇다면 풀에 지나지 않는 인간에 의해 하나님의 말씀이 변형되거나 왜곡될 수도 없고, 또 하려 해서도 안 됨을 알게 된다. 하나님께서 이사야에게 위와 같이 외치게 하신 까닭이 이 사실을 인간에게 깨우쳐 주시기 위함이었다. 그러나 성경은 정반대의 사실을 우리에게 증거하고 있다.

천지를 창조하신 하나님께서는 첫 번째 인간인 남자와 여자를 에덴에 살게 하시고 그들에게 명령하셨다.

> 동산 각종 나무의 실과는 네가 임의로 먹되 선악을 알게 하는 나무의 실과는 먹지 말라 네가 먹는 날에는 정녕 죽으리라(창 2:16하-17)

정녕 죽으리라―'모트 타무트', 하나님께서는 '죽는다'는 동사 '무트'를 두 번이나 되풀이하여 말씀하셨다. 히브리어 문법상 같은 단어가 두 번 반복되는 것은 강조형이다. 어떤 경우에든 반드시 죽으리라는 의미다. 그러나 사탄의 유혹을 받은 여자는 사탄에게 이렇게 말했다.

> 동산 중앙에 있는 나무의 실과는 하나님의 말씀에 너희는 먹지도 말고 만지지도 말라 너희가 죽을까 하노라 하셨느니라(창 3:3)

여자는 "정녕 죽으리라"는 하나님의 말씀을 "죽을까 하노라"로 교묘하게 왜곡하였다. 그리고 왜곡된 자신의 말을 하나님의 말씀이라고 우겼다. 이유는 한 가지, 속에서 끓어오르는 욕망 때문이었다. 결국 여자는 금단의 열매를 범하고 말았다. 본래 선악과를 먹지 말라는 하나님의 명령을 받은 자는 남자였음에도 여자가 내민 선악과를 아무 거리낌 없이 남자도 먹었다는 것은, 남자 역시 이미 하나님의 말씀을 왜곡하고 있었음을 뜻한다.

이처럼 하나님의 말씀은, 하나님의 말씀을 처음 받았던 첫 번째 인간들에 의해 제일 먼저 왜곡되었다.

이집트의 노예살이에서 해방된 이스라엘 백성이 시내 산 아래에 진을 쳤을 때의 일이다. 하나님의 계명을 받으러 시내 산으로 올라간 지도자 모세는 몇 주가 지났건만 돌아올 기미가 없었다. 이에 아론은, 백성이 가져온 금붙이로 금송아지를 만든 다음 그 앞에 단을 쌓고 선포했다.

> 모든 백성이 그 귀에서 금고리를 빼어 아론에게로 가져오매 아론이 그들의 손에서 그 고리를 받아 부어서 각도로 새겨 송아지 형상을 만드니 그들이 말하되 이스라엘아 이는 너희를 애굽 땅에서 인도하여 낸 너희 신이로다 하는지라 아론이 보고 그 앞에 단을 쌓고 이에 공포하여 가로되 내일은 여호와의 절일이니라 하니(출 32:3-5)

아론은 자신의 손으로 빚어 만든 금송아지를, 자신들을 이집트에서 인도하여 내신 여호와 하나님이라 공포함으로 영이신 하나님의 형상을, 말씀을 금송아지로 왜곡시켜 버렸다. 아론은 첫 번째 대제사장이었다. 그러나 대중의 인기에 영합하려는 그 초대 대제사장에 의해, 하나님은 영이시라는 하나님의 말씀은 무참하게 왜곡되고 말았다.

우리는 여기에서 이 세상에는 두 부류의 성직자가 있음을 알게 된다. 첫째는 아론형, 즉 대중에게 영합하는 자다. 왜 대중과 영합하려는가? 그렇게 함으로써 자신의 기득권과 영향력 그리고 인기와 명예가 더 커지는 등, 현실적으로 얻는 것이 더 많다는 판단 때문이다. 문제는 이들에 의해 하나님의 말씀은 언제나 왜곡된다는 것이다. 두 번째는 모세형이다. 대중으로부터 인기는커녕 원망과 불평 혹은 비판을 당하더라도 그들이 이르러야 할 진리의 가나안으로 그들을 인도해 가는 자다. 하나님의 말씀은 이런 자들에 의해 지켜진다. 그러나 가슴 아픈 것은 역사적으로 모세형보다 아론형의 성직자가 항상 압도적으로 많았다는 사실이다. 이것은 성경에 등장하는 제사장들에 의해 입증되고 있다.

제사장 제도 역시 시내 광야에서 시작되었다. 제사장들은 지상의 하나님과 같은 존재였다. 모든 제사는 그들을 통해서만 유효했고, 그들의 말은 하나님의 말씀으로 간주되었다. 가나안에 입성한 이스라엘 백성이 그 땅에 정착하고 세월이 경과하자, 하나님께서는 제도권 내에 있는 제사장과 제도권 밖 선지자를 동시에 쓰기 시작하셨다. 예를 들면, 다윗 시대에 사독이나 아비아달 같은 제사장이 있었음에도 그들과는 별도로 선지자 나단을 따로 사용하셨다.

그러나 열왕기상 17장의 엘리야 선지자를 기점으로 하나님께서는 더 이상 제도권 속의 제사장을 쓰시지 않았다. 예수님께서 이 땅에 오시기까지 하나님께서는 오직 선지자만을 당신의 도구로 쓰셨다. 에스겔이나 예레미야처럼 제사장 출신도 있었지만, 그들이 선지자로 쓰임 받을 때는 더 이상 제도권에 속해 있지 않을 때였다. 하나님께서는 왜 엘리야를 기점으로 선지자만을 쓰셨는가? 그 해답은 엘리야의 소명 장인 열왕기상 17장에서 찾을 수 있다.

> 여호와의 말씀이 엘리야에게 임하여 가라사대 너는 여기서 떠나 동으로 가서 요단 앞 그릿 시냇가에 숨고 그 시냇물을 마시라 내가 까마귀들을 명하여 거기서 너를 먹이게 하리라 저가 여호와의 말씀과 같이 하여 곧 가서 요단 앞 그릿 시냇가에 머물매(왕상 17:2-5)

하나님의 말씀이 엘리야에게 임하셨다. 그때는 온 이스라엘에 극심한 가뭄과 흉년이 시작되었을 때다. 동서고금을 막론하고 기근이 들면 도시로 가야 먹을 것을 구할 수 있다. 농촌은 양식의 경작지건만 흉년이 되면 먹을 것이 가장 먼저 떨어진다. 지금 엘리야는 북이스라엘의 수도 사마리아에 있다. 몰아닥친 기근에서 생존키 위해서는 북이스라엘 최대의 도시 사마리아를 떠나서는 안 된다. 하지만 하나님께서 엘리야에게 가라고 명령하신 곳은 전혀 엉뚱한 곳이었다. 하나님께서 지시하신 대로 사마리아에서 동쪽으로 가 요단을 건너면, 거기엔 밀알 한 톨 구할 수 없는 길르앗 협곡이나 동굴 지대가 나올 뿐이다. 흉년에 굶어 죽기 안성맞춤인 곳이다.

그러나 까마귀를 시켜 먹을 것을 공궤하시겠다는 하나님의 말씀을 좇아 엘리야는 곧 사마리아를 떠나 길르앗 협곡으로 갔다. 까마귀가 먹을 것을 물어오지 않으면 엘리야는 굶어 죽을 수밖에 없다. 까마귀가 매일 먹을 것을 가져다준다니, 이성적으로 생각하면 얼마나 황당한 이야기인가? 그러나 엘리야는 육체의 양식을 위해 어떤 형태로든 하나님의 말씀을 왜곡하려 하지 않았다. 하나님의 말씀에 절대적으로 순종, 그 말씀에 자기 생명을 의탁하였다. 하나님의 말씀을 자기 육체를 위한 종속변수로 부리려 한 것이 아니라, 생명을 걸어야 할 삶의 절대 목적으로 삼고 순종한 것이다. 말씀에 대한 엘리야의 이 절대적 순종을 계기로 하나님의 촛대는 제사장으로부터 선지자에게로 옮겨졌고, 이제 우리는 그 이유를 알게 되었다.

제도권 속 제사장들은 엘리야와는 달리 하나님의 말씀을 먹고살기 위한 도구로, 종속변수로 왜곡한 자들이었다. 여기에서 먹고사는 것이란 단지 육적 양식만을 의미하지 않는다. 종교적 기득권, 목회적 야망, 인간적 명예심과 조직 논리에 대한 집착 등의 총칭이다. 제사장들은 성전에서 화려한 예복을 입고 장엄한 예식의 제사를 쉬지 않고 주관했지만, 바로 그들에 의해 당신의 말씀이 왜곡되는 성전이 하나님 보시기에는 강도의 굴혈에 지나지 않았고, 그 결과 하나님께서는 말씀이 왜곡되지 않는 성전 밖 선지자들을 쓰셔야만 했다.

하지만 성전 밖 선지자라고 해서 다 같은 선지자인 것도 아니었다.

너희에게 예언하는 선지자들의 말을 듣지 말라 그들은 너희에게 헛된 것을 가르치나니 그들의 말한 묵시는 자기 마음으로 말미암은 것이요 여호와의 입에서 나온 것이 아니니라(렘 23:16) 나 여호와가 말하노라 그러므로 보라 서로 내 말을 도적질하는 선지자들을 내가 치리라 나 여호와가 말하노라 보라 그들이 혀를 놀려 그가 말씀하셨다 하는 선지자들을 내가 치리라 나 여호와가 말하노라 보라 거짓 몽사를 예언하여 이르며 거짓과 헛된 자만으로 내 백성을 미혹하게 하는 자를 내가 치리라 내가 그들을 보내지 아니하였으며 명하지 아니하였나니 그들이 이 백성에게 아무 유익이 없느니라 여호와의 말이니라(렘 23:30-32)

대부분의 선지자들 또한 하나님의 말씀을 왜곡하는 자들이었다. 목전의 이득과 자기 욕망의 성취, 자기 영달과 자기 입지의 강화를 위함이었음은 두말할 나위조차 없다. 그들은 자신을 비롯하여 타인마저 죽이는 영적 살인자들이었다.

이처럼 성경은 주님께서 이 땅에 오시기 전까지, 하나님을 믿는다는 인간들의 역사가 실은 하나님의 말씀에 대한 왜곡의 역사임을 적나라하게 보여 주고 있다. 성경은 결코 불교신자나 이슬람교도에 의해 왜곡된 적이 없다. 언제나 하나님을 믿는다는 사람들, 하나님의 말씀을 잘 안다는 사람들, 스스로 하나님의 선민이라 자랑하는 자들, 그리고 하나님의 말씀을 직업적으로 맡았다는 성직자들에 의해 왜곡되어 왔다.

어느 시대 어디서나, 절대다수의 사람들은 항상 왜곡의 편에 서 있었다. 소수의 사람들만 엘리야처럼 하나님의 말씀에 자신들의 생명을 걸었을 뿐이다. 하지만 역설적이게도 그 소수에 의해 인류의 역사는 늘 정화되어 왔다. 하나님의 나라, 하나님의 사랑과 하나님의 공의는, 하나님의 말씀을 왜곡 없이 자기 삶의 절대 목적으로 삼은 자를 통해서만 이 땅에 성육신(incarnation)되기 때문이다.

교회사에서

2000년 9월 5일 로마 교황청은 로마가톨릭의 절대 우월성을 재천명하는 새로운 교서를 발표했다. 로마가톨릭의 신학적 이론을 관장하고 있던 라칭어(Joseph Ratzinger) 추기경(교황 베네딕토 16세 —편집자 주)에 의해 주도된 그 교서는, 교황을 정점으로 하는 로마가톨릭교회를 통해서만 인간은 완전한 구원을 얻을 수 있다고 했다. 로마가톨릭교회가 아닌 교회, 이를테면 개신교회는 그 자체의 모순이나 결함으로 인해 완전한 구원에 이를 수 없다는 것이었다. 하나님께서는 교황을 통해 교회를 직접 통치하시기에, 교황의 관할에서 벗어나 있는 개신교회는 진정한 의미의 교회일 수 없다는 이유에서였다.

로마가톨릭이 이처럼 교황에 초점을 맞추어 로마가톨릭의 절대 우월성을 새삼스럽게 주장한 동기가, 당시 서구 언론 일각에서 추측했듯이 로마가톨릭 내부 문제의 진화, 즉 이미 고령에 심한 파킨슨병으로 시달리는 교황 바오로 2세의 건강 악화로 인한 로마가톨릭 미래의 불확실성, 그리고 로마가톨릭교회의 향후 진로와 관련된 보수파와 진보파 사이의 점증하는 갈등을 불식시키기 위함이었는지는 전혀 알 길이 없다. 당시 나는 제네바한인교회를 섬기고 있었는데, 교황청의 이 교서는 유럽 개신교회의 즉각적인 반발을 불러일으켰다. 얼마 지나지 않아 로마 교황청은 진의가 잘못 전해졌다며 한발 물러서긴 했지만, 문제의 그 교서로 교황청이 대내외적으로 재확인시켜 주려 했던 것은 교황의 절대성이었다.

로마가톨릭은 1869년 제1차 바티칸 공의회에서 교황무오성을 공식적으로 결의, 채택하였다. 무오성(無誤性, infallibility)이란 결코 오류를 범할 수 없는 성품을 일컫는데, 로마가톨릭이 교황무오성을 결의한 것은 교황에게 신적 권위를 부여하기 위함이었다. 하나님께서는 교황을 통해 직접 교회를 통치하시므로, 교황의 결정이나 가르침에는 어떤 오류도 있을 수 없다는 것이다. 그렇다면 결국 교황의 결정이나 가르침은 언제나 옳을 수밖에 없다. 그것은 하나님의 결정이요, 하나님의 가르침이기 때문이다.

개신교회를 태동시킨 종교개혁은 결과적으로는 구체제를 쓸어버리는 혁명이 아니라, 로마가톨릭교회가 성경에서 벗어난 부분들을 성경말씀에 따라 바로 세우는 문자 그대로의 개혁으로 귀결되었다. 따라서 개신교회는 로마가톨릭의 장점을 배우고 본받는 데 주저함이 없어야 한다. 2,000년의 역사를 지닌 로마가톨릭교회는 이제 겨우 500년에 지나지 않는 개신교회의 뿌리이기 때문이다. 그러나 아무리 세월이 지나도 개신교인이 수용할 수도, 이해할 수도 없는 것은, 교황을 하나님처럼 절대시하는 교황수위권, 교황무오성 같은 교리다.

아담과 하와의 범죄 이후 인간의 전적 타락을 증거하는 성경 말씀은 차치해 두고서라도, 인간인 우리가 이미 인간인 우리 자신을 너무나도 잘 알고 있다. 우리의 성정은 얼마나 추하고 흉측한지,

우리 자신이 얼마나 불완전하고 미숙한 존재인지를 말이다. 그땐 그것이 분명 옳다고 나의 모든 것을 걸고 확신했건만, 세월이 지나고 보니 전혀 그게 아니었던 적이 얼마나 많았는가? 그럼에도 만약 누군가가 한평생 무엇을 결정하든 항상 옳을 뿐만 아니라 그의 생각과 하나님의 생각이 언제나 일치하며, 하나님께서 유독 그 한 사람만을 통해 전 세계의 교회를 위한 당신의 뜻을 밝히신다면 그가 어찌 사람일 수 있겠는가? 그가 곧 하나님이 아니겠는가?

1095년 교황 우르바누스 2세는 이슬람 지배하의 예루살렘을 탈환한다는 명분으로 십자군을 모집, 제1차 십자군전쟁을 일으켰다. 1097년, 현재 터키의 이스탄불인 당시 콘스탄티노플을 출발한 십자군은 1098년, 난공불락의 요새로 알려져 있던 안디옥을 점령했다. 7만 명에 달하는 십자군은 여세를 몰아 1099년 7월 15일 예루살렘을 함락, 그곳에 살고 있던 이슬람교도와 유대인들을 학살했다. 그 학살이 얼마나 잔인했었는지는 다음과 같은 십자군의 기록이 밝혀 주고 있다.

솔로몬 성전 입구를 지날 때 우리는 말을 탄 채 무릎 높이까지 올라온 피의 강을 지나갔다. 성전은 오랫동안 이단자들로부터 불경스러운 모독을 당해 왔으니 바로 그 장소를 이단자들의 피로 가득 채운 것은 하느님의 훌륭한 심판이 아닐 수 없다.

그러나 12세기에 접어들며 이슬람의 통치자 장기와 살라딘에 십자군이 연이어 패퇴한 것과 궤를 맞추어 교황 유게니우스 3세, 그레고리우스 8세, 인노케티우스 3세는 계속하여 십자군을 모집, 전쟁을 계속하였다. 십자군전쟁의 정점에는 항상 교황이 자리 잡고 있었다. 심지어는 나이 어린 소년까지 동원된 십자군전쟁은 1270년이 되어서야 십자군의 포기로 끝이 났다. 십자군전쟁이 시작된 지 무려 175년 만이었다. 그 기간 동안 피아간(彼我間)에 얼마나 엄청난 인명 피해가 났을 것인지는 새삼스럽게 언급할 필요도 없다.

그로부터 정확하게 730년 후인 2000년 3월 12일 교황 요한 바오로 2세는 '사죄의 날' 미사를 집전하면서, '회상과 화해—교회와 과오'라는 제목의 참회서를 공표했다. 새로운 밀레니엄을 맞아 지난 2,000년간 로마가톨교회의 죄상을 고백하고 사죄를 구하면서, 교황은 십자군 전쟁을 대표적 범죄로 적시했다.

> 십자군 원정은 인류를 피의 구렁텅이로 몰아넣었다. 성지 회복이란 숭고한 목적의 이면에는 너무나 불손한 의도가 숨어 있었다. 유럽인의 아픔이 이슬람보다 클 수는 없다.

십자군 전쟁에 대한 지난 교황들의 과오를 현재의 교황이 인정하고 사죄한 것이다.

태양이 지구를 돈다는 천동설에 반하여 지구가 태양 주위를 돌며 자전한다는 코페르니쿠스의 지동설을 주장한 갈릴레오 갈릴레이를 종교재판에 회부, 1633년 그에게 유죄 판결을 내리게 한 사람은 교황 우르바누스 8세다. 갈릴레이로부터 자신의 지동설을 '맹세코 포기하며, 저주하고 혐오한다'는 선언을 받아 낸 사람도, 이미 69세의 고령이었던 그를 죽을 때까지 피렌체의 자택에 연금시킨 사람도 동일한 교황이다. 지난 1992년 교황 요한 바오로 2세는 로마가톨릭교회가 갈릴레이를 이단자로 재판한 것은 잘못이었음을 공식적으로 인정했다. 갈릴레이를 파문한 지 359년 만의 일이었다. 그 역시 교황의 잘못에 대한 교황의 사과였다.

위에 언급한 십자군과 갈릴레이의 예는 빙산의 일각일 뿐이다. 과거에 교황들이 범한 과오에 대한 현 교황의 사과가 아니더라도, 교황의 이름으로 얼마나 많은 잘못이 자행되었는지는 이미 2,000년에 걸친 교회의 역사가 밝혀 주고 있다. 그럼에도 교황을 신성시하는 교황무오성은 내부적으로 전혀 위협받지 않고 있다. 역사에 드러난 가톨릭교회의 과오와 교황무오성은 무관하다는 것이 로마가톨릭의 입장이다. 로마가톨릭교회에서 교황의 존재는 그만큼 절대적이다. 교황의 절대성이 배제된다면, 교황을 통해 하나님께서 지상의 교회를 직접 통솔하신다는 로마가톨릭은 존립할 수가 없다.

그렇다면 성경에도 없는 교황을 정점으로 하는 가톨릭의 조직논리를 하나님의 말씀보다 우위에 둔 로마가톨릭교회에 의해 지난 2,000년 동안 하나님의 말씀은 얼마나 왜곡되었겠는가? 이것은 단지 로마가톨릭교회를 비판하기 위한 질문이 아니다. 성경을 하나님의 말씀으로 믿고 예수님을 구주로 고백하는 지상의 교회들 중 최고(最古)의 역사와 최대의 조직 및 제도를 지닌 로마카톨릭을 통해 우리 자신과 교회의 실상을 직시하기 위함이다.

1054년 동유럽과 중동 중심의 동방정교회가 로마가톨릭교회로부터 분리되었다. 드러난 이유는 교리와 성상숭배에 대한 양 진영

간의 이견이었지만, 실제로는 로마가톨릭교회의 수장(교황)이 로마제국 내 모든 교회에 대해 행사하는 지배권에 대한 반발이었다.

주후 324년 로마 황제 콘스탄티누스 1세는 로마제국의 수도를 제국의 동쪽에 위치한 콘스탄티노플로 천도하였다. 그로 인해 330년경부터 콘스탄티노플은 정치적으로나 경제적으로나 명실 공히 로마제국의 중심이 되었다. 로마제국의 추가 서쪽에서 동쪽으로 이동한 것이다. 교회적으로도 마찬가지였다. 예루살렘, 콘스탄티노플, 안디옥, 알렉산드리아 등 주요 교구는 모두 동쪽에 위치해 있었고, 자연히 교인 수도 많았다. 395년에 이르자 로마제국은 서로마제국과 동로마제국으로 제국 자체가 분리되었고, 설상가상으로 서로마제국은 476년 멸망하고 말았다. 동로마제국의 관점에서 보면 로마제국의 정통성은 동로마제국에 있는 셈이었다. 그럼에도 로마가톨릭교회 교황은 동로마제국의 모든 교회에 절대적 영향력을 행사하려 하였고, 이것을 받아들일 수 없었던 동방교회는 마침내 1054년 로마가톨릭교회와 공식적으로 결별하였다.

동서 교회 분열의 내면적 이유가 로마가톨릭교회 교황의 절대적 지위에 대한 동방의 반발에 있었으므로, 분리되어 나간 동방교회는 로마가톨릭과 같은 피라미드 형태의 1인 지배 조직을 거부하였다. 동방교회 전체를 상징하는 총대주교를 두긴 하였지만, 신적인 존재인 교황과는 달리 상징적인 자리에 불과했다. 그 대신 각 지역의 특성과 독립성을 최대한 살려 지역마다 대주교를 두어 교회를 총괄하게 했다. 지역마다 독립교회 형태를 이룬 것이다. 여기에서 지역이란 단순히 지리적 구분이 아니라 로마제국에 정복당한 민족 및 나라를 의미했다. 말하자면 동방정교회는 태동될 때부터 동로마제국이란 큰 틀 속에서 민족별로 독립 교회의 형태로 시작된 셈이었다. 이런 연유로 인해 동방정교회는 동로마제국의 멸망과 이슬람왕조인 오스만제국의 지배, 개별 국가로의 독립, 두 번에 걸친 세계대전, 공산 지배로 이어지는 역사의 격랑을 거치면서 자연스럽게 민족 교회 혹은 국가 교회로 굳어졌다. 교회의 최고 가치가 민족 혹은 국가가 된 것이다.

그렇다면 나라마다 자기 민족, 자기 국가에 최고의 가치를 두는 교회가 과연 우주적인 하나님의 말씀을 바르게 지킬 수 있겠는가? 그들이 지키려는 가치와 제도로 인해 하나님의 말씀이 자신들도 모르게 왜곡되지는 않았겠는가?

1517년 10월 31일, 신부였던 마르틴 루터는 로마가톨릭교회의 면죄부 판매에 대한 학문적인 토론을 목적으로, 당시 비텐베르크 대학 게시판이기도 했던 비텐베르크 만인성자교회의 문에 〈95개 조항의 논제〉를 게시했다. 그것이 세계 역사의 흐름을 뒤바꾸어 놓은 종교개혁의 시발이요, 교황을 정점으로 하는 로마가톨릭 체제를 탈피하여 하나님의 말씀에 기초한 개신교회의 출발점이었다. 마르틴 루터에 의해 독일 비텐베르크에서 시작된 개혁의 열풍은 유럽 대륙으로 요원의 불길처럼 퍼져 나갔다. 그러나 개혁을 선도하는 지도자들의 신앙과 성경에 대한 의식 및 사고가 동일한 것은 아니었다. 그 차이는 자연히 개혁의 본질과 내용에 영향을 미칠 수밖에 없었다.

이에 종교개혁의 막후 공헌자였던 헤센 지방의 영주 필리프 백작의 주선으로 1529년 10월 1일 마르부르크 회담이 열렸다. 독일

지역을 대표하여 마르틴 루터와 멜란히톤, 스위스 지역을 대표한 츠빙글리와 외콜람파디우스를 포함한 주요 지도자들이 모였다. 상호간 이견의 해소를 통해, 개혁 세력을 제거키 위해 세속 왕권의 군대를 동원한 로마가톨릭에 효율적으로 맞설 수 있는 프로테스탄트연합체를 결성하기 위함이었다. 15개 조항 중 복음주의 대강(大綱)과 관련된 14개 조항에는 의견이 일치되었지만, 마지막 조항의 마지막 부분인 성찬식에 관해서는 끝내 합의를 보지 못한 채 회담은 결렬, 프로테스탄트연합체 결성은 무산되고 말았다.

개혁자들간의 의견 불일치는 결국 개신교가 처음부터 끝없는 교파 분열로 치닫는 단서를 제공하고 말았다. 만약 1529년의 마르부르크 회담에서 당시 유럽 교회 개혁의 쌍벽을 이루던 독일 세력과 스위스 세력이 그리스도 안에서 일치를 이루었던들, 그로부터 6년 후인 1535년 26세의 약관에 《기독교강요》 초판을 저술하고 1541년부터 제네바에서 본격적인 종교개혁으로 세계 역사에 지대한 영향을 미쳤던 칼뱅이 독자 노선을 추구하지 않았을는지도 모른다. 또한 1534년 영국 왕 헨리 8세가 자신의 이혼 및 재혼을 반대하는 로마가톨릭과 결별, 새로이 태동시킨 영국국교회(성공회) 역시 유럽 대륙과 다른 형태로 발전하지 않았을 수도 있었다. 여하튼 종교개혁 당시부터 분열되기 시작한 개신교는 오늘날 전 세계적으로 도대체 얼마나 많은 교파와 교단이 있는지조차 알 수 없는 지경이 되고 말았다.

교황 제도를 하나님의 말씀 위에 두었다 하여 로마가톨릭교회와 결별한 개신교가 이처럼 분열한 이유는, 종교개혁 초기부터 지도자들이 각자 자신의 판단과 사상을 절대시했기 때문이다. 다시 말해 로마가톨릭교회와 마찬가지로 자신들의 교리나 조직 논리를 성경 위에 두는 똑같은 잘못을 범한 결과다. 과연 어느 교파와 어떤 교단이 참된 교파, 교단인가? 아니 인간에 의해 결성된 하나의 교파나 교단이 영원하시고 무한하신 하나님을 온전히 담기나 할 수 있는가? 그렇다면 하나님의 말씀은 또 얼마나 왜곡되었겠는가?

어느덧 선교 2세기에 진입한 한국 교회의 현실은 어떠한가? 교회가 예배당 건물과 동일시되면서 예배당 건축을 위해 하나님의 말씀은 오래도록 왜곡되었고 지금도 왜곡되고 있다. 성장제일주의와 최고최대주의로 인해 말씀이 왜곡되고 있다. 황금만능주의와 세속주의에 의해 왜곡되고 있다. 뿌리 깊은 기복주의로 인해 왜곡되고 있다. 이기적인 개교회간의 무한 경쟁으로 왜곡되고 있다. 교회의 폐쇄적인 조직 논리에 의해 왜곡되고 있다. 직업적인 교역자에 의해서뿐만 아니라, 교회 안팎의 삶이 표리부동한 교인에 의해서도 말씀이 왜곡되고 있음은 물론이다. 한마디로 한국 교회의 역사 또한, 물론 신실한 말씀의 증인도 적지 않았지만, 그 큰 흐름이 왜곡의 역사였음은 아무도 부인할 수 없다.

이처럼 왜곡이 보편화된 이유는 그것이 목회자의 입장에서는 가장 손쉽게 예배당을 짓고 교인을 모으는 길이요, 교인의 입장에서는 하나님과 자기 욕망을 동시에 섬기는 유일한 길이기 때문이다. 한마디로 영원하신 하나님을 믿음으로 그릇된 자아를 버리려는 것이 아니라, 자기 욕망의 성취를 위해 하나님을 이용하려 하기 때문이다. 하나님을 믿는 것 같지만 실은 자신의 힘과 능력, 즉 자기 자신을 하나님 위에 두고 있다. 하나님의 말씀은 자신의 가정이나 일터를 지키기 위한 부적, 인간의 또 다른 욕구인 영적 호기심의 대상, 자신을 높이기 위한 수단 정도로밖에 여기지 않는다. 그 결과 교회의 외형은 마치 아비뇽 교황청처럼 비대해졌지만 세상을 새롭게 하기는커녕 도리어 비판과 경계, 그리고 개혁의 대상으로 추락하고 말았다. 마태복음 13장의 '씨 뿌리는 자의 비유'에 등장하는 용어를 빌리자면, 백해무익한 가시떨기와 돌밭으로 전락한 것이다.

법궤 사건과 다윗

하나님의 말씀은 하나님을 알고 믿는다는 자들, 하나님의 말씀
으로 밥 먹고 사는 직업성직자들에 의해 언제나 왜곡되었다. 다윗
의 일생을 전해 주는 사무엘서에 나타난 법궤와 관련된 사건들은
이 사실을 재확인시켜 준다.

법궤란 모세가 시내 산에서 하나님으로부터 받은 계명의 돌판이
들어 있는 궤, 즉 하나님의 말씀이 들어 있는 언약궤로서 그 자체
가 하나님과 하나님 말씀의 상징이었다. 이스라엘 백성이 40년에
걸친 광야생활을 하는 동안에는 가는 곳마다 법궤를 메고 다녔지
만, 가나안에 정착한 뒤엔 실로에 있는 성소에 모셔 두었다.

그 법궤와 관련하여 이스라엘 백성은 세 번의 사건을 경험한다.

아벡 전투 사건

법궤와 관련된 첫 번째 사건은 사무엘서의 도입부인 사무엘상 4장에 나타나 있다.

당시 대제사장 겸 사사였던 엘리는 늙고 무능하였다. 실권은 엘리의 두 아들인 홉니와 비느하스가 장악하고 있었지만, 그들은 하나님을 경외치 않는 패륜아들이었다. 마침 숙적 블레셋과 아벡에서 전투가 벌어졌다. 첫날 공방에서 이스라엘이 대패, 무려 4,000여 명의 군사가 전사하였다. 보통 일이 아니었다. 다음 전투에서 전세가 역전된다는 보장이 전혀 없었다. 이스라엘 장로들은 사람을 보내어 실로에 있는 법궤를 전장으로 옮겨 오게 하였다. 옛날 그들의 조상들이 법궤를 메고 행진할 때 요단 강이 갈라지고 여리고 성이 함락되었던 것을 기억한 것이다. 이에 성소에 있던 실권자 홉니와 비느하스가 법궤와 함께 전쟁터에 나타났다.

> 여호와의 언약궤가 진에 들어올 때에 온 이스라엘이 큰 소리로 외치매 땅이 울린지라(삼상 4:5)

전장의 이스라엘군은 함성으로 하나님의 언약궤를 맞았다. 함성이 얼마나 컸던지 지축이 뒤흔들릴 정도였다. 그러나 그것은 하나님을 향한 믿음의 발로가 아니었다. 그들은 단지 법궤를 부적으로 여겼을 뿐이다. 만약 그들에게 하나님을 향한 바른 믿음이 조금이라도 있었던들, 자신들의 목적을 성취하기 위해 하나님의 언약궤를 이용하려는 생각은 감히 품지도 못했을 것이다. 그러나 하나님의 법궤를 부적 삼아 승리하려던 그들의 기대는 산산조각 나고 말았다.

> 블레셋 사람이 쳤더니 이스라엘이 패하여 각기 장막으로 도망하였고 살육이 심히 커서 이스라엘 보병의 엎드러진 자가 삼만이었으며 하나님의 궤는 빼앗겼고 엘리의 두 아들 홉니와 비느하스는 죽임을 당하였더라(삼상 4:10-11)

승리는커녕 3만 명의 군사가 목숨을 잃는 대참패 끝에 하나님의 언약궤마저 빼앗겨 버렸다. 그 와중에서 홉니와 비느하스 역시 죽었다. 그러나 그게 다가 아니었다. 이스라엘의 패전과 언약궤를 빼앗긴 소식을 전해 들은 엘리 제사장, 그러니까 홉니와 비느하스의 아버지는 그 자리에서 넘어져 목이 부러져 죽었고, 아이를 낳다 비보를 접한 비느하스의 아내 역시 충격을 이기지 못해 절명하였다.
하나님께서는 당신의 말씀을 자기 욕망을 위한 부적으로 삼는 자들을 이처럼 철저하게 외면하셨다. 하나님의 말씀은 그런 자들에 의해 왜곡되기 때문이었다.

벧세메스 사건

법궤와 관련된 두 번째 사건은 사무엘상 6장, 벧세메스에서 일어났다.
이스라엘군으로부터 언약궤를 탈취한 블레셋군은 아스돗으로 돌아갔다. 그리고 하나님의 언약궤를 그들이 섬기는 다곤 신상 앞에 전리품으로 바쳤다. 이튿날 아침 신전에 들어간 아스돗 사람들은 놀라운 광경을 목격하였다. 다곤 신상이 넘어져 언약궤 앞에 엎드러져 있는 것이었다. 우연이겠거니 여기며 신상을 도로 제자리에 세웠다. 그러나 그 다음날 아침엔, 다곤 신상의 목과 손목이 아예 부러져 나간 상태로 몸통이 언약궤 앞에 엎드러져 있었다. 그와 동시에 아스돗 사람들의 몸에 까닭 모를 독종이 번지기 시작했다. 상황이 심상치 않자 블레셋 지도자들은 하나님의 언약궤를 가드로 옮기게 했다. 이번에는 가드 사람들 사이에 독종이 퍼졌다. 블레셋 지도자들은 언약궤를 다시 에그론으로 옮겼다.

> 하나님의 궤가 에그론에 이른즉 에그론 사람이 부르짖어 가로되 그들이 이스라엘 신의 궤를 우리에게로 가져다가 우리와 우리 백성을 죽이려 한다 하고 이에 보내어 블레셋 모든 방백을 모으고 가로되 이스라엘 신의 궤를 보내어 본처로 돌아가게 하고 우리와 우리 백성 죽임을 면케 하자 하니 이는 온 성이 사망의 환난을 당함이라(삼상 5:10하-11상)

아스돗과 가드에서 무슨 일이 일어났는지를 이미 알고 있는 에그론 사람들이 가만히 있을 리 없었다. 더욱이 재앙이 그들의 성읍에서도 이미 시작되고 있었다. 결국 블레셋 지도자들은 하나님의 언약궤를 이스라엘로 되돌려 보내기로 의견을 모았다. 그러나 최고의 전리품인 언약궤를 그냥 되돌려 준다는 것은 그들의 자존심이 허락지 않았다. 그들은 다음과 같은 방법을 시도키로 하였다.

그러므로 새 수레를 만들고 멍에 메어 보지 아니한 젖 나는 소
둘을 끌어다가 수레를 소에 메우고 그 송아지들은 떼어 집으로
돌려보내고 여호와의 궤를 가져다가 수레에 싣고 속건제 드릴
금 보물은 상자에 담아 궤 곁에 두고 그것을 보내어 가게 하고
보아서 궤가 그 본 지경길로 올라가서 벧세메스로 가면 이 큰
재앙은 그가 우리에게 내린 것이요 그렇지 아니하면 우리를 친
것이 그 손이 아니요 우연히 만난 것인 줄 알리라(삼상 6:7-9)

3,000년 전 수레를 만드는 기술은 지금처럼 정교할 수 없었다.
막 제작된 새 수레를 끌기 위해서는 바퀴에 길이 나기까지 더 많은
힘이 필요했다. 한 번도 멍에 메어 보지 않은 소라면 처음 멍에를
메울 때 당연히 거부하게 마련이다. 더욱이 그 소가 막 새끼를 낳
은 어미 소라면 가만히 멍에를 메고 있을 리가 없다. 블레셋 지도
자들이 결정한 것은, 바로 그런 암소 두 마리가 끄는 새 수레에 언
약궤를 실어, 이스라엘 땅이기는 하지만 여전히 자신들의 영향권
내에 있는 벧세메스로 보내 보자는 것이었다. 상식적으로는 멍에
메어 보지 않은, 젖 나는 암소가 새끼를 내버려 두고 얌전히 새 수
레를 끈다는 것은 있을 수 없는 일이었다. 한 마리가 그렇게 한다
면 혹 그럴 수도 있겠거니 하겠지만 갓 태어난 새끼를 둔 암소 두
마리가 동시에 수레를, 그것도 전혀 멍에 메어 본 적이 없는 암소
가 배나 힘든 새 수레를 고분고분 끄는 것은 상상조차 불가능한 일
이었다. 그럼에도 만약 그 암소들이 이스라엘 땅인 벧세메스를 향
해 언약궤가 실린 새 수레를 끌고 간다면 그동안 자신들이 당한 재
앙은 하나님께서 내리신 것이요, 암소들이 움직이지 않는다면 여

태까지의 재앙은 우연임이 분명하므로 언약궤를 되돌려 줄 필요가 없다는 것이었다.

블레셋 지도자들은 그들의 계획을 곧 실행에 옮겼다. 언약궤를 이스라엘로부터 탈취한 지 7개월 만의 일이었다.

> 암소가 벧세메스 길로 바로 행하여 대로로 가며 갈 때에 울고 좌우로 치우치지 아니하였고 블레셋 방백들은 벧세메스 경계까지 따라가니라(삼상 6:12)

놀랍게도 멍에 메어 보지 않은 젖 나는 암소 두 마리는 소리치며 울지언정 언약궤가 실린 새 수레 끌기를 거부하지 않았다. 좌우로 치우침도 없었다. 혹시나 하고 블레셋 지도자들이 수레를 뒤따랐지만 암소들은 이스라엘 땅 벧세메스까지 곧장 나아갔다. 그로써 블레셋에 내려진 재앙은 하나님에 의한 것임이 밝혀졌고, 블레셋 지도자들은 되돌아갔다.

전혀 뜻하지 않게 하나님의 언약궤를 전달받은 벧세메스 사람들은 뛸 듯이 기뻤다. 빼앗겼던 하나님의 언약궤를 되찾은 기쁨도 컸지만, 성소에 있어야 할 언약궤를 일반인이 직접 본다는 것은 꿈에서조차 생각할 수 없는 일이었기 때문이다. 그들은 하나님께 감사의 제사를 드린 뒤 약속이나 한 듯 언약궤를 열어 보았다. 그들은 하나님을 모르는 이방인이 아니었다. 그들은 모두 하나님을 경외하고 하나님의 말씀을 알고 믿는다는, 하나님의 선민임을 자랑하던 이스라엘 사람들이었다. 이스라엘인이라면 하나님의 언약궤를 함부로 대하다간 죽는다는 것을 삼척동자도 알고 있었다.

가장 거룩한 물건에 가까이 갈 때에, 그들이 죽지 않고 살게 하
려면, 아론과 그의 아들들이 함께 들어가서, 그들 각자에게 할
일과 그들이 옮길 짐을 하나하나 정해 주어야만 한다. 그래서
그들이 함부로 성소 안으로 들어갔다가, 순간적으로나마 거룩
한 물건들을 보게 되어 죽는 일이 없게 하여야 한다.(민 4:19-20
표준새번역)

그럼에도 그들은 언약궤를 열어 그 속을 들여다보았다. 그 속에
들어 있는, 옛날 모세가 시내 산에서 하나님으로부터 직접 받은 계
명의 돌판을 직접 보고픈 호기심 때문이었다. 호기심이란 인간 욕
구의 또 다른 형태일 뿐이다. 그들은 하나님의 말씀을 자기 욕구
충족을 위한 도구 정도로밖에 여기지 않았다. 그리고 그 결과는 너
무도 비극적이었다.

벧세메스 사람들이 여호와의 궤를 들여다본 고로 그들을 치사
(오만) 칠십 인을 죽이신지라 여호와께서 백성을 쳐서 크게 살육
하셨으므로 백성이 애곡하였더라(삼상 6:19)

여호와의 궤를 들여다본 자는 모두 죽고 말았다. 본문 중 5만이
란 숫자를 개역성경이 괄호로 처리한 것은, 대부분의 성경 사본에
는 이 숫자가 빠져 있는 까닭이다. 당시 이스라엘의 수도였던 예루
살렘이 가장 번성했을 때의 인구가 7만 명 정도였음을 감안하면,
이때 벧세메스에서 죽은 자의 수를 70명으로 전하는 사본의 내용
이 더 타당할 것이다.

중요한 것은 여호와의 말씀을 인간 욕구의 또 다른 형태인 호기심의 대상으로 삼았던 자들 역시 하나님께서 모두 치셨다는 사실이다. 바로 그런 인간들이 하나님의 말씀을 왜곡하는 자들이기 때문임은 두말할 나위가 없다.

기럇여아림 사건

법궤와 관련된 마지막 사건은 사무엘하 6장에 소개되어 있다.

하나님의 언약궤인 법궤를 열어 본 자들이 떼죽음을 당하자 깜짝 놀란 벧세메스 사람들은 법궤를 황급히 기럇여아림으로 보내었다. 그들이 본래 법궤가 모셔져 있던 실로의 성소로 보내지 않은 것은, 그들의 성읍이 여전히 인근 블레셋의 영향권 아래에 있었으므로 블레셋의 비위를 거스르지 않기 위함이었다. 그들은 자신들의 성읍처럼 블레셋의 영향권 내에 있는 기럇여아림으로 법궤를 보내었고, 기럇여아림 주민들은 법궤를 아비나답의 집으로 옮겨 아비나답의 아들 엘리아살에게 법궤를 관리토록 하였다.

그로부터 70년이 지나 왕위에 오른 다윗은 자신의 왕권이 안정되자 제일 먼저 하나님의 언약궤를 생각, 그때까지 기럇여아림에 있던 언약궤를 예루살렘으로 모셔오기로 했다.

다윗이 이스라엘에서 **뺀** 무리 삼만을 다시 모으고 일어나서 그 함께 있는 모든 사람으로 더불어 바알레유다로 가서 거기서 하나님의 궤를 메어 오려 하니 그 궤는 그룹들 사이에 좌정하신 만군의 여호와의 이름으로 이름하는 것이라 저희가 하나님의

궤를 새 수레에 싣고 산에 있는 아비나답의 집에서 나오는데 아
비나답의 아들 웃사와 아효가 그 새 수레를 모니라 저희가 산에
있는 아비나답의 집에서 하나님의 궤를 싣고 나올 때에 아효는
궤 앞에서 행하고 다윗과 이스라엘 온 족속이 잣나무로 만든 여
러 가지 악기와 수금과 비파와 소고와 양금과 제금으로 여호와
앞에서 주악하더라 저희가 나곤의 타작마당에 이르러서는 소들
이 뛰므로 웃사가 손을 들어 하나님의 궤를 붙들었더니 여호와
하나님이 웃사의 잘못함을 인하여 진노하사 저를 그곳에서 치
시니 저가 거기 하나님의 궤 곁에서 죽으니라 여호와께서 웃사
를 충돌하시므로 다윗이 분하여 그곳을 베레스 웃사라 칭하니
그 이름이 오늘까지 이르니라(삼하 6:1-8)

다윗은 언약궤를 모시기 위해 100-200명도 아닌, 정병(精兵) 3만
명을 이끌고 바알레유다(기럇여아림의 옛 명칭)로 갔다. 이것만으로
도 언약궤를 향한 다윗의 지성이 어느 정도였는지를 충분히 짐작
할 수 있다.

다윗 일행이 아비나답의 집에 도착하자 아비나답의 아들 웃사와
아효가 언약궤를 새 수레에 싣고 나왔다. 70년 전 아비나답의 집으
로 언약궤가 들어갈 때 궤를 받은 자는 아비나답의 아들 엘리아살
이었다. 그런데 70년이 지난 지금 언약궤가 나올 때는 아비나답의
아들 웃사와 아효가 궤를 맡고 있다. '아들'을 가리키는 히브리어
'벤'은 손자를 뜻하기도 하기에 웃사와 아효는 엘리아살의 아들,
즉 아비나답의 손자라 함이 더 타당할 것이다. 여하튼 웃사와 아효
가 언약궤가 실린 새 수레를 끌고 나옴으로 행진이 시작되었고, 그

와 동시에 백성들은 온갖 악기를 연주하며 기뻐했다. 그야말로 거대한 축제 행렬이었다. 행렬이 나곤이란 사람의 타작마당 앞에 이르렀을 때다. 수레를 끌던 소들이 갑자기 뛰었다. '뛰다'로 번역된 히브리어 동사 '샤마트'는 도약한다는 뜻이 아니라 '흔들다' '휘청거리다'라는 의미다. 이를테면 무슨 까닭에선지 소가 휘청한 것이다. 이에 수레의 뒤를 따르던 웃사가 손으로 언약궤를 붙잡았고, 그 즉시 하나님께서 웃사를 치시므로 그는 그 자리에서 죽고 말았다.

이것은 참으로 난해한 이야기다. 상식적으로 생각할 때 웃사에겐 아무 잘못이 없는 것처럼 여겨진다. 소가 휘청거려 혹 언약궤가 떨어질까 손으로 붙잡았다면 잘한 일이지, 어떻게 그것이 죽어야 할 잘못일 수 있는가?

일반적으로 사람들은 이것을, 언약궤는 하나님으로부터 허락받은 레위인 이외에는 손을 댈 수 없는데 반해 웃사는 그런 사람이 아니었기 때문이라 이해하고 있다. 그러나 웃사가 허락받은 레위인이 아니라는 단서는 성경 어디에도 없다. 오히려 웃사는 조부에서부터 시작하여 부친을 거쳐 자신에 이르기까지 무려 70년 동안이나 하나님의 언약궤를 지켜 오던 집안의 사람이다. 그 기나긴 70년 동안 언약궤를 가만히 방치해 두었을 리가 없다. 최소한도 궤 위에 쌓이는 먼지라도 닦아야 한다. 그렇다면 아비나답 집안의 사람들이야말로 궤와 관련하여 하나님으로부터 허락받은 레위인임에 틀림없다. 그렇지 않고서야 하나님께서 당신의 언약궤를 70년 동안이나 그 집에 두게 하셨을 리가 없다.

그렇다면 웃사가 잘못한 것은 과연 무엇이며, 하나님께서는 무슨 까닭으로 그를 치셨는가?

그 해답은 그 현장을 직접 목격했던 다윗으로부터 제시된다. 나곤의 타작마당 앞에서 웃사가 즉사하자 놀란 다윗은 곧장 예루살렘으로 돌아갔고, 하나님의 언약궤는 근처 오벧에돔의 집으로 옮겨졌다. 얼마 후 다윗은 다시 하나님의 언약궤를 예루살렘으로 모실 것을 결심, 그 일을 담당할 사람들을 불러 훈시하는 중 하나님께서 지난번에 웃사를 치신 이유를 다음과 같이 설명하였다.

> 다윗이 제사장 사독과 아비아달을 부르고 또 레위 사람 우리엘과 아사야와 요엘과 스마야와 엘리엘과 암미나답을 불러 저희에게 이르되 너희는 레위 사람의 족장이니 너희와 너희 형제는 몸을 성결케 하고 내가 예비한 곳으로 이스라엘 하나님 여호와의 궤를 메어 올리라 전에는 너희가 **메지 아니하였으므로** 우리 하나님 여호와께서 우리를 충돌하셨나니 이는 우리가 규례대로 저에게 구하지 아니하였음이니라(대상 15:11-13)

지난번 사건의 까닭인즉, 하나님의 명령대로 언약궤를 사람이 메고 옮기지 않았기 때문이었다.

> 행진할 때에 아론과 그 아들들이 성소와 성소의 모든 기구 덮기를 필하거든 고핫 자손이 와서 멜 것이니라(민 4:15상)

하나님께서는 이스라엘 백성이 행진할 때 반드시 레위인인 고핫 자손들이 언약궤를 어깨에 멜 것을 명령하셨다. 다윗은 처음부터 하나님의 이 명령을 잘 알고 있었던 것이다. 이제 이 관점으로 기량여아림의 사건을 다루고 있는 사무엘하 6장을 다시 살펴보기로 하자.

> 다윗이 이스라엘에서 뺀 무리 삼만을 다시 모으고 일어나서 그 함께 있는 모든 사람으로 더불어 바알레유다로 가서 거기서 하나님의 궤를 **메어 오려 하니** 그 궤는 그룹들 사이에 좌정하신 만군의 여호와의 이름으로 이름하는 것이라(1-2절)

다윗이 이스라엘의 정병 3만 명을 대동하고 기량여아림(바알레유다)으로 향할 때 그는 분명 하나님의 언약궤를 '메어 오려' 하였다. 그것이 하나님의 명령임을 그는 누구보다도 정확하게 알고 있었다.

> 저희가 하나님의 궤를 **새 수레에 싣고** 산에 있는 아비나답의 집에서 나오는데 아비나답의 아들 **웃사와 아효가 그 새 수레를 모니라**(3절)

그런데 다윗이 아비나답의 집에 도착하자 하나님의 언약궤가 새 수레에 실려 나오는 것이었다. 두말할 것도 없이 그것은 웃사와 아효의 소행이었다. 그들이 하나님의 언약궤가 실린 새 수레를 몰고 나타난 것이다. 그것은, 하나님의 언약궤는 특별히 제작된 새 수레로 끌지 않으면 안 된다는 유세였다. 웃사와 아효의 그 당당한 행동 앞에서 누구도 이의를 제기하지 못했다. 언약궤를 메어 오기 위

해 대규모 정병을 이끌고 갔던 다윗, 이스라엘의 왕이던 다윗마저
도 유구무언일 수밖에 없었다. 웃사와 아효야말로 무려 70년 동안
이나 언약궤를 관리한 사람들이었기 때문이다. 그들이 언약궤는
새 수레로 끌어야 된다는 것이다. 70년간 언약궤와 밤낮 함께 살아
온 사람들의 권위 앞에서 누가 감히 딴소리를 할 수 있겠는가? 다
윗을 비롯한 모든 사람들은 언약궤에 관한 한 웃사와 아효의 경륜
과 권위에 굴복하지 않을 수 없었다.

> 저희가 산에 있는 아비나답의 집에서 하나님의 궤를 싣고 나올
> 때에 아효는 **궤 앞에서 행하고** 다윗과 이스라엘 온 족속이 잣나
> 무로 만든 여러 가지 악기와 수금과 비파와 소고와 양금과 제금
> 으로 여호와 앞에서 주악하더라(4-5절)

예루살렘을 향한 행진이 시작되었을 때 아효와 웃사의 위치는
언약궤 앞과 뒤였다. 사람들은 저마다 악기를 연주, 축제 행렬의
분위기는 한껏 고조되었다. 다윗과 함께 예루살렘에서 온 자의 숫
자만도 3만 명이었다. 그들이 언약궤가 실린 수레를 가운데 두고
행진하는 모습은 가히 장관이었을 것이다. 모처럼의 구경거리에
몰려든 사람들은 열광적으로 환호했을 것이다. 그날 스포트라이트
의 주인공은 뭐니 뭐니 해도 언약궤요, 그 언약궤 앞뒤에 위치한
웃사와 아효 역시 스포트라이트를 한 몸에 받고 있었다. 그 순간엔
그들 자신이 하나님이었다. 그들은 자신들의 생각을 하나님의 말
씀보다 더 높은 곳에 두고 있었다. 그럼에도 전혀 거리낌이 없었
다. 오히려 소가 끄는 수레에 실린 언약궤에 수많은 사람들이 열광

하는 것을 보면서, 마치 자신들이 천하를 얻은 것 같은 기분이었을 것이다.

> 저희가 나곤의 타작마당에 이르러서는 소들이 뛰므로 **웃사가 손을 들어 하나님의 궤를 붙들었더니**(6절)

행렬이 나곤의 타작마당에 이르렀을 때 갑자기 소들이 뛰었다. 그것이야말로 스스로 하나님의 자리에 서 있는 웃사와 아효에 대한 하나님의 경고였다. 민수기 22장에서 거짓 선지자 발람을 하나님께서 나귀를 통해 경고하셨던 것처럼, 이번에는 소들을 도구 삼아 그들의 잘못을 일깨워 주시려 한 것이다. 웃사와 아효는 겸손한 마음으로 하나님의 경고에 바르게 응답했어야만 했다. 그러나 언약궤 뒤에 위치해 있던 웃사의 반응은 손을 들어 언약궤를 붙든 것이었다.

소는 말이 아니다. 수레를 끌던 말이 뛰어오른다면 수레에 실린 궤가 떨어질 수도 있다. 그러나 소는 뛸 수도 없지만(원어의 본뜻은 휘청거린다는 의미라 했다) 설령 뛴다 한들 수레에 실린 것이 떨어질 리가 없다. 그런데도 웃사는 손을 들어 언약궤를 붙들었다. 자신이 붙들지 않으면 언약궤에 큰일이라도 난다는 듯이, 하나님의 언약궤가 마치 자신의 장중에 들어 있다는 듯이 말이다. 웃사는 그냥 언약궤를 붙든 것이 아니다. 그는 모두에게 보라는 듯 손을 들어 붙잡았다. 여기에서 '붙잡다' 란 의미로 사용된 히브리어 '아하즈'는 소유 개념을 나타내는 단어다. 진열대의 많은 상품 중에서 무엇을 고를까 이것저것 붙잡고 살펴보는 것은 '아하즈' 가 아니다. 그러나 누군가가 소지하고 있는 물건이 자기 것임을 확인하고, '이건 내 거야' 하고 그 물건을 붙잡는다면 그것이 '아하즈'다. 웃사는 그렇게 언약궤를 붙잡았다. 마치 언약궤가 자기 소유물이라는 듯이 말이다. 웃사에게 하나님의 언약궤란 만인 앞에서 자신을 과시하기 위한 도구에 지나지 않았던 것이다.

여호와 하나님이 웃사의 잘못함을 인하여 진노하사 저를 **그곳에서 치시니** 저가 거기 하나님의 **궤 곁에서 죽으니라**(7절)

하나님의 경고마저 무시한 채 언약궤의 주인 행세를 하던 웃사는 그 자리에서 하나님의 치심을 당하고 말았다. 본래 소가 끄는 수레의 높이는 높지 않다. 수레바퀴의 지름을 1미터로 잡더라도 수레의 높이는 지상에서 60센티미터 정도가 고작이다. 게다가 언약궤는 길이 2.5규빗에 높이와 넓이는 1.5규빗에 불과하다. 요즈음의 단위로 환산하면 길이 1.14미터에 68.4센티미터의 높이와 넓이다. 따라서 지상에서부터 수레 위에 실린 언약궤 상단까지의 총 길이는 1.3미터가 채 되지 않는다. 서 있는 웃사의 입장에서 보면 언약궤는 고개를 숙이고 굽어 보는 위치에 있다. 즉, 웃사는 두 손을 들어 올려 사람들의 시선을 끈 뒤 아무 일도 없는 언약궤를 굽어 내려보며 마치 자기 소유물처럼 붙잡았다. 그 순간 언약궤는 더 이상 하나님의 말씀의 궤가 아니었다. 웃사를 돋보이게 하기 위한 장식품일 뿐이었다.

하나님께서는 그 같은 웃사를 내버려 두시지 않았다. 하나님께서 웃사를 치시매 웃사는 자신의 두 손으로 붙잡고 있던 언약궤 곁에서 즉사하고 말았다. 죽은 웃사가 궤 곁에 그대로 서 있을 리 없다. 숨이 끊어짐과 동시에 웃사의 시체는 땅 위로, 다시 말해 궤 아래로 쓰러지고 말았을 것이다. 웃사는 궤를 굽어 내려보며 주인 행세를 했다. 그러나 하나님께서는 그를 쳐 궤 아래로 내동댕이치셨다. 인간은 그 어떤 경우에도 하나님 말씀의 주인일 수 없음에 비추어 볼 때, 스스로 주인 행세를 하는 웃사야말로 하나님의 말씀을 왜곡하는 자였기 때문이었다.

이제껏 살펴본 것처럼 법궤와 관련된 세 사건은 두 가지의 공통점을 지니고 있다.

첫째, 하나님의 말씀을 자기 욕망의 성취를 위한 부적으로 왜곡한 자, 단순 호기심의 대상으로 왜곡한 자, 자신을 과시하기 위한 도구나 장식품으로 왜곡한 자, 그들은 하나님을 모르는 이방인들이 아니라 한결같이 하나님을 잘 알고 하나님을 경외한다는 유대인들이요, 하나님의 말씀을 맡은 자들이었다. 하나님의 말씀은 하나님과 무관한 자에 의해 왜곡된 적이 없다. 언제나 당신의 백성들에 의해 왜곡되었다.

둘째, 하나님께서는 어떤 형태로든 당신의 말씀을 알면서도 왜곡하는 자들을 예외 없이 치셨다. 아벡 전투에서도, 벧세메스에서도, 기럇여아림에서도 어김이 없으셨다. 누군가가 이런 질문을 제기할 수 있다. 이스라엘과의 전투에서 언약궤를 탈취한 블레셋이 그로 인한 재앙을 견딜 수 없어 언약궤를 이스라엘 땅인 벧세메스로 보낼 때, 그들은 새 수레를 운송 도구로 이용하였다. 그때 하나님께서는, 사람이 당신의 언약궤를 메어 옮기지 않았다는 이유로 블레셋을 치시지는 않았다. 그 이유는 무엇인가?

블레셋은 하나님을, 하나님의 말씀을 알지 못하는 이방인들이었기 때문이다. 그들은 하나님의 언약궤는 반드시 사람이 메어야 한다는 계명이 있다는 사실조차 몰랐다. 물론 복합적인 이유가 없는 것은 아니었지만, 그들은 하나님께 나름대로의 예우를 다하기 위해 하나님의 언약궤를 새로 제작된 새 수레로 모셨다. 뿐만 아니라 언약궤를 반환할 때 하나님께 바칠 금붙이 제물까지 딸려 보냈다 (삼상 6:15). 그들의 중심을 아시는 하나님께서는 그들이 당신의 언약궤를 새 수레로 옮긴 것을 전혀 문제 삼지 않으셨다. 하나님의 말씀을 알지 못하는 그들에 의해 하나님의 말씀이 왜곡된 것은 아니기 때문이다.

그러나 유대인들은 하나님의 말씀을 알면서도, 하나님의 말씀을 맡은 자들이면서도 그들 자신을 위해 거리낌 없이 하나님을, 말씀을 왜곡하였고, 하나님께서는 그들을 모두 엄히 다스리셨다. 순식간에 말라비틀어질 들풀에 지나지 않는 인간이, 영원하신 하나님의 말씀을 자의로 왜곡하려는 것보다 더 참람한 죄는 없다.

다윗의 깨달음

하나님의 언약궤를 예루살렘으로 메어 오기 위해 정병 3만 명을 대동하고 갔던 다윗, 그러나 언약궤를 새 수레에 싣고 나오는 웃사의 권위에 압도당해 한마디의 이의도 제기치 못했던 다윗, 나곤의 타작마당 앞에서 하나님의 경고마저 무시하던 웃사가 즉사하던 광경을 가장 가까이서 목격했던 다윗, 그는 그 일련의 과정을 통해 충격과 동시에 중요한 사실을 깨닫지 않을 수 없었다.

> 여호와께서 웃사를 충돌하시므로 다윗이 분하여 그곳을 베레스
> 웃사라 칭하니 그 이름이 오늘까지 이르니라(삼하 6:8)

여기에서 '충돌'로 번역된 '페레츠'(פֶרֶץ)는 '친다'는 의미다. 그로 인해 다윗이 분해 하였다는 것은 그 분노의 대상이 하나님이시라는 말이 아니다. 말씀의 주인 행세를 하던 웃사의 오만함, 그 오만함을 방치 방관하는 결과를 초래했던 자신의 어리석음에 대한 분노였다. 다윗은 웃사가 즉사한 현장을 '베레스 웃사'라 불렀다. '베레스'로 음역된 원어는 방금 언급한 '친다'는 의미의 '페레츠'다. 그러므로 '베레스 웃사'란 '(하나님께서) 웃사를 치셨다'는 뜻이다. 물론 이 말은 하나님께서 웃사란 이름을 가진 오만한 인간을 치셨다는 의미이기도 하지만, 그러나 훨씬 심오한 뜻을 품고 있다.

우리 개역성경에서 '웃사'로 음역된 히브리어 보통 명사 '우자'(עֻזָּא)는 본래 '힘' '능력' '위엄'이란 뜻이다. 따라서 '베레스 웃사'란 하나님께서 인간의 힘, 능력, 위엄을, 다시 말해 자신의 것들을 하나님보다 더 귀히 여기고 더욱 신봉하는 인간을 치셨다는 말이다. 웃사는 만인 앞에서 자신의 힘과 능력과 위엄, 즉 욕망에 사로잡힌 자기 자신을 하나님보다 더 높이기 위해 하나님 언약궤의 주인 행세마저 마다치 않았다. 하나님께서는 그처럼 자신의 것들을 절대시하는 인간을 치셨다. 자신의 것들을 우상시하고서는, 하나님을 바로 알 수 있기는커녕 도리어 하나님을 왜곡할 수밖에 없기 때문이다.

바로 이것이 웃사가 즉사하는 현장에서, 그 모든 과정을 직접 목격했던 다윗의 깨달음이었다. 하나님께서는 자신의 것들을 신봉하면서 스스로 하나님의 말씀보다 높은 곳에 거하려는 인간을 반드시 치신다는 것이다. 다시 말해 거룩하신 하나님을 바르게 믿기 위해서는 늘, 자기 손으로 하나님 위에 올려놓은 자신의 것들을 자발적으로 치지 않으면 안 된다는 깨달음이었다.

　그래서 다윗은 그 현장을 '베레스 웃사'라고 명명하였다. 그것은 이제부터 자신의 우상인 '웃사' 즉 자기 욕망의 자신을, 하나님의 말씀 아래 거하도록 자발적으로 '베레스'(치다) 하겠다는 결단의 고백이었다. 그 길만이 자기 욕구를 위해 하나님의 말씀을 왜곡하려는 유혹에서 자신을 지키고, 또 하나님의 거룩함에 동참하는 길임을 알았기 때문이다.

주님과 베레스 웃사

인간의 육신을 입고 이 땅에 오신 예수님께서는 그리스도의 공생애를 시작하시기 전, 광야에서 40일에 걸친 금식 후에 사탄의 유혹을 받으셨다. 다음은 사탄이 주님께 던진 첫 번째 유혹의 내용이다.

> 네가 만일 하나님의 아들이어든 명하여 이 돌들이 떡 덩이가 되게 하라(마 4:3하)

40일 동안 먹지도 마시지도 못한 주님께 먹는 것보다 더 시급한 것은 없다. 그렇지만 주님께서는 지금 아무 데서나 먹을거리를 손쉽게 구할 수 있는 시장 한복판에 계신 것이 아니다. 주님 계신 곳은 물 한 방울, 빵 한 조각 없는 유대 광야다. 그곳에서 사람 사는 민가에 이르기 위해서는 허기진 배를 움켜쥐고 상당 시간을 걸어야만 한다. 그 상황을 꿰뚫어 본 사탄이 사방에 흩어진 돌을 가리키며 주님을 향해, 그 돌들로 빵을 만들어 민가에 이르기 전 당장의 시장기를 면하라 유혹한 것이다.

하나님께서는 말씀으로 천지를 창조하셨다. 돌멩이도 마찬가지다. 그렇다면 돌멩이는 돌멩이 그대로 두는 것이 하나님의 말씀을 지키는 것이다. 돌멩이에서 돌멩이의 본질을 부정하려 한다면 그것은 돌멩이에 대한, 아니 그 돌멩이를 돌멩이로 만드신 하나님의 말씀에 대한 왜곡이다. 사탄은 허기진 주님을 향해 돌멩이를 빵으로 만들어 먹으라고 주님의 본능을 자극했다. 한마디로 육체의 배를 위해 하나님의 말씀을 왜곡하라는 요구였다. 그러나 주님께서는 그 허기진 상태에서 사탄의 유혹을 일언지하에 거절하셨다.

> 기록되었으되 사람이 떡으로만 살 것이 아니요 하나님의 입으로 나오는 **모든 말씀**으로 살 것이라 하였느니라(마 4:4)

주님께서 그 극한의 상황 속에서 사탄의 제의를 단호히 배격하신 까닭은 하나님의 말씀을 지키시기 위함이었다. 이것은 40일 동안 먹지도 마시지도 못한 주님께서 당장 무엇이든 먹고픈 당신 자신을 '베레스 웃사' 하셨기에 가능하였다. 사방에 먹을 것이 지천으로 널려 있음에도 하나님께서 금하신 단 하나의 열매를 더 먹고 싶어 하는 자신을 '베레스 웃사' 하지 못해, 하나님의 말씀을 거리낌 없이 왜곡했던 아담과 하와와는 전혀 다르셨다. 사탄이 주님을 유혹했던 '떡'은 단순히 양식만을 의미하지 않는다. 그것은 모든 의미에서의 인간의 욕망이다. 사탄은 언제나 우리의 욕망을 위해 하나님의 말씀을 왜곡하라고 유혹한다. 그렇기에 자기 욕망을 하나님보다 더 우위에 두려는 자신을 부단히 '베레스 웃사' 하지 않으면 안 된다.

주님께서는 하나님의 말씀 중에서 당신의 입맛에 맞는 말씀만을 지키신 것이 아니다. 하나님의 입으로 나오는 '모든 말씀'을 주님의 호불호를 떠나 당신의 삶으로 지키셨다. 당신의 목숨을 십자가에 버리면서까지 하나님의 말씀을 지키셨다. 이것은 말씀을 지키기 위해 죽음을 수용하신 주님께 아무런 갈등이나 고통이 없었다는 말이 아니다. 오히려 성경은 상반된 사실을 전해 주고 있다.

> 베드로와 야고보와 요한을 데리고 가실새 심히 놀라시며 슬퍼하사 말씀하시되 내 마음이 심히 고민하여 죽게 되었으니 너희는 여기 머물러 깨어 있으라 하시고 조금 나아가사 땅에 엎드리어 될 수 있는 대로 이 때가 자기에게서 지나가기를 구하여 가라사대 아바 아버지여 아버지께는 모든 것이 가능하오니 이 잔을 내게서 옮기시옵소서 그러나 나의 원대로 마옵시고 아버지의 원대로 하옵소서(막 14:33-36)

목전에 임박한 당신의 죽음을 바라보며 겟세마네 동산에서 마지막으로 기도드리는 주님을 묘사한 이 구절 속엔, '놀람' '슬픔' '고민' 같은 고뇌에 찬 단어들이 여과 없이 등장하고 있다. 죽음보다 더 고통스러운 번민 속에서 주님께서는 십자가의 죽음을 피할 수 있기를 하나님께 간구하셨다. 당신 자신을 위한 주님의 기도가 얼마나 처절했던지, 주님의 얼굴에서 떨어지는 땀이 핏방울처럼 보일 정도였다(눅 22:44). 하나님의 말씀을 지키되 죽음만은 피하고 싶으셨던 것이다. 그러나 주님의 기도는 '아버지의 원대로 하옵소서'로 끝을 맺었다. 주님의 기도는 주님으로 하여금 살고 싶어 하는 당신 자신을 '베레스 웃사' 케 했던 것이다. 그리고 주님께서는 십자가 위에서 당신의 죽음으로 하나님의 말씀을 끝까지 지켜 내셨다.

광야에서 사탄의 유혹으로부터 시작된 주님의 공생애는 십자가의 죽음에 이르기까지 줄곧 하나님의 말씀을 지키는 삶으로 일관되었다. 그 같은 주님의 삶을 통해 하나님의 말씀만 온전히 드러났음은, 주님의 삶 자체가 로고스 곧 하나님의 말씀이셨음은 조금도 이상한 일이 아니다. 그리고 하나님의 말씀을 죽음으로 지켰던 주님을 하나님께서 부활의 주로 영원히 살리신 것 또한 지극히 당연한 결과였다.

이 모든 일이 가능할 수 있었던 토대는 주님의 '베레스 웃사'였다. 주님의 '베레스 웃사'가 뒷받침되지 않았던들 하나님의 말씀이 주님을 통해 온전히 드러날 수 없었을 것이고, 그 경우 그분은 우리와 다를 바가 전혀 없을 것이다. 이처럼 주님의 삶 자체가 '베레스 웃사'의 연속이었기에 주님께서는 우리에게도 '베레스 웃사'를 요구하신다. '베레스 웃사' 없이는 말씀을 지킬 방도가 달리 없는 탓이다.

마태복음 13장에는 하나님의 나라에 관한 주님의 여러 비유가 소개되고 있다. 한 번도 하나님의 나라를 경험해 본 적이 없는 지상의 인간들에겐, 그들이 이해할 수 있는 비유를 통하지 않고서는 하나님의 나라를 달리 설명할 길이 없을 것이다. 주님께서 사용하신 첫 번째 비유가 '씨 뿌리는 자의 비유'다.

> 씨를 뿌리는 자가 뿌리러 나가서 뿌릴새 더러는 길가에 떨어지
> 매 새들이 와서 먹어 버렸고 더러는 흙이 얇은 돌밭에 떨어지매
> 흙이 깊지 아니하므로 곧 싹이 나오나 해가 돋은 후에 타져서
> 뿌리가 없으므로 말랐고 더러는 가시떨기 위에 떨어지매 가시
> 가 자라서 기운을 막았고 더러는 좋은 땅에 떨어지매 혹 백 배,
> 혹 육십 배, 혹 삼십 배의 결실을 하였느니라(마 13:3하-8)

여기에서 씨란 곧 하나님의 말씀인바, 하나님의 나라는 오직 하
나님의 말씀을 통해 이 땅에 구현됨을 알게 된다.

농부가 주어진 시간 내에 더 많은 씨를 더 널리 뿌리기 위해 씨
를 공중에 흩날렸다. 마침 불어오는 바람을 타고 사방으로 퍼진 씨
가 떨어진 장소는 길가, 돌밭, 가시떨기, 옥토―이렇게 네 곳이었
다. 하지만 그 중에서 열매가 맺힌 곳은 옥토뿐이었다. 그렇다면
열매 맺은 옥토와 그러지 못한 나머지 세 곳의 근본적인 차이는 무
엇인가?

오직 옥토만 씨앗을, 씨앗의 생명을 지켰다는 것이다.

길이나 돌밭, 가시떨기 역시 씨와 함께 있었다. 한 치의 간격도
없이 아예 씨와 붙어 있었지만 씨를 지키려 하지는 않았다. 그 결
과 그 세 장소에 떨어진 씨의 생명은 새들이 먹거나, 태양열에 말
라 죽거나, 가시의 기운에 막혀 왜곡되고 말았다. 반면에 옥토는
씨를 원형 그대로 삼켰기에 씨의 생명이 전혀 왜곡됨이 없이 지켜
졌고, 그 결과 알찬 열매로 이어졌다. 여기에서 옥토가 씨를 삼킴

으로 씨를 지켰다는 의미를 좀더 깊이 고찰할 필요가 있다. 옥토가 씨를 삼키고 자신의 품으로 씨를 지키면, 그 순간부터 씨가 옥토를 삼키기 시작한다. 씨가 옥토 속의 수분을, 영양분을, 필요한 모든 것을 삼키면서 움이 트고 싹이 나며 열매로 거두어지고, 거두어진 열매가 옥토의 가치를 지켜 주게 된다. 따라서 옥토가 씨를 삼키고 지킨다는 것은, 곧 씨가 자신을 마음껏 삼키고 지켜 주게끔 씨에 대한 옥토의 완전한 자기 의탁을 의미한다.

하나님의 말씀과 우리의 관계도 이와 꼭 같다. 누구보다 성경공부에 열성적이고 성경에 대한 해박한 지식을 소유하였으며 성경구절을 줄줄이 암송할지라도 말씀을 삼켜 지키지 아니하면, 자신에 대한 말씀의 지배 속에서 말씀을 좇아 살지 않으면, 그는 자신의 뜻과는 무관하게 자신의 힘과 능력 그리고 위엄을 더 신봉하면서 자기 기득권을 위해, 야망의 충족을 위해, 이기적 명예심을 위해 말씀을 이용하고 왜곡하는 자가 될 수밖에 없다. 그것이 타락한 인간의 본성이요 속성인 까닭이다. 그런 자는 흔히 수단과 방법을 가리지 않기에 세상에서 어렵지 않게 소위 출세할 수 있다. 그러나 그의 삶이 아무리 거창하고 화려해 보여도, 하나님 보시기엔 전혀 쓸모 없는 돌밭이나 도리어 남을 해치는 가시떨기에 지나지 않음을 깨닫는 것이 중요하다. 자신을 위해 말씀을 왜곡하는 자가 아닌, 말씀에 자신을 의탁하고 말씀을 삶으로 지킴으로 말씀 속에서 변화되고 변형되는 자를 통해서만 하나님의 나라는 그 실체를 드러낸다.

나아가 옥토와 나머지 세 곳 사이에는 씨를 삼켰다는 것보다 더 근본적인 차이점이 있다.

옥토에만 '베레스 웃사'가 선행되었다는 점이다. 길처럼 굳기만 했던 황무지가 몇 차례나 갈아엎어졌다. 보석처럼 품고 있던 돌덩이들도, 왕관처럼 쓰고 있던 가시떨기도 미련 없이 포기했다. 그것들은 모두 황무지가 자기의 힘, 능력, 위엄으로 애지중지하며 끌어안고 있던 욕망의 '웃사'였다. 그러나 황무지는 그 모든 '웃사'들을 미련 없이 '베레스'함으로써 알찬 열매를 거두는 옥토로 승화되었다. 옥토가 떨어진 씨를 왜곡 없이 온전히 삼킬 수 있었던 것은 우연한 일이 아니라, 옥토의 '베레스 웃사'가 수반한 결과였다.

주님께서 하나님의 나라를 설명하시면서, '베레스 웃사'를 강조하는 '씨 뿌리는 자의 비유'를 제일 먼저 언급하신 것은 의미심장하다. 하나님의 나라를 이 땅에 일구는 주님의 제자가 되기 위해서는 먼저 자기를 '베레스 웃사'하지 않으면 안 된다. 주님께서도 '베레스 웃사'를 계속하셨다면, 그분의 제자인 우리야 두말해 무엇 하랴? 아담과 하와처럼 스스로 하나님이 되기 위해 말씀을 왜곡하고 싶은 자기 욕망, 아론같이 대중적 인기에 영합기 위해 말씀을 왜곡하려는 자기 명예심, 구약 시대의 제사장이나 거짓 선지자처럼 종교적 기득권과 개인의 영달을 위해 말씀을 왜곡하려는 자기 탐심, 웃사같이 말씀의 주인 행세 하기 위해 말씀을 왜곡하려는 자신의 힘과 능력 그리고 자기 위엄을 '베레스 웃사'하지 않으면, 인간의 종교적 열심이 깊을수록 그는 도리어 하나님의 나라에 백해무익한 돌밭과 가시떨기로 전락하고 말 것이다.

그 반면 누구든 스스로 '베레스 웃사'하기만 하면 그를 통하여 하나님의 나라는 전파, 확장된다. '베레스 웃사'를 선행하는 그는 이미 '베레스 웃사'의 주님께서 당신의 도구로 삼으신 '옥토'이기 때문이다.

다윗이 나곤의 타작마당에서 '베레스 웃사'를 고백하며 자각한 것이 이것이다. 즉, 날마다 자신의 '웃사'를 '베레스' 할 때에만 하나님의 참된 도구로 쓰임 받을 수 있다는 깨달음이었다. 그 이후 그는 자발적인 '베레스 웃사'의 삶을 추구하였다.

사무엘하 15장은 압살롬의 쿠데타로 다윗이 측근만을 거느리고 황급히 예루살렘을 빠져 피신하는 광경을 전해 주고 있다. 다윗 일행이 기드론 시내를 건널 때, 제사장 사독과 아비아달이 레위인을 시켜 급히 하나님의 언약궤를 메고 왔다. 피신하는 다윗의 대열에 언약궤를 합류시키기 위함이었다. 비록 다윗이 도성을 버리고 도망 길에 올랐을지언정 하나님의 언약궤가 다윗에게 있다면 쿠데타 군과 비교하여 이스라엘의 정통성이 다윗에게 있음을 과시할 수 있을 뿐만 아니라, 하나님께서 당신의 언약궤가 있는 편을 도우시리라는 바람에서였다.

만약 다윗이 옛날 아벡 전투의 홉니와 비느하스 같은 인간이었다면, 그는 필경 하나님의 언약궤를 두 손을 치켜들고 환영했을 것이다. 언약궤와 함께 있으면 승리하리라는 것은 당시 유대인들의 보편적이고도 맹목적인 믿음이었고, 그 위급한 지경에 언약궤 자체보다 더 좋은 부적은 없을 테니 말이다. 그러나 다윗은 제사장 사독에게 하나님의 언약궤를 본래 있던 성소로 도로 모실 것을 명했다. 그는 어떤 형태로든 자신의 안위를 위해 하나님의 언약궤를 이용하려 하지 않았다. 그것은 생사의 기로에 선 사람이 선택하기엔 결코 쉬운 일이 아니었다. 그럼에도 그것이 가능할 수 있었던 것은, 언약궤 자체를 부적 삼고 싶은 자기중심적 이기심을 다윗 스스로 '베레스 웃사' 한 까닭이었다.

하나님의 말씀에 대한 다윗의 중심과 삶의 태도는 그가 지은 다음의 시에 잘 나타나 있다.

여호와를 경외하는 도는 정결하여 영원까지 이르고 여호와의 규례는 확실하여 다 의로우니 금 곧 많은 정금보다 더 사모할 것이며 꿀과 송이꿀보다 더 달도다 또 주의 종이 이로 경계를 받고 이를 지킴으로 상이 크니이다(시 19:9-11)

다윗은 하나님의 모든 말씀이 영원토록 정결하며 확실함을 분명히 인식하고 있었다. 유한한 인간이 좌지우지 왜곡할 대상이 아님을 알았던 것이다. 그 말씀이 세상의 금은보화보다 더 귀하며 송이꿀보다 더 달다는 것도 알고 있었다. 하나님의 말씀을 온전히 먹고 삼킨 자가 아니라면 알 수 없는 일이었다. 또한 그는 하나님의 말씀을 통해 삶의 경고를 받고 그 말씀을 지켜야 함을 강조했다. 그는 하나님의 말씀은 단순 호기심의 대상이 아니라 삶으로 지켜야 할 삶의 절대 목적임을 알고 행하는 자였다. 하나님의 말씀을 먹고 지키는 데 걸림이 되는 것이라면 무엇이든 '베레스 웃사' 했기에 가능한 삶이었다. 그 같은 삶의 결과를 다윗은 스스로 어떻게 고백했는가?

여호와의 율법은 완전하여 영혼을 소성케 하고 여호와의 증거는 확실하여 우둔한 자로 지혜롭게 하며 여호와의 교훈은 정직하여 마음을 기쁘게 하고 여호와의 계명은 순결하여 눈을 밝게

하도다(시 19:7-8)

다윗이 날마다 '베레스 웃사' 하며 말씀을 지킬 때, 이번에는 하나님의 말씀이 다윗을 지키시기 시작했다. 하나님의 완전한 율법에 의해 다윗의 영혼이 소생하였으며, 여호와의 확실한 증거에 의해 우둔한 다윗이 지혜로운 자가 되었으며, 하나님의 정직한 교훈으로 다윗의 마음에 기쁨이 충만하였으며, 하나님의 순결한 계명으로 다윗의 눈이 비로소 밝아졌다. 마태복음 13장의 용어로 설명하면, 다윗은 하나님의 나라를 결실하는 옥토가 되었고, 그것은 '베레스 웃사'의 토대 위에서 가능했다. 다윗은 그냥, 혹은 우연히 우리가 아는 다윗이 된 것이 아니었다. 하나님의 말씀을 위한 철저한 '베레스 웃사'의 삶이 수반한 당연한 결과였다.

반대로 마가복음 10장 17절에서 22절에는 길이요 진리요 생명이신 주님을 만났음에도 자신이 가진 것을 더 귀히 여겨 '베레스 웃사'를 거부, 끝내 주님을 포기하는 어리석은 청년이 소개되고 있다.

예수께서 길에 나가실새 한 사람이 달려와서 꿇어앉아 묻자오되 선한 선생님이여 내가 무엇을 하여야 영생을 얻으리이까 예수께서 이르시되 네가 어찌하여 나를 선하다 일컫느냐 하나님 한 분 외에는 선한 이가 없느니라 네가 계명을 아나니 살인하지 말라, 간음하지 말라, 도적질하지 말라, 거짓 증거하지 말라, 속여 취하지 말라, 네 부모를 공경하라 하였느니라 여짜오되 선생님이여 이것은 내가 어려서부터 다 지키었나이다 예수께서 그를 보시고 사랑하사 가라사대 네게 오히려 한 가지 부족한 것이 있으니 가서 네 있는 것을 다 팔아 가난한 자들을 주라 그리하면 하늘에서 보화가 네게 있으리라 그리고 와서 나를 좇으라 하시니 그 사람은 재물이 많은 고로 이 말씀을 인하여 슬픈 기색을 띠고 근심하며 가니라

한 청년이 주님을 찾아와 무릎을 꿇고 어떻게 하면 영생을 얻을 수 있는지를 물었다. 주님께서는 하나님의 계명을 지키라고 말씀하셨다. 하나님을 믿는다는 것은 곧 하나님의 계명을 지키는 것이기 때문이다. 놀랍게도 그 청년은, 자신은 하나님의 계명을 다 지켰다고 자신만만하게 대답했다. 그의 대답은 하나님의 계명을 지키지 않음을 스스로 밝히고 있었다. 하나님의 말씀을 진지하게 지키려는 사람은 '하나님의 계명을 다 지켰다'는 식의 호언장담을 하지 않는다. 아니, 할 수가 없다. 말씀을 실제로 지키는 사람은, 하나님의 은총 없이는 하나님의 말씀을 온전히 지킬 수 없음을 너무나도 잘 아는 까닭이다. 주님께서는 그 청년이 스스로 계명을 다 지켰다고 착각하는 이유를 꿰뚫어 보셨다. 많은 재물을 소유한 그 청년은 하나님보다 자기 재물을, 재물의 힘을 더 신봉하는 자였다. 하나님보다 더 신뢰하는 것을 지닌 자는 하나님의 말씀을 자기 삶으로 지키기보다는 말씀을 자기 삶에 맞추어 왜곡하게 마련이고, 말씀을 왜곡하는 자는 그보다 쉬운 일이 없기에 스스로 말씀을 다 지킨다는 착각에 빠져 버린다.

주님께서는 그 청년을 긍휼히 여기시고 그에게 부족한 한 가지를 일러 주셨다. 바로 '베레스 웃사'였다. 진정으로 주님을 좇기 원한다면 먼저 재물을 다 처분하라는 것이었다. 다시 말해 하나님

보다 자신의 소유를 더 믿는 자기 자신을 '베레스 웃사' 하라는 것이었다. 그것 없이는 하나님의 말씀을 바르게 지킬 도리가 없는 탓이었다. 그러나 청년은 자신을 '베레스 웃사' 하기보다는 주님을 포기하고 말았다. 막연해 보이는 하나님의 말씀보다는 현실적으로 구체적인 힘과 능력을 발휘하는 자기 물질에 대한 믿음이 더 컸기 때문이다. 그는 그 이후에도 하나님과 자기 물질을 함께 섬기느라 열심을 다했을 것이다. 그리고 스스로 하나님의 계명을 다 지킨다는 더 굳은 착각으로 자기 위안을 삼았을 것이다. 열심을 낼수록 더더욱 말씀을 왜곡하면서 말이다.

2,000년 전의 이 청년은 오늘을 살고 있는 우리 모두의 자화상임을 잊어서는 안 된다. 우리는 모두 하나님보다 더 신뢰하는 그 무엇인가를 지니고 있다. 그것이 돈일 수도 있고, 지식일 수도 있으며, 특정 인간일 수도 있고, 자신의 힘과 능력일 수도 있다. 우리는 그것과 하나님을 동시에 섬기기 위해, 실제로는 하나님보다 그것을 더 섬긴다는 사실을 애써 외면하면서, 온갖 열심을 다한다. 하지만 아무리 열심을 다한들 부족한 한 가지를 행하지 않으면 안 된다. 하나님보다 더 귀히 여기는 바로 그것을, 하나님보다 그것을 더 신봉하려는 자기 자신을 '베레스 웃사' 하는 것이다. 부자 청년을 향한 주님의 '베레스 웃사' 요구는 바로 우리 각자를 향한 주님의 명령이다. 자발적인 '베레스 웃사' 없이는 하나님의 계명을 다 지켰다는 자기 착각 속에서, 실제로는 하나님의 말씀을 왜곡하며 주님을 포기해 버린 어리석은 청년이 될 뿐이다.

그렇다면 크리스천이란 누구인가? '베레스 웃사'를 통해 죽음으로 하나님의 말씀을 지키신 주님을 본받아, 주님의 말씀을 지키기 위해 날마다 '베레스 웃사'를 선행하는 자다.

부활하신 주님께서 승천하시기 전 베드로에게 말씀하셨다:

> 내가 진실로 진실로 네게 이르노니 젊어서는 네가 스스로 띠 띠고 원하는 곳으로 다녔거니와 늙어서는 네 팔을 벌리리니 남이 네게 띠 띠우고 원치 아니하는 곳으로 데려가리라(요 21:18)

본래 베드로는 언행이 천방지축이었다. 주님께 가장 뜨겁게 사랑을 고백한 자도 베드로요, 가장 비열하게 주님을 배신한 자도 베드로였다. 베드로가 이렇듯 상반된 언행의 주인공이었던 것은, 그가 지극히 자기중심적인 인간이었음을 입증한다. 부활하신 주님께서는 베드로에게, 이제부터 두 팔을 벌리고 자신이 원하는 곳이 아니라 주님께서 명하시는 곳으로 가야 할 것을 일깨워 주셨다. 그것은 자신을 우상으로 섬기며 살던 자기를 버리지 않고는 불가능한 일이었다. 즉, 주님께서는 베드로에게 '베레스 웃사'를 요구하신 것이다. 이 이후 베드로가 예전과는 달리 말씀의 사도가 된 것은, 그가 먼저 '베레스 웃사'의 사람이 되었기 때문이다.

사도 바울이 다음과 같이 고백한 까닭 역시 마찬가지다.

> 그러므로 내가 달음질하기를 향방 없는 것같이 아니하고 싸우기를 허공을 치는 것같이 아니하여 내가 내 몸을 쳐 복종하게 함은 내가 남에게 전파한 후에 자기가 도리어 버림이 될까 두려워함이로라(고전 9:26-27)

형제들아 내가 그리스도 예수 우리 주 안에서 가진 바 너희에게 대한 나의 자랑을 두고 단언하노니 나는 날마다 죽노라(고전 15:31)

바울이 날마다 자신을 스스로 치고 죽는 '베레스 웃사'를 행한 것은, 그것만이 영원하신 주님의 말씀을 지키는 삶의 토대임을 알았기 때문이다.

이것은 비단 베드로와 바울에게 국한된 이야기가 아니다. 실은 주님의 제자들 모두 마침내는 '베레스 웃사'의 삶을 살았고, 하나님께서는 그들을 도구 삼아 당신의 나라가 인류의 역사 속에 이식, 전파, 확장되게 하셨다. 그들은 자발적인 '베레스 웃사'를 통해 하나님의 말씀을 자신들의 삶으로 지킨 진정한 크리스천이었다.

그러나 예외가 있었다. 가룟 유다만은 은 30냥에 탐닉하는 자신을 '베레스 웃사' 하지 못해 주님을 버렸다가, 그가 버린 주님에 의해 도리어 '베레스 웃사' 당하고 말았다. 그는 길이요 진리요 생명이신 주님을, 주님의 말씀을, 은 30냥으로 왜곡한 자였다. 하나님을 금송아지로 왜곡했던 그의 선조들처럼 말이다.

크리스천이란 주님을 본받아, 하나님의 말씀을 자신의 삶으로 지키기 위해 날마다 '베레스 웃사'를 선행하는 자라 했다. 그렇다면 교회가 무엇인지도 자명해진다. 교회란 주님을 믿음으로 '베레스 웃사'를 자발적으로 행하는 사람들의 모임이다. 이를테면 교회는 '베레스 웃사'의 진원지다. '베레스 웃사'의 의미를, '베레스 웃사'의 필요성을, '베레스 웃사'의 실체를, 그리고 '베레스 웃사'

의 결과를, 그 가치를, 말이 아닌 삶으로 가르치고 보여 주는 곳이다. '베레스 웃사'로부터 말씀을 지키는 삶이 시작되고, '베레스 웃사'를 통해 말씀이 육화(肉化)되며, '베레스 웃사'로 말씀의 삶이 완결되고, 그 전 과정을 통해 세상을 구원하는 하나님의 나라가 전파되고 확장된다. 만약 '베레스 웃사'와 무관한 교회가 있다면 교회의 크기나 명성에 상관없이 그 교회가, 그 교회를 구성하고 있는 사람들이, 자신들의 욕망을 위해 하나님의 말씀을 왜곡하고 있음에 틀림없다.

이제 다시 생각해 보자. 성경말씀보다 더 중히 여기는 가톨릭 조직 논리란 '웃사'를 베레스' 하지 않고서야 하나님의 말씀이, 주님의 표현처럼 하나님의 '모든 말씀'이 과연 로마가톨릭교회를 통해 바르게 지켜질 수 있겠는가? 개신교회 역시 자신이 속해 있는 교파나 교단의 장벽을 뛰어넘지 않고서는, 다시 말해 교파의 교리나 조직 논리를 절대시하는 자신을 '베레스 웃사' 하지 않고서는, 온전하신 하나님의 말씀을 온전히 알 수도, 지킬 수도 없다. 로마가톨릭교회든 개신교회든 자신에 대한 '베레스 웃사'를 외면했을 때 항상 타락했음을 잊어서는 안 된다.

하나님께서 아모스 선지자를 통해 예고하신 '기근의 날'이 오늘날이 아니라고 누구도 부정하지는 못할 것이다. 뜻있는 젊은이에서부터 노인에 이르기까지 말씀의 기갈을 만난 교인들은 너무나도 많다. 말씀의 홍수 속에서 말씀을 구하려 사방을 왕래하는 자들의 수가 갈수록 급증한다는 것은, 이 땅에서 말씀이 얼마나 왜곡되어 있는지를 보여 주는 표징이 아닐 수 없다.

주 여호와께서 가라사대 보라 날이 이를지라 내가 기근을 땅에 보내리니 양식이 없어 주림이 아니며 물이 없어 갈함이 아니요 여호와의 말씀을 듣지 못한 기갈이라 사람이 이 바다에서 저 바다까지, 북에서 동까지 비틀거리며 여호와의 말씀을 구하려고 달려 왕래하되 얻지 못하리니 그날에 아름다운 처녀와 젊은 남자가 다 갈하여 피곤하리라(암 8:11-13)

그렇다면 이 시점에서 우리가 가장 시급히 행하여야 할 것이 무엇인지 이제 자명해졌다. 크리스천 각자가 왜곡의 역사에 종지부를 찍는 것이다. 일본 교과서 왜곡엔 공분(公憤)을 느끼면서도 자신에 의한 말씀의 왜곡은 자각지도 못한다면, 이 땅에서 크리스천의 숫자가 하늘의 별처럼 늘어난다 한들 우리의 미래는 여전히 암담할 수밖에 없다. 왜곡의 역사를 청산하는 길은 결코 복수거나 다수가 아니다. 인간의 논리나 목표를 말씀보다 우선시하던 그릇된 자세를 버리고, 우리 각자가 우리의 삶과 생명을 전적으로 하나님의 말씀에 의탁하여 그 말씀을 지키는 것―오직 이 외길뿐이다.

이스라엘 백성들이 하나님을 금송아지 형상으로 왜곡하고 그 앞에서 벌였던 광란의 축제가 무엇으로 종식되었는가? 모세가 던진 계명의 돌판, 즉 하나님의 말씀에 의해서다. 주님께서 사탄의 유혹을 무엇으로 이기셨던가? 오직 말씀으로였다. 그렇다. 오직 말씀으로만, 오직 말씀을 지키고 말씀으로 살아가려는 사람에 의해서만 왜곡의 역사는 종식된다.

그러나 잊어서는 안 된다. 그와 같은 말씀의 삶은 먼저 '베레스 웃사'가 선행되지 않으면 결코 수반되지 않는다. 오늘날 말씀의 홍

수 속에 말씀의 기갈이 든 것은, 먼저 말씀을 전하는 자에게 말씀을 위한 '베레스 웃사'가 결여되어 있기 때문이다. 말씀을 지키는 삶과 '베레스 웃사'는 불가분의 관계다. '베레스 웃사'는 말씀을 지키는 시발점인 동시에, 말씀을 좇는 삶의 결과이기도 하다.

'베레스 웃사' 없이도 참된 크리스천, 진정한 교회가 될 수 있다고 말한다면, 그가 누구든 그것은 명백한 거짓말이다. '베레스 웃사'는 우리를 사랑하시는 하나님께서, 우리를 사랑하시기에 우리에게 요구하시는 하나님의 절대 명령이다.

대통령과 경호원

대통령의 경호원은 대통령을 지키기 위해 존재한다. 대통령이 가는 곳마다 항상 대통령 곁에 있지만, 그러나 결코 자신을 돋보이게 하지 않는다. 대통령과 가장 가까이에 있으면서도 자신은 가리고 대통령만 드러나게 한다. 대통령에게 위해가 가해지면 자신의 생명을 던져 대통령을 보호한다. 그것이 경호원의 의무다. 만약 사람들 앞에서 대통령보다 자신을 두드러지게 보이려 한다거나, 대통령의 안위에 전혀 무관심한 사람이라면 그는 절대로 경호원이 아니다. 그런 자는 애당초 경호원이 될 수 없다.

1981년 1월 20일 미국 제40대 대통령에 취임한 레이건은 불과 두 달 열흘 후인 3월 30일 불의의 저격을 당했다. 워싱턴 힐튼 호텔에서 개최된 미국 노동총동맹 산별회의에서 연설을 마친 후 백악관으로 돌아가기 위해 대통령 전용차를 타려는 순간, 힝클리라는 25세의 정신이상자가 총을 쏜 것이다. 마침 현장에 있던 텔레비전 카메라에 의해 레이건 대통령이 저격당하는 장면은 전 세계에 생중계되었다. 힝클리는 레이건을 향해 총 여섯 발을 쏘았다. 제1탄이 레이건의 가슴에 명중했다. 워낙 갑자기 일어난 일이라 경호원들이 미처 손을 쓸 겨를도 없었다. 레이건 대통령은 당시의 상황을 자신의 회고록에서 다음과 같이 밝혔다.

> 카메라 기자들이 대기 중인 포토라인을 지나 리무진에 다다랐을 때 한두 번의 불꽃이 내 왼쪽에서 팍 하고 터지는 듯한 소리를 들었다. 나는 뒤를 돌아보면서 "무슨 소리지?" 하고 물었다. 그 순간 경호 책임자인 제리가 나를 리무진에 밀어 넣으면서 내 몸을 자기 몸으로 덮쳤다. 그 순간 등 뒤쪽으로 믿을 수 없을 만큼 큰 아픔을 느꼈다. 내가 그때까지 겪은 아픔 중 가장 괴로운 고통이었다. 나는 "제리, 자네가 내 갈비뼈를 부러뜨린 모양이야"라고 말했다.

레이건 대통령을 괴롭혔던 그 큰 통증은 경호원 탓이 아니었다. 힝클리가 쏜 첫발이 레이건의 가슴에 명중했기 때문이었다. 힝클리는 전혀 머뭇거림이 없이 2탄, 3탄, 계속하여 방아쇠를 당겼다. 바로 그 순간부터 레이건 대통령의 회고처럼, 경호원들이 대통령을 향해 몸을 날려 대통령을 보호하였다. 네 명의 경호원들이 대통령을 대신하여 다섯 발의 총을 맞았다. 눈 깜짝할 순간에 벌어진 사건이었다. 총을 맞고 바닥에 쓰러진 경호원들의 모습을 찍은 사진은 그해 퓰리처상을 수상하기도 했다.

자신들의 생명을 던져 대통령을 위한 방탄막이 되었던 경호원들

덕분에 레이건 대통령은 목숨을 건졌다. 힝클리가 쏜 두 번째 총알부터는 경호원들이 대신 맞았을 뿐 아니라, 레이건 대통령의 가슴에 명중했던 첫발도 다행히 심장을 비켜 갔고 또 성공적인 수술을 통해 탄환을 제거할 수 있었기 때문이다. 만약 경호원들이 목숨을 걸고 대통령을 지켜야 한다는 자기 책무에 소홀했던들, 레이건 대통령은 그 현장에서 생명을 잃고 말았을 것이다. 그날 경호원들이 생명을 던져 지킨 것은 레이건 대통령만이 아니다. 자신들의 목숨을 걸고 대통령을 지킴으로 결국은 미국을 지킨 것이다. 그 경호원들의, 대통령을 지켜야 한다는 투철한 사명감과 책임감에 대한 칭송은 세상의 어떤 찬사로도 부족할 것이다.

순식간에 대통령의 방탄막이 되어 죽음으로 대통령을 지키는 행동력은 절로 생기는 것은 아니다. 철저한 훈련의 결과다. 그러나 훈련만으로는 부족하다. 죽음은 훈련으로 받아들여지는 것이 아니다. 그것은 지켜야 할 것을 지키기 위해 자신을 버리는 '베레스 웃사'의 정신으로만 가능하다. 자기 자신 혹은 자신의 것 중 무엇이든 대통령보다 더 귀히 여겨서는 대통령을 지키는 경호원일 수 없다. 대통령을 위해 자신의 모든 것을 '베레스 웃사' 할 수 있을 때에만 어떤 상황에서든 자기 몸을 던져 죽음으로 대통령을 지킬 수 있다.

하나님과 우리의 관계도 이와 똑같다. 크리스천이란 모두 하나님의 말씀을 지키는 말씀의 경호원이다. 언제 어디서나 말씀과 함께하는 자다. 언제나 자신은 가리고, 자신의 삶을 통해 하나님의 말씀만 드러나게 하는 자다. 자신의 생명을 던져 하나님의 말씀을 지키는 자다. 그것은 단순히 하나님의 말씀을 지키는 것만으로 끝나지 않는다. 하나님의 말씀을 지키는 것은 곧 하나님의 나라를 지키는 것이다.

레이건 대통령을 지키려다가 사망하거나 불구가 된 자들에게 미국 정부는 훈장을 수여했고, 본인이나 가족들에게는 지금도 적절한 연금을 지급하고 있을 것이다. 대통령의 경호원에겐 그것이 전부다. 대통령의 방탄막이 되어 목숨을 잃거나 불구가 되기까지 대통령과 나라를 지켜도 자신들이 지킨 대통령과 나라가 죽은 경호원을 되살려 주거나 불구를 회복시켜 주지는 못한다. 더욱이 경호원들이 목숨을 던져 지켰던 레이건 대통령은 지금 더 이상 대통령이 아님은 물론, 그들이 죽음으로 자신의 생명을 지켜 주었다는 사실을 기억조차 못하는 93세의 노인에 중증 치매 환자다(2004년도 사망—편집자 주). 세상의 대통령은 자기 경호원이 목숨을 걸고 자신을 지켜 주어도, 그 고마운 경호원들의 생명을 위해 실은 아무것도 해 줄 능력이 없다.

그러나 하나님께서는 유한한 세상의 대통령과 같지 않으시다. 우리가 생명을 던져 하나님의 말씀을 지킬 때 영원하신 하나님의 말씀, 천지를 창조하신 전능하신 하나님의 말씀이 우리를 지키신다. 우리가 지킨 말씀, 왜곡되지 않는 하나님의 말씀이 우리의 삶을 통해 역사의 지평을 뒤흔드신다. 우리의 삶을 통로로 삼아 이 땅의 역사 속에 당신의 나라를 친히 일구신다. 우리의 작은 삶을, 민족의 역사와 인류의 미래를 새롭게 하는 하나님의 도구로 승화시켜 주신다. 공동묘지에서 한 줌의 흙으로 허망하게 끝날 생명을 던져 하나님의 말씀을 지킴으로, 그 말씀 안에서 우리는 전혀 새로운 생명을 얻고 누리게 되는 것이다.

청년들이여!

그대가 역사의 지평을 뒤흔드는 말씀의 경호원이 되기를 원한다면, 그대는 지금부터 먼저 '베레스 웃사'의 사람이 되어야 한다.

하나님보다 스스로 더 높아지려는 자신을 '베레스 웃사' 하라.

말씀보다 자신의 경륜을 더 중시하려는 자신을 '베레스 웃사' 하라.

하나님보다 사람들의 인기에 영합하려는 자신을 '베레스 웃사' 하라.

자기 야망을 위해 하나님의 말씀을 왜곡하려는 자신을 '베레스 웃사' 하라.

하나님의 말씀을 부적이나 장식품으로 이용하려는 자신을 '베레스 웃사' 하라.

진리의 대가가 불이익일까 두려워 진리를 외면하려는 자신을 '베레스 웃사' 하라.

경건의 삶보다 아무도 모르게 욕망의 늪에 침잠하려는 자신을 '베레스 웃사' 하라.

어떤 직책에 있든 사람을 섬기는 것이 아니라 지배하려는 자신을 '베레스 웃사' 하라.

그대 단 한 명이라도 하나님의 말씀을 지키기 위해 '베레스 웃사'의 사람이 되기만 하면, 이 땅의 역사와 한국 교회의 미래는 새로워질 수 있다. 그대는 비록 홀로일망정, '베레스 웃사'의 주님께서 그대를 통해 친히 역사하실 것이기 때문이다.

그러나 그대가 하나님을 믿는다면서도 끝내 '베레스 웃사'를 원치 않는다면, 하나님께서 그대를 '베레스 웃사' 하실 것이다. 이것이 다윗이 나곤의 타작마당 앞에서 깨달은 진리다.

결국 선택은 그대의 몫이다. 자발적으로 '베레스 웃사' 함으로 새로운 역사의 지평을 여는 영원한 말씀의 경호원이 될 것인가, 아니면 웃사처럼 스스로 하나님이 되려다 도리어 하나님의 '베레스 웃사'를 당해 한 줌의 재로 끝나 버릴 것인가?

다윗과 함께 지금 '베레스 웃사'의 현장에 서 있는 그대는 이미 해답을 알고 있다.

> 여호와께서 웃사를 충돌하시므로 다윗이 분하여 그곳을 베레스 웃사라 칭하니 그 이름이 오늘까지 이르니라(삼하 6:8)

4 에덴과 아단

해가 돌아와서 왕들의 출전할 때가 되매

다윗이 요압과 그 신복과 온 이스라엘 군대를 보내니

저희가 암몬 자손을 멸하고 랍바를 에워쌌고

다윗은 예루살렘에 그대로 있으니라

사무엘하 11:1

생명을 깎아 먹는 인간

2003년 4월 22일, 신임 노무현 대통령 부부는 두 달 전 퇴임한 김대중 전 대통령 부부를 청와대 만찬에 초청하였다. 만찬이 시작되기 전 기자들과 텔레비전 카메라 앞에서 서로 덕담을 주고받던 중, 얼마 전 김 전 대통령이 건강 검진을 받은 것과 관련하여 노 대통령이 물었다.

"특별한 이상이 있어서 검진 받으신 것은 아니시지요?"

이 질문에 대해, 충격적이리만큼 갑자기 노쇠한 모습의 김 전 대통령은 듣기 민망스러울 정도의 쉰 목소리로 이렇게 대답했다.

"(건강을 체크해 보니) 5년 동안 건강을 깎아 먹고 살았어요."

건강을 깎아 먹었다는 것은 곧 생명을 깎아 먹었다는 말이다. 74세의 고령으로 대통령에 취임했던 김 전 대통령은, 막중한 대통령직의 격무로 인해 건강을 해쳤다는 의미로 그런 표현을 사용한 듯하다. 그러나 곱씹어 볼수록, 건강 혹은 생명을 깎아 먹었다는 것보다 인생에 대한 더 적절한 묘사는 없다.

이 세상에 태어난 모든 인간은, 실은 시시각각 자기 생명을 깎아 먹으며 살아가는 존재다. 자신에게 주어진 생명을 다 깎아 먹고 더 이상 깎아 먹을 것이 없는 상태—바로 그것이 죽음이다. 이런 의미에서 이 땅에 태어난 인간은 예외 없이 동일하다. 단지 차이가 있다면 무엇을 위해 생명을 깎아 먹었는가, 다시 말해 자기 생명을 다 깎아 먹은 뒤에 남은 것이 무엇인가 하는 것이다.

조각가가 돌을 깎아 내면 아름다운 예술품이 되지만, 생전 처음 정을 다루는 사람이라면 아무리 돌을 깎아 낸다 한들 남는 것은 여전히 무가치한 돌덩이거나 부스러기일 수밖에 없다. 인생 역시 이와 다르지 않다. 하루하루 자기 생명을 깎아 먹고서야 살 수 있다는 관점에선 모든 인간이 동일해 보이지만, 그러나 그 결과로 어떤 이의 경우엔 바람에 날리는 한 줌의 재가 되어 허망하게 사라져 버리는가 하면, 또 다른 이는 영원한 생명으로 영원히 살아남기도 한다.

주님의교회 초기 요한계시록을 공부할 때다. 한 집사님이, 계시록에 등장하는 아시아의 일곱 교회가 역사 속에서 모두 소멸해 버린 것은 복음의 능력에 한계나 문제가 있음을 의미하지 않느냐고 물었다. 나는, 그것은 복음의 능력 문제가 아니라 사람의 문제, 곧 그 속의 사람들이 변했기 때문이라고 대답했다. 세월이 흐름에 따라 교회를 이루고 있던 사람들이 처음과는 달리 주님의 말씀이 아닌, 허망한 욕망을 위해 자기 생명을 깎아 먹은 것이다. 그 결과 남은 것은 소멸과 폐허밖에 없다. 욕망이란 물거품과 같아 그 자체는 실체가 없으므로, 실체 없는 욕망을 위해 자기 생명을 깎아 먹으면 소멸 이외에 남는 것이라곤 아무것도 있을 수 없다.

사도행전에 등장하는 초대 교회가 시대와 공간을 초월하여 모든 교회의 본인 것은 그것이 단순히 최초의 교회이어서가 아니라, 그 교회를 구성하고 있던 교인들이 한결같이 자신의 생명을 깎아 먹되 오직 영원한 주님의 말씀을 위해 깎아 먹는 참 신앙인들이었기 때문이다. 영원을 위해 헛된 자기 생명을 깎아 먹은 곳에 사도행전이 영원한 생명으로 남는 것은 너무나도 당연한 하나님의 생명 법칙이다.

가서 외칠 것을 명하시는 하나님을 향해 대체 무엇을 외쳐야 할 것인지를 묻는 이사야에게 하나님께서 주신 말씀을 우리는 이미 앞 장에서 살펴보았다.

모든 육체는 풀이요 그 모든 아름다움은 들의 꽃 같으니 풀은 마르고 꽃은 시듦은 여호와의 기운이 그 위에 붊이라 이 백성은 실로 풀이로다 풀은 마르고 꽃은 시드나 우리 하나님의 말씀은 영영히 서리라 하라(사 40:6하-8)

인간이 일평생 잊지 말아야 할 것은, 인생은 시드는 꽃 마르는 풀에 지나지 않는다는 사실이다. 시들고 마른 꽃과 풀은 끝내 흙으로 으스러지고 만다. 육체의 욕망을 위해 자기 생명을 깎아 먹는 자는 그의 삶이 아무리 화려해 보여도 결국은 공동묘지에서 한 줌의 흙으로 부서지고 만다. 영원하신 하나님의 말씀과 자기 육체의 생명을 맞바꾼 자만, 그 육체가 소멸되어도 영원한 생명으로 남는다.

평소 진리에 등을 돌린 채, 욕망을 좇아 마음 내키는 대로 살면서도 내세에 지극한 관심을 가진 제자가 스승에게 물었다.

"선생님, 죽은 뒤에 정말 영생이 있습니까?"

스승이 도리어 제자에게 되물었다.

"죽기 전 지금, 너에겐 정말 생명이 있느냐?"

제자는 지금 자신이 살아 있다고 생각한 반면, 스승은 넌 죽었다는 것이다. 제자는 인간이 죽은 후에 영생을 얻는 것으로 알고 있는데 반해, 스승은 지금 살아 있는 자가 죽어서도 영생을 누린다고 말했다. 참으로 새겨들을 가르침이다. 영생은 죽어서 얻는 것이 아니다. 육체의 생명을 지니고 있는 지금 자기 속에 영원한 생명을 지닌 자가 죽음 이후에도 그 영원한 생명을 누리는 것이다.

나비의 애벌레가 나비로 비상하기 위해서는 반드시 번데기 과정을 거쳐야만 한다. 아무것도 먹지 않고 고치 속에 가만히 갇혀 있는 것이다. 가령 여기에 열 개의 고치가 있다고 하자. 겉으로 보기에는 아무런 차이가 없는 다 똑같은 고치다. 때가 이르면 어느 고치로부터 허물 벗은 나비가 비상해 오르겠는가? 말할 것도 없이 그 속의 애벌레가 살아 있는 고치다. 겉으론 멀쩡해 보여도 속의 애벌레가 죽은 고치에서는 그 어떤 생명의 비상도 있을 수 없다. 인간의 영생도 마찬가지다. 육체 속에 영원한 생명을 지닌 자가 육체의 허물을 벗을 때 영원한 생명으로 비상하는 것이다.

그러므로 생명으로 알고 있던 것이 생명이 아니요, 죽음으로 여기던 것이 죽음이 아니다. 생명이 죽음이요, 죽음이 생명인 것이다. 지금 살았다고 육체의 소욕을 위해 자기 생명을 깎아 먹는 것은 사는 것이 아니요, 매 순간 자신을 죽이는 자살 행위에 지나지 않는다. 그러나 영원한 생명을 위해 자신을 깎아 먹는 자의 죽음은 죽음이 아니라 삶의 연속이요, 영원한 비상의 시작이다.

하나님께서는 사무엘 선지자를 통해 이렇게 말씀하신다.

나를 존중히 여기는 자를 내가 존중히 여기고 나를 멸시하는 자를 내가 경멸히 여기리라(삼상 2:30하)

천지를 창조하신 하나님께서 피조물에 지나지 않는 인간에게 하신 말씀이라고 하기에는 너무나도 편협해 보이는 내용이다. 속된 표현으로 치사해 보이기까지 한다. 그렇지 않은가? 소위 전능하신 창조주시란 분이 미물에 불과한 인간에게, 네가 날 존중하면 나도 널 존중해 줄 거야, 그러나 날 멸시하기만 해 봐라, 나도 널 경멸하고 말 거야, 하는 식으로 대한다면 하나님의 관용이나 사랑은 어디에서 찾을 수 있겠는가? 하나님이 그 정도로 속 좁은 분이라면, 하나님과 우리 사이에 대체 무슨 차이점이 있을 수 있단 말인가?

그러나 이 말씀은 흔히 오해하듯, 하나님과 인간 사이의 관계가 조건적임을 뜻하는 것이 아니다. 이 말씀의 진의는, 하나님으로부터 무조건적인 은혜를 입은 인간이 어떤 삶을 지향하느냐에 따라, 그 삶에 필연적으로 수반될 수밖에 없는 결과의 실체를 일깨워 주시려는 데 있다.

대체 하나님을 존중한다는 것은 구체적으로 무엇을 뜻하며, 또 하나님을 멸시한다는 것은 한마디로 어떤 행위인가? 이것은 인간 관계를 생각해 보면 곧 알 수 있다. 우리가 누군가를 존중한다면 그 존중은 궁극적으로 그의 말에 대한 존중이다. 한 인간의 존재와 그의 말은 불가분의 관계다. 한 인간의 말을 존중한다는 것은 그의 전 존재를 존중하는 것이다. 그러나 겉으로는 아무리 예의를 갖추어도 속으로 상대의 말을 비웃고 있다면, 그것은 실은 상대의 존재 자체를 멸시하고 있음을 의미한다.

하나님께서는 인간과는 달리 영이시요 말씀이시다. 하나님께서는 말씀으로 계시고, 말씀이 곧 하나님이시다. 그러므로 우리에게 말씀으로 먼저 임하신 하나님을, 하나님의 말씀을 존중치 않고 따로 존중하는 길이란 있을 수 없다. 같은 이치로 하나님을 경멸한다 함은 하나님의 말씀을 경멸하는 것이다. 성경은 "태초에 하나님이 천지를 창조하시니라"란 창세기 1장 1절의 말씀으로 시작되고 있다. 만약 누군가가 이 말씀 앞에서, 웃기네 하나님이 있긴 어디 있어 하고 비웃는다면, 그는 그 말씀뿐만 아니라 그 말씀을 하신 하나님을 경멸하고 있는 것이다.

여기에서 하나님을 믿는 우리에게 필요한 것은 종교심이 아닌 바른 신앙심임을 알게 된다. 종교심은 인간의 특정 행동이나 의식을 통해서만 하나님과의 관계가 지속될 수 있다고 여기는 마음이다. 종교심이 깊어지면 깊어질수록 하나님의 말씀을 존중하는 삶과는 동떨어진 형식주의자, 겉과 속이 다른 외식주의자가 되는 이유가 여기에 있다. 바른 신앙심이란 예수 그리스도 안에서 당신을 계시하신 하나님의 말씀, 구원의 말씀의 은총이 이미 자신에게 임하셨음을 믿고 감사드리며, 자신의 삶으로 그 말씀을 좇고 존중하는 마음이다. 그러므로 말씀에 대한 신앙심 속에서만 말씀이신 하나님과 인격적인 관계가 형성되고, 유지되며, 심화된다.

이제 우리는, "나를 존중히 여기는 자를 내가 존중히 여기고 나를 멸시하는 자를 내가 경멸히 여기리라"는 하나님 말씀의 참 의미를 파악할 수 있다. 하나님의 말씀을 존중하는 것은 결과적으로 하나님 안에서 자기 자신을 존중하는 것이다. 하나님의 말씀을 존중한다 함은 영원을 위해 자신을 깎아 먹는 것인즉 깎아 먹을수록 그의 속에는 영원한 생명이 차고 넘칠 것이기 때문이다. 순식간에 말라비틀어져 흙으로 으스러져 버릴 풀잎에 지나지 않는 인생이 영원한 생명에 접속되어, 그 생명을 살아서는 물론이요 죽어서도 영원토록 누리는 것보다 더 자신을 존중하는 일이 어디에 있겠는가? 그 반면 하나님의 말씀을 멸시하는 것은 자기 자신을 경멸히 여기는 어리석기 짝이 없는 짓이다. 허망한 자기 욕망을 위해 천하와도 바꿀 수 없는 자기 생명을 깎아 먹다가, 어느 날 불현듯 공동묘지의 한 줌 흙으로 사라져 버리는 것보다 더 모멸적인 자기 경멸이 어디에 있겠는가?

그대들이 크리스천으로 이 세상을 살아가면서 하나님의 말씀을 존중하기 위해 그대들의 생명을 깎아 먹을 수도 있고, 인간적 야망과 명예를 위해 깎아 먹을 수도 있다. 후자의 삶이 훨씬 화려해 보이기에, 역사적으로 많은 사람들이 그 길을 선택했다. 그러나 그 길의 종점이 자기 경멸임을 직시치 않는다면, 그대들이 열심을 다해 살수록 그것은 자신을 더욱 경멸하는 자해 행위가 될 뿐이다.

두 부류의 인간

나를 존중히 여기는 자를 내가 존중히 여기고 나를 멸시하는 자
를 내가 경멸히 여기리라

다윗의 일생을 소개하고 있는 사무엘서는 철저하게 이 말씀의
관점에서 기록되어 있다. 성경을 숙독해 보면 성경 전체가 이 말씀
의 토대 위에서 이루어져 있다고 해도 과언이 아니지만, 특별히 사
무엘서에서는 이 말씀이 더욱 두드러져 보인다. 먼저 사무엘상은
하나님의 말씀을 존중함으로 하나님 안에서 자기 존중을 이룬 자
들과, 하나님의 말씀을 멸시함으로 결과적으로 자기 경멸로 인생
이 끝나 버린 두 부류의 인간을 세 그룹으로 나누어 차례대로 대비
하여 보여 주고 있다.

엘가나와 엘리

사무엘상 1장 1절은 첫 번째 그룹의 첫 인물인 엘가나를 언급하는 것으로 시작되고 있다. 그러나 엘가나 본인보다는 그의 아내인 한나가 더 잘 알려져 있다. 본처인 한나에겐 자식이 없는데 반해, 엘가나의 첩 브닌나에겐 자식들이 있었다. 그 상황 자체도 서러운 판에 첩 브닌나는 한나의 잉태치 못함을 조롱하기까지 하였다. 그로 인해 번민에 시달리던 한나는 실로에 있는 성소를 찾아 하나님께 기도드렸다.

> 여호와여 만일 주의 여종의 고통을 돌아보시고 나를 생각하시고 주의 여종을 잊지 아니하사 아들을 주시면 내가 그의 평생에 그를 여호와께 드리고 삭도를 그 머리에 대지 않겠나이다(삼상 1:11)

자식을 낳지 못해 첩의 조롱거리가 된 한나의 기도가 얼마나 애절했을는지는 충분히 짐작할 수 있다. 그리고 자식을 주시기만 하면 그의 평생을 하나님께 바치겠다고 서원하는 한나의 심정 또한 십분 이해하고도 남는다. 하나님께서는 한나의 기도에 응답, 한나가 원하던 아들을 주셨다. 한나는 아이의 이름을 사무엘이라 지었다. '하나님께서 들으신 바 됨'이란 뜻으로, 하나님께서 주신 아들이란 한나의 신앙고백이었다. 아들을 품은 한나의 감격은 이루 형언할 수조차 없었을 것이다.

인간이란 다급하면 하나님을 향하여 '단심가'(丹心歌)를 열창하게 마련이다.

　　이 몸이 죽고 죽어 일백 번 고쳐 죽어
　　백골이 진토 되어 넋이라도 있고 없고
　　임 향한 일편단심이야 가실 줄이 있으랴

　다급한 인간은 하나님 앞에서 저마다 정몽주가 되고, 하나님을 향한 충절의 맹세는 시간이 흐를수록 더욱 견고해진다. 문제는 하나님의 응답이 주어져 위급한 상황이 가시고 숨통이 트였을 때다. 어느 순간부턴가 '단심가'는 슬며시 '하여가'(何如歌)로 바뀐다.

　　이런들 어떠하리 저런들 어떠하리
　　만수산 칡넝쿨이 얽혀진들 어떠하리
　　우리도 이같이 얽혀져서 백 년까지 누리리라

　어느덧 정몽주의 애절한 심정은 사라지고 다시 세상과 자신의 욕망을 좇는 이방원이 되어 버리고 만다. 구약성경 사사기의 주제가 바로 이것이다. 상황에 따라 '단심가'와 '하여가'를 번갈아 부르는 표리부동한 인간의 실체를 보여 주는 거울이 사사기다.
　그렇다면 아들을 이미 얻어 품에 품고 있는 한나는 이제 '하여가'를 부를 차례다. 남편의 본처로서 배부른 상황이 되었기 때문이다. 그러나 한나는 사무엘이 젖을 떼자―당시 유대인 아이들은 세 살이 되어서야 젖을 떼었다―자신이 하나님께 약속드렸던 것처럼 정말 사무엘을 하나님께 바쳤다. 아이가 세 살이면 눈에 넣어도 아프지 않을 때다. 의사소통까지 가능하게 된 아이는 천하에 무엇과도 바꿀 수 없다. 아이를 낳기 전에는 생각 없이 아이를 바치겠노라 '단심가'를 불렀지만, 아이를 품고 있는 지금은 자신의 서원을 번복할 합리적인 명분을 찾아 얼마든지 '하여가'를 부를 수도 있었다. 남이 다 그렇게 하는 것처럼 말이다.

그러나 한나는 하나님께 자신의 약속을 지켰다. 아들의 한순간이 아니라 자신이 서약했던 대로 아들의 평생을, 단지 말로써만이 아니라 실제 행동으로 성소에 바쳤다.

> 이 아이를 위하여 내가 기도하였더니 여호와께서 나의 구하여 기도한 바를 허락하신지라 그러므로 나도 그를 여호와께 드리되 그의 평생을 여호와께 드리나이다(삼상 1:27-28)

이처럼 한나의 '단심가'는 상황이 바뀌었음에도 '하여가'로 변절됨이 없이 계속 '단심가'로 이어졌다. 그녀는 만인의 우러름을 받아 마땅한 참된 신앙인이었다.

그러나 좀더 깊이 생각해 보면, 한나보다 그녀의 남편 엘가나가 더 위대한 신앙인임을 알게 된다. 당시는 철저한 가부장 사회였다. 남편이 곧 하나님이었다. 남편의 허락 없이 아내가 자식과 관련된 일을 독단적으로 결정한다는 것은 있을 수 없었다. 아들을 주시면 아들의 평생을 하나님께 드리겠다는 약속은 아내가 하나님께 일방적으로 드린 서원이었다. 아들을 얻은 남편이 아내의 그 서원을 무시해 버리면 그만이었다. 민수기 30장에는 아내가 홀로 한 서약을 무효화할 수 있는 남편의 권리가 명문화되어 있어, 한나의 독단적인 서약을 엘가나가 존중해야 할 이유는 없었다. 그럼에도 한나가 자신의 서약을 좇아 어린 아들을 하나님께 바쳤다는 것은, 남편이 아내의 일방적인 서약에 기꺼이 동의하였음을 의미한다. 하나님을 진정으로 존중하는 자가 아니라면 불가능한 일이었다.

상대의 말을 존중하는 자만 상대에 대한 자신의 말에 책임을 진다. 상대의 말을 멸시하는 자는 그에게 책임 있는 말을 아예 하지도 않는다. 하나님의 말씀을 존중하는 자만 하나님에 대한 자기 약속에 투철한 법이다. 하나님의 말씀을 존중하는 자는 이미 하나님과 인격적인 관계를 깊이 맺고 있는 까닭이다. 이런 의미에서 엘가나와 한나는 온 중심을 다해 하나님의 말씀을 존중하는 부부였다. 하나님의 말씀에 대한 존중이 하나님을 향한 자기 약속의 실천, 자신이 행하지도 않은 아내의 일방적인 서원의 수용으로 나타난 것이다.

그 결과 그들은 3,000여 년이 지난 지금까지 믿음의 부모의 표상으로 존중받고 있다. 하나님 말씀의 존중이 하나님 안에서 자기 존중으로 귀결된 것이다.

첫 번째 그룹에서 엘가나 부부와 대비되는 인물은 엘리 제사장이다. 그는 한나가 실로의 성소에서 아들 얻기를 하나님께 간구할 때 성소의 대제사장이요 사사였다. 말하자면 그는 당시 제1의 신앙 지도자로서, 누구보다도 하나님의 말씀을 존중해야 할 자였다. 하지만 그는 오히려 그 반대였다.

엘리의 아들들은 불량자라 여호와를 알지 아니하더라(삼상 2:12)

엘리 제사장에겐 두 명의 아들이 있었다. 우리가 이미 알고 있는 바와 같이 홉니와 비느하스였다. 그들은 대제사장의 아들이면서도 하나님을 경외치 않는 불량자들이었다. 대제사장의 아들이라고 반드시 신앙의 모범이 되는 것은 아니다. 문제는 홉니와 비느하스가 불량자라는 것이 아니라, 그 불량자들을 아버지인 엘리가 제사장으로 삼았다는 데 있었다(삼상 2:13). 하나님께서는 제사장과 관련하여 다음과 같이 말씀하셨다.

제사장은 백성의 어른인즉 스스로 더럽혀 욕되게 하지 말지니라 제사장들은 머리털을 깎아 대머리 같게 하지 말며 그 수염 양편을 깎지 말며 살을 베지 말고 그 하나님께 대하여 거룩하고 그 하나님의 이름을 욕되게 하지 말 것이며 그들은 여호와의 화제 곧 그 하나님의 식물을 드리는 자인즉 거룩할 것이라(레 21:4-6)
너는 그를 거룩하게 하라 그는 네 하나님의 식물을 드림이니라 너는 그를 거룩히 여기라 나 여호와 너희를 거룩하게 하는 자는 거룩함이니라(레 21:8)

제사장이 지녀야 할 첫째 덕목은 거룩이었다. 거룩이란 '구별'이다. 중심은 물론이요 언행과 외모에 이르기까지 자신을 스스로 '구별'치 않고서는 거룩하신 하나님을 섬기는 제사장 직무를 감당할 수 없었다. 그럼에도 엘리는 불량자인 자신의 두 아들을 제사장으로 삼았다. 하나님의 말씀을 멸시하는 자가 아니고서는 언감생심 상상도 못 할 일이었다.

누가 진정 하나님의 말씀을 존중하는 자인가? 가장 결정적인 순간에, 자신에게 가장 중요한 것과의 관계에서 하나님의 말씀을 좇는 자다. 아비에게 자신의 피를 이어받은 아들보다 더 중요한 관계가, 그리고 아들의 일을 처리할 때보다 더 결정적인 순간이 어디에 있겠는가? 그 결정적이고도 중요한 순간, 엘가나는 하나님의 말씀을 존중했고 엘리는 멸시하였다. 그것은 엘리의 삶이 총체적으로 하나님을 멸시하고 있음을 의미했다.

결국 그는 3장에서 살펴본 것처럼, 블레셋과의 전쟁에서 두 아들이 법궤를 빼앗긴 충격으로 인해 의자에서 넘어져 목이 부러져 죽고 말았다. 엘리는 하나님의 말씀을 멸시함으로써 하나님 안에서 자기 인생을 경멸한 자였다.

홉니 형제와 사무엘

사무엘상에 나타난 두 번째 그룹의 등장인물은 홉니와 비느하스 형제다.

불량자였던 홉니와 비느하스가 대제사장인 아버지 엘리에 의해 제사장으로 임명되었다. 대표적인 정실 인사였다. 그러나 동기가 여하했든 간에, 일단 제사장이 되었으면 그들은 마음을 추스르고 하나님의 말씀을 존중해야만 했다. 하나님의 말씀을 떠나서는 제사장으로 존립할 자격조차 있을 수 없었다. 그러나 불량자인 그들에게 하나님의 말씀은 안중에도 없었다.

엘리의 아들들은 행실이 나빴다. 그들은 주님을 무시하였다. 제사장이 백성에게 지켜야 하는 규정이 있었는데, 그들은 그것도 무시하였다. 누군가가 제사를 드리고 그 고기를 삶고 있으면, 그 제사장의 종이 살이 세 개 달린 갈고리를 들고 와서, 냄비나 솥이나 큰 솥이나 가마솥에 갈고리를 찔러 넣어서, 그 갈고리에 걸려 나오는 것은 무엇이든지 제사장의 몫으로 가져갔다. 실로에 와서 주께 제물을 바치는 이스라엘 사람이 모두 이런 일을 당하였다. 그뿐 아니라, 사람들이 아직 기름을 떼 내어 태우지도 않았는데, 제사장의 종이 와서, 제물을 바치는 사람에게 "제사장님께 구워 드릴 살코기를 내놓으시오. 그분이 원하는 것은 삶은 고기가 아니라 날고기요!" 하고 말하곤 하였다. 제물을 바치는 사람이 그 종에게 "먼저 기름을 태우도록 되어 있으니, 그렇게 하고 난 다음에, 원하는 것을 가져가시오!" 하고 말하면, 그는 "아니오. 당장 내놓으시오. 그렇지 않으면 강제로라도 가져가겠소!" 하고 대답하였다. 엘리의 아들들은, 주께서 보시는 앞에서 이렇듯 심하게 큰 죄를 저질렀다. 그들은 주께 바치는 제물을 이처럼 함부로 대하였다.(삼상 2:12–17 표준새번역)

이처럼 그들은 하나님의 말씀을 짓밟고 하나님께 바친 제물을 사사로이 탈취하는가 하면, 성소에서 수종 드는 여인들과 불륜을 저지르기까지 했다. 더욱이 블레셋과의 전투에서는 하나님의 언약궤를 지켜야 할 그들이 도리어 언약궤를 부적으로 이용하려는 자들에게 부화뇌동하였다. 그들은 제사장직을 자기 욕망 충족을 위한 도구로 여겼을 뿐이다. 마침내 그들은 블레셋에게 언약궤를 빼앗기던 그날, 그 현장에서 즉사하고 말았다.

하나님의 말씀을 마구 멸시했던 그들의 삶 역시 하나님 안에서 자기 경멸로 마감되고 말았다.

두 번째 그룹에서 홉니, 비느하스와 대비되는 인물은 엘가나의 아들 사무엘이다. 그의 일생이 얼마나 하나님의 말씀을 존중하는 삶이었는지는 그의 말 속에 잘 나타나 있다.

> 여호와께서 번제와 다른 제사를 그 목소리 순종하는 것을 좋아 하심같이 좋아하시겠나이까 순종이 제사보다 낫고 듣는 것이 수양의 기름보다 나으니(삼상 15:22)

사무엘은 하나님이 어떤 분이신지 정확하게 알고 있었다. 그가 아는 하나님은 인간에 의해 드려지는 그 어떤 제사보다도 당신의 목소리를 듣고 순종하는 것, 즉 당신의 말씀을 존중하는 것을 원하 시는 분이었다. 하나님의 말씀을 존중치 않고 하나님을 존중하는 길이 달리 있을 수 없음을 사무엘은 바르게 인식하고, 행하는 자였 다. 그와 같은 사무엘의 삶이 백성들의 본이 됨은 당연한 이치였 다.

> 보라 나는 늙어 머리가 희었고 내 아들들도 너희와 함께 있느니 라 내가 어려서부터 오늘날까지 너희 앞에 출입하였거니와 내 가 여기 있나니 여호와 앞과 그 기름 부음을 받은 자 앞에서 내 게 대하여 증거하라 내가 뉘 소를 취하였느냐 뉘 나귀를 취하였 느냐 누구를 속였느냐 누구를 압제하였느냐 내 눈을 흐리게 하

는 뇌물을 뉘 손에서 취하였느냐 그리하였으면 내가 그것을 너
희에게 갚으리라 그들이 가로되 당신이 우리를 속이지 아니하
였고 압제하지 아니하였고 뉘 손에서 아무것도 취한 것이 없나
이다(삼상 12:2하-4)

평생을 다 살고서도 사무엘은 하나님과 사람 앞에서 부끄러움이
없었다. 그보다 더 행복한 인간, 더 아름다운 인생이 어디에 있겠
는가? 그것은 물론 일생토록 하나님의 말씀을 존중한 결과였다.
　하나님 말씀 존중이 자기 존중임은 사무엘의 삶에서도 예외가
아니었다.

사울과 다윗

　사무엘상에 소개된 마지막 그룹의 등장인물은 사울이다.
　한 민족의 첫 번째 왕이 되는 것은 특별한 은총이다. 어느 민족
이든 역사상 많은 왕들이 있게 마련이지만, 그러나 민족 역사에 처
음으로 등장하는 초대 왕은 오직 한 명뿐일 수밖에 없다. 사울은
그 특별한 은총을 입은 인물이었다. 이집트의 노예살이에서 해방
되어 가나안 땅에 정착한 이스라엘 백성들은 약 350년에 걸친 사
사시대를 거친 뒤, 그들 스스로 왕정 체제를 수립하기 원했다. 왕
들이 통치하는 주변 국가들의 위협에 맞서기 위해서는 그들에게도
강력한 통솔력을 지닌 왕이 필요하다고 판단한 것이다. 그들은 하
나님 앞에서 제비를 뽑아 이스라엘 역사상 최초의 왕을 선출하였
는데, 그렇게 선택된 자가 바로 청년 사울이었다.

성경은 사울을 이렇게 소개하고 있다.

> 기스가 아들이 있으니 그 이름은 사울이요 준수한 소년이라 이
> 스라엘 자손 중에 그보다 더 준수한 자가 없고 키는 모든 백성
> 보다 어깨 위는 더 하더라(삼상 9:2)

우리말 '소년'으로 번역된 히브리어 '바후르'는 '청년'이란 말이
다. 당시 사울은 이스라엘에서 가장 준수한 청년일 뿐만 아니라 우
람한 체격 또한 타의 추종을 불허하였다. 그러나 그의 외모만 출중
했던 것은 아니다.

> 사무엘이 이에 이스라엘 모든 지파를 가까이 오게 하였더니 베
> 냐민 지파가 뽑혔고 베냐민 지파를 그 가족대로 가까이 오게 하
> 였더니 마드리의 가족이 뽑혔고 그 중에서 기스의 아들 사울이
> 뽑혔으나 그를 찾아도 만나지 못한지라 그러므로 그들이 또 여
> 호와께 묻되 그 사람이 여기 왔나이까 여호와께서 대답하시되
> 그가 행구 사이에 숨었느니라 그들이 달려가서 거기서 데려오
> 매 그가 백성 중에 서니 다른 사람보다 어깨 위나 더 크더라 사
> 무엘이 모든 백성에게 이르되 너희는 여호와의 택하신 자를 보
> 느냐 모든 백성 중에 짝할 이가 없느니라 하니 모든 백성이 왕
> 의 만세를 외쳐 부르니라(삼상 10:20-24)

사울은 자신이 왕으로 뽑히자 곧 그 자리를 떠나 숨어 버렸다.
자신에겐 이스라엘의 초대 왕이 될 만한 자격이 없다는 판단에서

였다. 얼마나 꼭꼭 숨었던지 하나님께서 그를 찾는 자들에게 그가 숨은 장소를 일러 주셔야만 했다. 사울은 그 정도로 겸손함도 갖추고 있었다. 출중한 외모에 겸손한 중심, 왕으로서 그보다 더 좋은 조건은 없었다. 이스라엘 백성들은 하나님에 의해 선택된 그들의 초대 왕을 만세를 부르며 환영하였다.

그러나 사울은 왕좌에 앉아 권력의 맛을 보기 무섭게 돌변하고 말았다. 권력이라는 절대적 도구를 지닌 사울에게 하나님의 말씀이란 거추장스런 장애물에 지나지 않았다. 그는 하나님의 말씀을 마구 멸시했고, 마침내는 사무엘로부터 최후통첩을 받기에 이르렀다.

왕이 여호와의 말씀을 버렸으므로 여호와께서도 왕을 버려 왕이 되지 못하게 하셨나이다(삼상 15:23하)

그러나 이 무서운 경고를 받고서도 사울의 삶은 달라지지 않았다. 하나님의 말씀을 멸시하는 그의 삶엔 아무런 변화가 없었다. 하나님의 말씀보다 자신의 손 안에 든 권력을 더 신봉한 까닭이다. 그리고 그의 최후는 너무나도 비참했다.

블레셋 사람이 이스라엘을 치매 이스라엘 사람들이 블레셋 사람 앞에서 도망하여 길보아 산에서 엎드러져 죽으니라 블레셋 사람들이 사울과 그 아들들을 쫓아 미쳐서 사울의 아들 요나단과 아비나답과 말기수아를 죽이니라 사울이 패전하매 활 쏘는 자가 따라 미치니 사울이 그 활 쏘는 자를 인하여 중상한지라

그가 병기 든 자에게 이르되 네 칼을 빼어 나를 찌르라 할례 없
는 자들이 와서 나를 찌르고 모욕할까 두려워하노라 하나 병기
든 자가 심히 두려워하여 즐겨 행치 아니하는지라 이에 사울이
자기 칼을 취하고 그 위에 엎드러지매 병기 든 자가 사울의 죽
음을 보고 자기도 자기 칼 위에 엎드러져 그와 함께 죽으니라
사울과 그 세 아들과 병기 든 자와 그의 모든 사람이 다 그날에
함께 죽었더라(삼상 31:1-6)

사울은 블레셋과의 전투에서 스스로 자결하는 것으로 자신의 생
애를 마감하였다. 패장이 되어 스스로 목숨을 끊지 않을 수 없었을
때 사울의 심정이 어떠하였을까? 그만 죽은 것이 아니었다. 그의
사랑하는 세 아들도 죽었고, 그가 그토록 믿었던 그의 군대도 전멸
하고 말았다. 그러나 그게 다가 아니었다. 자살한 사울의 시체는
블레셋군에게 발견되어 목이 잘린 뒤 성벽에 못 박혀 효시되는 수
모를 당하기까지 했다.

하나님의 말씀을 멸시한 사울의 자기 경멸의 결과는 그토록 끔
찍하였다.

사무엘상의 마지막 그룹에서 사울 왕과 대비되는 인물은 다윗이
다. 우리는 앞에서 다윗이 여태껏 얼마나 하나님의 말씀을 존중하
는 자였는지 그의 삶을 추적해 보았다. 증조모 룻의 신앙을 이어받
은 다윗의 삶은 하나님 안에서 자립과 공생의 균형 잡힌 교직이었
다. 그는 하나님의 말씀을 존중하는 삶을 살기 위해 '베레스 웃사'
를 선행하는 자였다. 하나님의 말씀을 온전히 지킴으로 하나님의

말씀에 의해 날로 새롭게 빚어져 갔다.

그 결과 그는 초대 왕 사울의 혈통이 아니었음에도 이스라엘 역사의 지평을 새롭게 연 두 번째 왕이 되었으며, 하나님께서는 그의 족보를 이 땅에 임하신 예수 그리스도의 족보로 이용하셨다.

다윗의 하나님 말씀 존중의 삶은 이처럼 영원한 자기 존중으로 승화되었다.

이상에서 살펴본 것처럼, 하나님께서는 사무엘상을 통하여 두 부류의 인간을 확연하게 구분하여 보여 주고 계신다. 이것은 지난 역사일 뿐만 아니라 오늘날의 현실이기도 하다. 언제 어느 곳의 인간이든, 인간은 항상 두 부류 중 한 부류에 속한 자다. 하나님의 말씀을 존중함으로 하나님 안에서 자신을 존중하는 자든지, 아니면 말씀을 멸시함으로 자신을 경멸하는 자다.

그렇다면 그대는 과연 어느 쪽인가?

한 인간의 두 삶

사무엘상이 두 부류의 인간을 대비하여 소개하는 것과는 달리 사무엘하는 한 인간의 일생 속에서 두 개의 상반된 삶이 무슨 이유로 어떻게 교차하며, 또 그 결과가 어떠한지를 보여 줌으로써 우리 각자의 삶을 성찰케 한다. 그 성찰의 거울로 등장한 자는 놀랍게도 다윗이다.

다윗의 자기 존중

사무엘상에서 그는 분명 하나님의 말씀을 존중히 여기는 그룹에 포함되어, 하나님의 말씀을 멸시하던 사울 왕과 대비되는 인물로 등장했다. 사무엘하에 들어와서도 사무엘하 10장에 이르기까지는 하나님의 말씀을 존중하는 다윗의 삶엔 바늘구멍만큼의 변함도 없었다.

다윗이 삼십 세에 위에 나아가서 사십 년을 다스렸으되 헤브론
에서 칠 년 육 개월 동안 유다를 다스렸고 예루살렘에서 삼십삼
년 동안 온 이스라엘과 유다를 다스렸더라(삼하 5:4-5)

이미 언급한 바와 같이 다윗은 초대 왕 사울의 피를 전혀 이어받
지 않았음에도 그를 이어 왕위에 올랐다. 하나님께서 하신 일이었
다. 다윗의 왕권은 처음에는 자신이 속해 있던 유다 족속에게만 국
한되어 있었다. 그래도 왕은 왕이었다. 그러나 다윗은, 왕위에 오
른 뒤 돌변한 사울과 같지 않았다. 그는 왕이 되어서도 무려 7년 6
개월 동안 헤브론에서 왕의 직무를 수행했다. '헤브론'이란 '교제
의 자리'란 뜻이다. 그는 왕이 되어서도 하나님의 말씀과 교제하는
신앙의 자리를 떠나지 않았다. 하나님께서는 그 같은 다윗을 예루
살렘으로 옮기시고 이스라엘 모든 지파의 왕이 되게 하셨다. '예루
살렘'의 뜻은 '평화의 터'다. 즉 하나님께서는 당신의 말씀을 존중
하는 다윗을 명실상부한 이스라엘 왕으로 삼으셨을 뿐만 아니라,
다윗을 통해 이스라엘을 평화의 터 위에 올려놓으셨다.
그뿐만이 아니다.

만군의 하나님 여호와께서 함께 계시니 다윗이 점점 강성하여
가니라(삼하 5:10)
다메섹 아람에 수비대를 두매 아람 사람이 다윗의 종이 되어 조
공을 바치니라 다윗이 어디를 가든지 여호와께서 이기게 하시
니라(삼하 8:6)
다윗이 에돔에 수비대를 두되 온 에돔에 수비대를 두니 에돔 사

람이 다 다윗의 종이 되니라 다윗이 어디를 가든지 여호와께서
이기게 하셨더라(삼하 8:14)

날이 갈수록 다윗은 점점 더 강해졌을 뿐 아니라, 동서남북 어디
로 가든 그의 군대는 백전백승이었다. 다윗의 능력이 출중해서가
아니라, 하나님께서 당신의 말씀을 존중하는 다윗과 함께하신 까
닭이었다. 하나님의 말씀을 존중하는 다윗의 삶은 이처럼 하나님
안에서 자기 존중으로 이어졌고, 하나님의 말씀에 의해 존중되는
다윗의 삶은 아름답고 향기롭기 그지없었다.

다윗의 자기 경멸

하나님 말씀의 존중을 통한 다윗의 자기 존중의 삶은 사무엘하
11장에 이르면 급전직하(急轉直下), 그는 짐승보다 못한 경멸스러운
인간으로 전락해 버리고 만다.

어느 날 밤 다윗은 왕의 권세를 이용하여 유부녀를 자신의 궁으
로 데려다 통정하였다. 통정의 상대였던 밧세바는 다윗의 충복인
우리아의 아내였고, 당시 우리아는 랍바에서 요압 장군의 지휘하
에 암몬과 전투 중이었다. 단 한 번에 걸친 통정은 밧세바의 임신
으로 이어졌다. 그 사실을 안 다윗은 잉태된 아이가 밧세바의 남편
우리아의 아이인 것처럼 공작을 시도했지만 우리아의 우직한 충성
심으로 인해 실패하자, 다윗은 아예 우리아를 간접 살해해 버리고
말았다.

다윗이 어떤 사람이었던가? 집요하게 자신을 죽이려는 사울 왕

을 단칼에 벨 수 있는 절호의 기회가 두 번이나 있었음에도, 단지 하나님의 계명을 존중키 위해 그를 살려 줄 정도로 투철한 말씀의 사람이었다. 하나님의 말씀을 위해 자신을 '베레스 웃사' 하기를 서슴지 않던 자였다. 그런데 지금의 다윗은 충신의 아내를 충신의 아내인 줄 알면서도 범하고, 그 충신을 죽이기까지 하면서 하나님의 계명을 마구 멸시하고 있다. 어떻게 위대한 신앙인이었던 다윗의 생애에 이런 일이 가능할 수 있단 말인가?

그 까닭을 규명하기 위해, 다윗의 자기 경멸이 시작된 사무엘하 11장을 1절부터 자세히 들여다보자.

해가 돌아와서 왕들의 출전할 때가 되매(1절 상)

그때의 시점은 새해가 막 시작되었을 때다. 유대력으로 새해 첫 달인 아빕 월은 지금의 태양력으로 3-4월, 그러니까 계절적으로 봄이다. 팔레스타인의 겨울은 1년 중 우기인지라 전투를 벌이거나 계속하기에는 부적합한 시기다. 따라서 팔레스타인에서는 나라 간에 전쟁을 치르다가도 우기에 접어들면 소강상태를 유지, 이듬해 봄이 되면 전투를 재개하곤 했다. 이때 새해 새봄 첫 출병 때에 왕이 함께 출전하여 전장의 병사들을 격려하는 관습이 있었다. 나라를 위해, 아니 왕을 위해 목숨을 걸고 싸우는 병사를 왕이 직접 찾아가 위로하고 격려하는 것은 왕의 중요한 책무였다. 따라서 다윗역시 병사들과 함께 전장에 있어야만 할 때였다.

다윗이 요압과 그 신복과 온 이스라엘 군대를 보내니 저희가 암

몬 자손을 멸하고 랍바를 에워쌌고 다윗은 예루살렘에 그대로
있으니라(1절 하)

전장에 있어야 할 다윗은 엉뚱하게도 예루살렘의 궁에 그대로
머물러 있었다. 휘하의 군대만 전장에 투입한 채 자기 왕국을 위해
싸우는 군대 격려의 의무를 저버리고 말았다.

이때는 다윗의 일생 중 최절정기였다. 왕국은 강성했고, 군대는
막강하기 그지없었으며, 모든 전쟁은 백전백승이었다. 팔레스타인
천지에서 감히 다윗에게 맞설 자나 나라는 없었다. 그 인생 최고봉
에서 다윗은 하나님께서 왜 자신을 왕으로 세우셨는지, 도대체 전
쟁을 재개하는 나라의 왕이 최우선으로 감당해야 할 책무가 무엇
인지를 망각하였다. 전장에서 왕의 소임을 다하기보다는 왕궁의
안락함을 더 선호한 것이다.

그것이 시작이었다. 인생 정점에서 다윗이 취한 자기중심적인
이기적 행위, 자기 안일을 위한 자기 의무의 망각은 그 자체로 종
결되지 않았다. 그것은 간음에 살인을 저지르기까지 하나님의 말
씀을 마구 짓밟는 무서운 자기 경멸의 첫걸음이었다.

아담과 하와가 범죄한 곳은 악이 창궐하는 세상이 아니었다. 가
난과 질병의 질곡도 아니었다. 그들이 죄를 범한 곳은 바로 에덴동
산이었다. 부족함이라곤 아무것도 없는, 모든 것이 차고 넘치는 지
상의 낙원 속에서, 선악과를 먹지 말라는 하나님의 말씀을 멸시하
고 말았다.

'에덴'(עֵדֶן)은 '우아한 기쁨'이란 뜻이다. 기쁨이란 C. S. 루이
스의 지적처럼, 인간 마음속의 현상일 뿐이므로 기쁨 그 자체에는

아무 가치가 없다. 기쁨의 참된 가치는 기쁨이 갈망하는 대상에 기인한다. 두 사람이 다 같이 기뻐하고 있다고 치자. 겉으로는 똑같아 보인다. 그러나 한 사람의 기쁨은 도박에서 돈을 땄기 때문이고 나머지 사람은 진리의 터득으로 기뻐한다면, 그들의 갈망의 대상인 도박과 진리에 의해 두 사람이 지금 누리고 있는 기쁨의 가치가 결정된다.

'에덴', 즉 '우아한 기쁨'이란 하나님을 갈망의 대상으로 삼을 때에만 주어지는 기쁨이란 의미에서 세상의 모든 기쁨과 구별된다. 다시 말해 하나님과의 바른 관계 속에서 하나님께로부터 주어진 삶의 몫을 다할 때 하나님으로 인해 주어지는 영적 기쁨이요, 내적 즐거움이다.

그런데 에덴의 동사형인 '아단'(עֲדַן)이 재귀동사가 되면 그 뜻이 완전히 바뀌어 버린다. 재귀동사란 행동의 결과가 자신에게 되돌아오는 동작을 의미한다. 이를테면 자신만을 위해 행동하는 것이다. 에덴의 재귀동사 '아단'의 경우 그 사전적 의미는 '주색에 빠지다'이다. '우아한 기쁨'이 '주색의 탐닉', 곧 영적 패륜으로 돌변해 버리는 것이다. 얼마나 정확한 지적인가? 하나님과의 바른 관계 속에서 하나님께로부터 주어진 삶의 몫을 다해야 할 인간이 자신을 더 중시하여 자기중심적으로 살려 하면, 그는 반드시 자기 육체의 욕망을 탐닉하는 영적 패륜아로 전락하고 만다.

아담과 하와가 바로 그 첫 번째 예였다. 그들은 모든 것이 풍성하기만 한 에덴에서 '아단'에 빠지고 말았다. 하나님께서 금하시는 열매를 먹기만 하면 하나님처럼 될 것이란 사탄의 유혹에, 스스로 하나님이 되려는 '아단'에 침몰, 하나님의 말씀을 멸시한 채 욕망을 좇아 선악과를 범하고 말았다. 그 대가로 그들에게 돌아간 것은 과연 무엇이었는가? 실낙원, 에덴동산의 상실이었다. 에덴에서 '아단'에 빠져 하나님의 말씀을 멸시한 그들에게 주어진 것은 하나님의 나라를 스스로 차 버리는 자기 경멸 외엔 아무것도 없었다.

다윗의 상황 또한 동일했다. 하나님께서 다윗에게 허락하신 왕국이 그에겐 에덴이었다. 부족함이라곤 전혀 없었다. 그 무엇도 아쉬울 것이 없었다. 그의 명령 한마디에 되지 않는 일이 없었고, 백전백승을 구가하는 그의 군대는 천하무적이었다. 무엇보다도 그가 어디로 가든 항상 하나님께서 그와 함께해 주셨다. 사울 왕처럼 하나님과 담을 쌓은 자라면 모르되, 하나님께서 언제 어디서나 함께해 주신다면 다윗의 왕국이야말로 에덴임에 틀림없지 않은가?

그러나 다윗은 그 에덴에서 '아단'에 빠지고 말았다. 하나님보다 하나님께서 주신 것들을, 하나님보다 왕궁의 왕좌에 앉아 있는 자기 자신을 더 크고 귀하게 여긴 것이다.

베들레헴의 들판에서 어린 나이에 아버지의 양을 지킬 때, 사울 왕의 칼날을 피해 정처 없이 도망 다닐 때, 광야에 피신한 자신을 찾아온 억울한 사람들과 자기 생을 나눌 때, 그때 다윗이 '아단'에 빠진 것이 결코 아니다. 그때 다윗의 영혼은 밤하늘의 별처럼 빛나고 있었다. 아담과 하와도, 다윗도 그들 인생의 최정점에서, 모두가 부러워할 에덴에서 어처구니없게도 '아단'으로 전락하고 말았다. 인생의 최절정기에 허망한 욕망을 위해 자기 생명을 깎아 먹는 어리석음을 범한 것이다.

아단의 결과

'해가 돌아와서 왕들의 출전할 때'(삼하 11:1)가 되었음에도 다윗은 자신의 책무를 도외시한 채 예루살렘 왕궁의 안락함에 젖어 있었다. 인생의 정점에 오른 그는 이미 '아단'에 빠져 있었던 것이다. '아단'에 침몰한 다윗의 왕궁 체류는 이내 무서운 범죄로 이어졌다. '아단'에 빠졌다는 것 자체가 이미 죄의 유혹에 굴복했음을 뜻한다.

이 이후 다윗에게 무슨 일이 일어났는가? 아니 '아단'에 빠진 다윗은 대체 무슨 죄악을 범했는가? 사무엘하 11장을 한 절씩 좇으면서 '아단'의 결과를, 다시 말해 죄의 특성을 추적해 보자.

죄의 기민성

저녁때에 다윗이 그 침상에서 일어나 왕궁 지붕 위에서 거닐다

가 그곳에서 보니 한 여인이 목욕을 하는데 심히 아름다워 보이
는지라(2절)

   그때의 시간은 저녁때였다. 밤을 뜻하기도 하는 히브리어 '에레
브'는 땅거미가 내리기 시작한 이후를 가리킨다. 그 시각에 다윗은
막 침상에서 일어났다. 일찍 잠자리에 들었으나 잠을 이루지 못해
뒤척이다 일어난 것이다. 다윗은 무료함을 달래기 위해 옥상으로
올라갔다. 그곳을 거닐던 다윗의 시야에 무엇인가 포착되었다. 한
여인이 목욕하는 장면이었다.

   그때는 분명히 땅거미가 내려 깔린 이후의 시각인 '에레브'였다.
즉, 이미 사방이 어둠에 젖어 사물을 뚜렷이 분별하기 어려운 시간
이었다. 게다가 이스라엘 최고 권력자인 다윗이 사는 왕궁과 여염
집의 처마가 잇닿아 있을 리가 만무하다. 왕궁에서 제일 가까운 민
가라 할지라도 그 사이엔 반드시 상당한 거리가 있었을 것이다. 더
욱이 그 여인은 그때 세수를 하고 있었던 것이 아니다. 그녀는 목
욕을 하고 있었다. 자기 집 마당 우물가나, 우물이 없다면 물독이
있는 마당 한구석에서 해가 지기를 기다렸다가 목욕하고 있었음에
틀림없다. 만약 누군가가 자신을 엿볼 수 있는 시간이었다면, 세상
에 어느 여인이 태연히 옷을 벗고 목욕할 엄두를 내겠는가? 그녀가
그 순간 아무 거리낌도 없이 목욕하고 있었다는 것은, 그때의 시각
이 사방을 분간키 어려운 시간이었음을 확인해 준다.

   자, 이제 다시 생각해 보자. 그때는 한 여인이 자신의 집 뜰에서
마음 놓고 목욕할 정도로 날이 어둑어둑할 때다. 왕궁과 여염집은
꽤 떨어져 있다. 왕궁 옥상을 거닐던 다윗의 눈에 그 여인의 모습

이 들어왔다 할지라도 제대로 보일 리가 없다. 달빛에 여인의 모습이 비치었을지언정 희미하기는 매한가지였을 것이다. 더욱이 그 여인의 얼굴이 미녀인지 아니면 추녀인지 분간한다는 것은 더더욱 불가능하다. 만약 그것이 가능한 일이었다면, 다시 언급하지만 그 여인이 정신병자가 아니고서야 그 시간 그 장소에서 목욕하고 있을 까닭이 없다.

그럼에도 다윗의 눈엔, 놀랍게도 그 여인이 심히 아름다워 보였다. 정확하게 말하면 다윗의 눈에 심히 아름다워 보인 것이 아니라, 다윗이 심히 아름답다고 느낀 것이다. 그곳에 있던 여인이 이스라엘에서 가장 추녀였을지라도 다윗은 심히 아름답게 느꼈을 것이다. 그때 다윗은 이미 '아단'에 추락해 있었기 때문이다. '아단'에 빠진 다윗의 마음은 지금 죄를 범하기로 작정, 스스로 죄를 향해 달려가고 있는 것이다.

우리는 여기에서 죄의 기민성을 알게 된다. 죄는 이처럼 빠르다. 마치 전광석화와도 같다. 죄는, 스스로 '아단'에 빠진 다윗을 가만히 내버려 두지 않았다. 솔개가 쏜살같이 병아리를 낚아채듯 죄는 다윗을 덮쳤고, 다윗은 어둠 속에서 보이지도 않는 여인에게 자신의 온 마음을 빼앗겨 버리고 말았다. 더 정확하게 표현하면, 다윗은 죄를 범하고픈 자기 욕정에 마음을 송두리째 탈취당하고 말았다. 내적 욕정의 노예가 되자, 보이지도 않는 외적 존재에 맹목적으로 사로잡혀 버리고 만 것이다.

우리는 종종 교회 내에서 목회자와 여성 교역자 간에, 목회자와 여성도 간에, 교인과 교인 간에 일어난 불륜의 기사를 접한다. 얼마 전엔 모 교단의 대표적인 교회 담임목사와 여전도사가 불륜의 현장에서 나눈 대화를 녹음한 테이프가 인터넷상에 공개되어 세상을 놀라게 한 적도 있다. 어떻게 그런 일이 교회 내부에서 일어날 수 있단 말인가? 이유는 간단하다. 그들이 불륜을 저지르기 전에 이미 '아단'에 빠졌기 때문이다. '아단'에 빠진 이상 죄의 형태만 다를 뿐, 어떤 식으로든 죄와 관계를 맺지 않을 수 없다. 죄의 기민성으로 인함이다.

죄의 대담성

> 다윗이 보내어 그 여인을 알아보게 하였더니 고하되 그는 엘리암의 딸이요 헷 사람 우리아의 아내 밧세바가 아니니이까 다윗이 사자를 보내어 저를 자기에게로 데려오게 하고 저가 그 부정함을 깨끗케 하였으므로 더불어 동침하매 저가 자기 집으로 돌아가니라(3-4절)

자기 욕정의 노예가 된 다윗은 즉시 사람을 보내어 그 여인이 누구인지 알아보게 했다. 즉각 보고가 올라왔다. 밧세바란 이름의 그 여인은 처녀나 과부가 아니라 남편이 있는 유부녀였고, 남편은 다윗의 충복인 우리아였다. 그는 암몬과의 전투에 참전 중이어서 밧세바 홀로 집을 지키고 있었다.

마음을 송두리째 빼앗겼던 여인에 대해 이상과 같은 내용의 신상 보고를 받았다면, 다윗은 그녀에게 쏠린 자신의 마음을 거두어야 마땅했다. 유부녀에, 자기 충복의 아내에, 더욱이 자신의 왕국을 위해 목숨을 걸고 전쟁터에서 싸우고 있는 자의 처를 넘본다는 것은, 적어도 예전의 다윗 같으면 생각조차 할 수 없는 일이었다. 오히려 자기 신복의 가정과 가족을 보호해 주는 것이 왕의 도리가 아닌가?

그러나 다윗은 밧세바의 남편이 전쟁에 나가 부재중인 것을 알자 지체 없이 밧세바를 데려오도록 명하였다. 다윗에겐 그녀가 유부녀며 그녀의 남편이 누구인지는 안중에도 없었다. 단지 그녀의 남편이 참전 중이라 그날 밤 귀가할 수 없다는 사실을 아는 즉시, 바로 그 밤을 그녀의 남편 몰래 그녀를 범할 절호의 기회로 삼았다. 그것은 이성과 상식을 뛰어넘는 짓이었다.

죄는 이처럼 대담하다. 아니, 그 사람이 살인을 했어? 정말 그 사람이 그런 짓을 했단 말이야? 지극히 정상적으로 보이던 사람이 저지른 끔찍한 범행 사실에 그를 알던 자들이 믿을 수 없다는 듯 놀라는 것은, 그를 덮친 죄의 대담성 때문이다.

하루는 한 여인이 전화를 걸어왔다. 흐느끼면서 전하는 그녀의 하소연은 기가 막혔다. 평소에 내가 알고 지내던 그녀의 남편은 나이 들어 어렵게 신학교에 다니고 있었다. 경제적으로 여유가 없는 상태에서 가장이 신학교에 입학했으니, 아내의 책임으로 꾸려지는 가정 형편은 어려울 수밖에 없었다. 그로 인해 늘 부담감을 갖고 있던 남편은 틈이 나는 대로 외판사원으로 일했지만, 그러나 외판은 아무나 하는 것이 아니었다. 교통비도 건지기 어려운 지경이었다.

어느 날, 무작정 찾아간 무연고 사무실에서 그날도 아무 성과를 거두지 못한 채 막 나오려던 참이었다. 한 직원이 책상 뒤에 있는 캐비닛에서 무엇인가를 찾고 있었는데, 그 직원의 책상 위에 놓여 있는 만 원권 돈다발에 그의 시선이 내리꽂혔다. 백만 원 다발임을 한눈에 알 수 있었다. 그는 즉시 사방을 살폈다. 아무도 자기에게 관심을 두고 있는 것 같지 않았다. 그는 순식간에 돈다발을 자기 가방에 넣었다. 그리고 사무실을 나서기도 전에 붙잡혀 경찰서로 연행되었다. 신학생이 현장절도범이 된 것이다.

사건이 종결된 뒤 나를 찾아온 그가 말했다. 돈다발을 보는 순간 저 돈을 가져야 한다는 충동 외엔 아무 다른 생각이 없었단다. 그가 돈을 벌지 못한다고 가족이 굶어 죽는 것도 아니었다. 어렵긴 하지만 아내가 억척스럽게 살림을 꾸려 가고 있었다. 그런데도 그는 돈을 훔치고픈 충동을 억제할 수 없었다. 그 순간적인 충동이 신학생인 그로 하여금 절도범으로 전락게 했는데, 그는 자신이 현장절도범이 되리라고는 상상해 본 적도 없다고 했다.

죄는 이처럼 대담하다. 평소에는 상상조차 할 수 없는 생각이나 행동이 마치 기다리고 있었다는 듯 표출된다. 그래서 죄의 대담성은 무모성과 구별되지 않는다. 죄의 대담성에 노출된 신학생이 타인의 돈에 손을 댄다는 것은 그 개인적으로는 얼마나 무모한 짓인가?

그날 밤 다윗이 범한 것은 밧세바의 육체만이 아니다. 그것은 하나님의 말씀에 대한 멸시인 동시에 자기 인생에 대한 자기 경멸의 시작이었다. 그보다 더 무모한 짓이 어디에 있겠는가?

죄의 결실성

다윗이 사자를 보내어 저를 자기에게로 데려오게 하고 저가 그

부정함을 깨끗게 하였으므로 더불어 동침하매 저가 자기 집으
로 돌아가니라 여인이 잉태하매 보내어 다윗에게 고하여 가로
되 내가 잉태하였나이다 하니라(4-5절)

다윗이 밧세바를 불러들인 날은 마침 그녀가 '부정함을 깨끗게
한' 후였다. 이 구절을 표준새번역은 더욱 이해하기 쉬운 우리말로
옮겨 놓았다.

그 여인은 마침 부정한 몸을 깨끗하게 씻고 난 다음이었다.

본문이 언급하고 있는 '부정'이란 대체 무엇인가? 여인과 관련
된 부정이란 구체적으로 무엇을 의미하는 것일까? 히브리어로는
'툼아'인데, 이 단어를 우리는 구약성경 레위기 18장 19절에서 찾
아볼 수 있다.

너는 여인이 경도로 불결할 동안에 그에게 가까이하여 그 하체
를 범치 말지니라

경도(經度)란 여인의 월경, 즉 생리 현상을 가리킨다. 그런데 여
기에서 여인의 생리 현상을 묘사한 단어 '불결'이 밧세바에게 사용
된 '부정', 즉 '툼아'이다. 이를테면 나병과 같은 특별한 병으로 인
한 '부정'이 아닐 경우, 건강한 여인에게 사용되는 '부정'이란 통상
적인 생리 현상을 일컫는 말이다. 다윗이 왕궁 옥상에서 밧세바를
본 날은 밧세바의 생리가 막 끝났을 때였다. 그래서 그녀는 자신의

몸을 씻기 위해 어둠이 내려 깔리자 목욕했고, 그 광경이 다윗의 눈에 띄었던 것이다.

여기에서 한 가지 질문이 제기된다. 왜 성경은 다윗의 자기 경멸을 이야기하면서 본질에서 벗어나 보이는 밧세바의 생리를 언급하고 있는가? 그녀의 생리가 그날 끝났음을 성경이 밝힐 필요가 있을 정도로 그것이 다윗과 관련하여 중요한 문제인가? 그 대답은, 물론 그렇다는 것이다.

일반적으로 여성의 임신 가능한 시기는 다음 주기의 생리 시작 14일 전인 배란일 전후로 약 5일간이다. 따라서 생리가 끝난 날은 배란기에서 가장 먼 날이다. 자연법칙을 따른다면 성관계를 가져도 임신으로 이어지지 않는 날이다. 다윗이 밧세바를 왕궁으로 불러들인 날이 그녀의 생리가 끝난 직후임을 성경이 강조하는 이유가 여기에 있다.

자신의 침실에서 밧세바를 맞은 다윗은 그 사실을 알고 쾌재를 불렀을 것이다. 바로 그날이 밧세바의 생리가 끝난 날이라면, 밧세바와 동침한들 흔적이 남을 리가 없었다. 그로서는 천재일우의 기회가 아닐 수 없었다. 어떤 의미에서는 밧세바 역시 마찬가지였는지도 모른다.

다윗의 성적 타락과 관련하여 일반적으로 다윗만 매도하는 경향이 있다. 물론 그는 권력을 앞세운 가해자요, 거기엔 변명의 여지가 없다. 그렇다고 해서 밧세바의 처신이 정당화되는 것은 아니다. 아무리 상대가 왕일지라도 한밤의 부름을 거절했어야만 한다. 캄캄한 밤에 여인을 홀로, 그것도 유부녀를 은밀하게 부른다면, 그것이 어찌 온당한 부름일 수 있겠는가? 만약 밧세바가 공개적으로 당당하게 거부했더라면, 왕인 다윗인들 남의 이목이 두려워서라도 더 이상 무리수를 두지는 않았을 것이다. 그러나 그녀는 왕의 비밀스런 초청을 거부하지 않았다. 왕궁에 들어가 왕의 침실에서 왕과 동침한 것이다. 당시 유대인들은 남녀를 불문하고 하나님을 믿는 자들이었으며, 특히 여인의 정조 관념은 무서울 정도로 강했다. 만약 밧세바가 그날 자신의 뜻에 반하여 철저하게 권력자 다윗에게 유린당하기만 했다면, 그날 밤 왕궁에서 돌아온 밧세바, 남편을 둔 유부녀인 그녀가 마치 아무 일도 없었다는 듯 그렇게 태연하게 지내지는 못했을 것이다. 그러나 그 이후 밧세바의 태도를 보건대, 그날 밤 밧세바 역시 그때가 자신의 생리가 끝난 직후라는 사실을 과신하고 있었는지도 모른다. 왕의 은밀한 요구를 받아들일지라도 흔적이 남지 않아 남편이 알 수 없으리라고 말이다.

그러나 성경의 고발은 무섭다.

여인이 잉태하매(5절 상)

상식적으로는 잉태가 불가능한 날이 분명했는데, 결과는 밧세바의 잉태였다. 어디에나 예외가 있을 수는 있지만, 다윗과 밧세바의 사이에서 예외가 예외적으로 일어났다는 사실이 중요하다. 다윗은 구중궁궐 깊고 깊은 자신의 침실에서 아무도 몰래 밧세바와 동침했지만, 더욱이 그날은 동침의 흔적이 몸에 남을 수 없는 시기였지만, 그러나 그 은밀한 죄는 뚜렷한 결실로 드러나고 말았다.

그대 잊지 말아라. 아무리 작은 죄라도 죄는 반드시 죄의 열매를 남긴다. 죄의 특성이 그 결실성에 있다. 칠흑 같은 어둠 속에서 아무도 모르게 행한 죄일지라도, 어느 날 그 죄의 열매는 만천하에 공개적으로 드러나게 마련이다. 요즈음 정치인과 고위공직자 및 기업인들이, 아무도 모르게 자행한 범법 행위로 인해 줄줄이 잡혀 들어가는 것은 우연이 아니다. 왠지 아는가? 하나님께서 살아 계시기 때문이다.

만약 하나님께서 살아 계신 분이 아니라면, 그날 밤 생리가 끝난 여인과의 단 한 번의 동침으로 아이가 잉태되지는 않았을 것이다. 죄는 그 결실성으로 인해 무섭다. 그러나 살아 계신 하나님이 더 무섭다.

죄의 확산성

> 여인이 잉태하매 보내어 다윗에게 고하여 가로되 내가 잉태하였나이다 하니라(5절)

자신의 몸에 태기가 있음을 확인한 밧세바는 즉시 사람을 중간에 넣어 그 사실을 다윗에게 알렸다. 이유가 무엇이었을까? 전장에 있는 남편이 돌아오기 전에 무슨 조처든 빨리 취해 달라는 의미였다. 가만히 넋을 놓고 있다가 배가 불러오면 남편의 부재중에 외간 남자와 간음한 사실이 백일하에 드러날 것이요, 율법에 따라 돌에 맞아 죽어야 할 판이었다.

밧세바의 잉태를 보고받은 다윗 역시 소스라치게 놀랐을 것이다. 전혀 예상치도 못한 결과였기 때문이다. 만약 밧세바가 간음죄로 돌에 맞아 죽는 상황이 초래될 경우, 밧세바 곁에서 함께 돌을 맞아야 할 자는 밧세바와 동침한 자기 자신이었다. 다윗은 곧 행동에 착수했다.

> 다윗이 요압에게 기별하여 헷 사람 우리아를 내게 보내라 하매
> 요압이 우리아를 다윗에게로 보내니 우리아가 다윗에게 이르매
> 다윗이 요압의 안부와 군사의 안부와 싸움의 어떠한 것을 묻고
> 저가 또 우리아에게 이르되 네 집으로 내려가서 발을 씻으라 하
> 니 우리아가 왕궁에서 나가매 왕의 식물이 뒤따라가니라(6-8절)

다윗은 전장에 있는 밧세바의 남편 우리아를 즉각 예루살렘으로 소환하였다. 다윗은 자신 앞에 부복한 우리아에게 전황과 관련하여 이것저것 물었지만 내심은 딴 데 있었다. 그에게 아내 밧세바와 함께 지낼 수 있도록 특별 휴가를 주기 위함이었다. 그때는 친자 확인을 위한 혈액 혹은 유전자 감식이 없을 때다. 오랜만에 귀가한 우리아는 필시 아내 밧세바와 동침할 것이고, 그 경우 밧세바가 장차 낳을 아이는 자연스레 우리아의 아이가 될 것이었다. 그래서 우리아가 자기 앞에서 물러가자 다윗은 우리아의 집에 특별 주안상을 보내었다. 우리아의 기분을 돋우어 주기 위함이었다. 아이의 실제 아비인 다윗은 그런 식으로 자신의 죄과를 감추기 위한 거짓 알리바이를 만들려 했다.

그러나 까닭도 없이 특별 휴가를 받은 우리아는 아내가 있는 집으로 귀가하는 대신, 왕궁 문간에서 경비병들과 함께 잤다. 전장에서 목숨을 걸고 싸우고 있는 동료들을 생각할 때, 자신만 아내 곁에서 편안히 잠을 잔다는 것은 상상도 할 수 없는 일이었다. 우리

아는 그 정도로 충신이었다. 그 사실을 보고받은 다윗은 이튿날 저
녁엔 우리아를 불러 취하도록 술을 권했다. 아무리 우리아가 강직
하다 해도 술기가 돌면 아내를 찾아가리라 여겼던 것이다. 그러나
술에 취하긴 했지만, 우리아는 그날 밤에도 귀가하지 않았다. 자신
의 계책이 수포로 돌아간 것을 안 다윗은 최후의 수단을 강구하였
다.

> 아침이 되매 다윗이 편지를 써서 우리아의 손에 부쳐 요압에게
> 보내니 그 편지에 써서 이르기를 너희가 우리아를 맹렬한 싸움
> 에 앞세워 두고 너희는 뒤로 물러가서 저로 맞아 죽게 하라 하
> 였더라(14-15절)

다윗은 요압 사령관에게 편지를 썼다. 전장에서 우리아를 함정
에 빠뜨려 적군의 칼에 죽게 하라는 내용이었다. 적군의 칼을 빌려
우리아를 살해하기 위함이었다. 더욱이 다윗은 그 편지를 우리아
편에 보내었다. 우리아는 그것이 자신을 죽이라는 살해명령서인지
도 모른 채 왕의 친서를 소중히 지참, 요압에게 전달했다. 요압은
왕의 지시대로 우리아를 죽게 했다. 다윗은 자기 손엔 피 한 방울
묻히지 않고 우리아를 살해한 것이다. 직접 살인보다 더 교활하고
흉측한 범죄였다.
대체 우리아에게 무슨 잘못이 있는가? 아무것도 없다. 그가 한
것이 있다면 때와 장소를 가리지 않고 다윗 왕에게 충성을 다한 것
뿐이다. 그럼에도 다윗은 단지 자신의 죄를 가리기 위해 죄 없는,
충직한 우리아를 죽여 버리고 말았다.

이것이 죄의 무서운 확산성이다. 다윗의 간음 행각은 거짓 알리바이 입증 시도를 거쳐 마침내 살인으로까지 확산되었다. 일반적으로 사람들은 다윗의 범죄를 이것만으로 생각한다. 과연 그런가? 다윗의 죄는 거기에서 멈추었는가? 그 해답을 얻기 위해서는 십계명의 내용을 살펴볼 필요가 있다.

십계명을 다루는 김에 먼저 십계명의 내용과 순서를 손쉽게 암기하는 방법을 소개한다.

적지 않은 사람들이 십계명과 관련하여 전체 계명의 내용을 다 외우지 못하거나, 외우더라도 몇몇 계명의 순서를 혼동한다. 나 역시 마찬가지였다. 십계명과 관련된 성경공부를 할 땐 반드시 사전에 십계명의 순서와 전 내용을 재확인하곤 했다. 강의 도중 헷갈리는 경우가 있었기 때문이다. 그런데 오래 전, 지방 소재 모 교회 목사님이 고안했다는 '십계명 연상법'을 접한 뒤부터는 문제가 없게 되었다. 그것은 십계명의 순서를 혼동하거나 내용을 잊지 않도록 각 계명마다 계명의 순서와 내용을 정확하게 연상시켜 주는 말들을 덧붙인 것이었다.

하나, 한 분이신 여호와 하나님만 섬기라.
둘, 두 마음으로 우상을 섬기지 말라.
삼, 삼가 여호와의 이름을 망령되이 일컫지 말라.
사, 사사로이 안식을 범하지 말라.
오, 오직 네 부모를 공경하라.
육, 육신을 살인하지 말라.

칠, 칠흑 같은 마음으로 간음하지 말라.

팔, 팔뚝을 찍을지라도 도적질하지 말라.

구, 구차하게 거짓 증거하지 말라.

십, 십자가를 굳게 잡고 남의 것을 탐내지 말라.

얼마나 탁월한 연상법인가? 이 교습법의 탁월성은 나 자신의 경험으로 이미 확인했다. 누구든 '십계명 연상법'을 듣는 즉시 십계명의 순서와 내용을 정확하게 외울 수 있었다. '십계명 연상법'을 듣고도 십계명을 혼동하는 사람을 아직까지 나는 본 적이 없다. 그렇다면 이런 효율적인 교습법은 널리 알림이 마땅할 것이다.

그러나 이 연상법을 고안해 낸 목사님은 그로 인해 그 교회에서 배척당하고 말았다. 하나님의 말씀은 일점일획도 첨가하거나 삭제할 수 없는데 왜 하나님의 계명을 마음대로 손질했느냐고 이의를 제기하는 사람들에 의해서였다. 불과 10여 년 전의 일이다. 비록 특정 교회에서 일어난 일이라 해도 한국 교회의 수준이 어느 정도며, 앞으로 무엇을 지향해야 할 것인지를 보여 주는 좋은 예가 아닐 수 없다. 가시적인 것 속에서 불가시적인 중심과 본질을 보려 하지 않고서는 교회와 교인의 성숙이 절로 수반될 수는 없다.

이제 다윗에게로 되돌아가, 방금 순서와 내용을 익힌 십계명의 거울에 그를 비추어 보자. 그는 왕궁 옥상을 거닐다가 어둠 속에서 목욕하는 밧세바의 희미한 모습을 보았다. 그냥 한번 보고 스친 것이 아니라 즉각 그녀에 대해 탐심을 품었다. 남의 것을 탐내지 말라는 제10계명을 범한 것이다. 그 계명의 전문은 다음과 같다.

네 이웃의 집을 탐내지 말지니라 네 이웃의 아내나 그의 남종이
나 그의 여종이나 그의 소나 그의 나귀나 무릇 네 이웃의 소유
를 탐내지 말지니라(출 20:17)

이웃집을 탐내지 말아야 할 세부적인 대상 중 첫째가 이웃의 아
내다. 그만큼 하나님께서 엄격하게 금하신 탐심의 대상이다. 남의
아내를 탐하는 것은 짐승이나 하는 짓이다. 그러나 다윗은 하나님
의 이 계명을 가볍게 짓밟고 말았다.

다윗이 목욕하는 밧세바에 대한 탐심에서 멈추기만 했어도 괜찮
았다. 그는 사람을 보내어, 그녀가 자신의 충복 우리아의 아내인
줄 알면서도 그녀를 데려오도록 했다. 자신의 권력으로 남의 아내
를 남편 몰래 도적질해 온 것이다. 제8계명의 위반이었다.

밧세바를 왕궁까지 도적질해 왔더라도 곧 뉘우치고 그냥 돌려보
내었더라면 얼마나 좋았을까? 그러나 그녀를 끝내 침실로 끌어들
여 동침, 간음하지 말라는 제7계명을 범했다.

그 한 번의 동침으로 밧세바의 잉태 사실이 전해지자, 태어날 아
이가 마치 밧세바의 남편 우리아의 아이인 것처럼 거짓 알리바이
구축을 시도, 거짓 증거하지 말라는 제9계명을 짓밟았다.

거짓 증거 수립의 계획이 수포로 돌아가자 우리아를 아예 살해,
살인하지 말라는 제6계명을 무시했다.

다윗이 누구였던가? 하나님께 자신의 삶을 온전히 내어맡겼던
룻의 증손자요, 조부 오벳과 부친 이새를 통해 아브라함에서부터
시작된 신앙을 이어받은 믿음의 자손이다. 믿음의 자식이 부모와
선조에게 행할 수 있는 최고의 효도는 바른 믿음의 삶을 사는 것이

다. 그러나 다윗은 지금 간음에 살인까지 저지르면서 그의 생명이 있게 한 부모와 선조의 이름과 명예에 먹칠을 하고 있다. 부모를 공경하라는 제5계명 역시 지금의 다윗에겐 안중에도 없는 것이다. 부모를 가리키는 히브리어 '아브'와 '엠'은 아버지와 어머니를 뜻하는 동시에 조상이란 의미이기도 하다.

그는 이처럼 하나님의 계명을 마구 짓밟으면서도 안식일이면 성소를 찾아 거룩한 모습으로 제사에 임했을 것이다. 안식일을 거룩하게 지킨다는 것은 거룩한 형식이나 외형을 추구한다는 말이 아니다. 거룩하신 하나님 앞에서 자신의 중심을 거룩하게 구별하는 것이다. 다윗의 중심은 칠흑 같은 죄로 뒤덮여 있건만, 그는 단지 거룩하게 위장된 겉모습만으로 안식일을 지켰다. 안식일을 거룩하게 지키라는 하나님의 제4계명 역시 철저하게 외면하였다.

유대인이라면 비단 성소에서가 아니더라도 하루에 몇 번씩 하나님의 이름을 불렀다. 다윗은 자신의 흉측한 죄를 깨닫지도 못하는 그 더러운 입으로 하나님의 이름을 불렀다. 그는 여호와의 이름을 망령되이 일컫지 말라는 제3계명도 멸시한 것이다.

하나님을 믿는 자에게 하나님보다 더 중시하는 것이 있다면 그는 실제로는 하나님을 믿는 것이 아니다. 지금 다윗은 안식일이면 성소를 찾고 하나님의 이름을 부르긴 하지만 막상 그에겐 하나님이 더 이상 보이지 않는다. 자신의 정욕이 우상이요, 자기 자신이 신이 된 것이다. 그는 우상을 섬기지 말라는 제2계명도, 하나님 외엔 다른 신을 두지 말라는 제1계명도 철저하게 경멸하고 있었다.

결국 다윗은 간음과 살인만 저지른 것이 아니라, 십계명의 전 계명을 송두리째 범했음을 알 수 있다. 이것이 죄의 확산성이다. 죄는 절대로 죄의 현장에 머물거나 거기에서 끝나지 않는다. 죄는 일단 시동이 걸리면 걷잡을 수 없이 확산되고 증폭된다. 맑은 물 속에 떨어진 잉크가 서서히, 그러나 멈춤 없이 퍼져 나가는 것과 같다.

그대라고 해서 결코 예외일 수는 없다. 그대가 십계명 중 한 계명을 범하는 순간, 실은 열 계명 모두를 범하는 것임을 잊어서는 안 된다.

죄의 둔감성

암몬과의 전쟁을 지휘하던 요압 사령관은 다윗 왕의 지시에 따라 우리아를 함정에 빠뜨려 죽여 버렸다. 우리아의 전사 소식은 곧 예루살렘의 다윗과 우리아의 아내 밧세바에게 날아들었다.

> 우리아의 처가 그 남편 우리아의 죽었음을 듣고 호곡하니라 그 장사를 마치매 다윗이 보내어 저를 궁으로 데려오니 저가 그 처가 되어 아들을 낳으니라(26-27절 상)

밧세바가 남편 우리아의 장례식을 마치자, 다윗은 아예 밧세바를 입궁시켜 자신의 아내로 삼아 버렸다. 밧세바의 남편이 죽었으니 다윗으로서는 거리낄 것이 없었다. 하루아침에 왕의 비가 된 밧세바는 아들을 낳았다. 열 달 전 간음의 밤에 잉태된 다윗의 아들이었다. 갓 태어난 아들을 가슴에 안고 기뻐하는 다윗과 밧세바의 모습이 눈에 선하다. 이처럼 모든 상황은 다윗이 원하는 대로 전개되는 듯했다.

그러나 다윗의 범죄를 전해 주는 사무엘하 11장은 다음과 같이 끝나고 있다.

다윗의 소위가 여호와 보시기에 악하였더라(27절)

다윗의 그 모든 행위는 하나님 보시기에 악하고 가증스럽기 짝이 없었다. 어찌 하나님뿐이시겠는가? 다윗 주위엔 다윗이 범한 죄와 악을 목격한 증인도 많았다. 그날 밤 밧세바를 은밀히 왕궁으로 데려온 사람이 있었고, 그녀를 왕의 침실로 안내한 사람도 있었고, 다윗과 그녀가 침실에서 무슨 짓을 했는지 아는 경비병들이 있었다. 더욱이 다윗의 명령으로 우리아를 죽인 요압도 버젓이 살아 있었다. 그들은 다윗의 죄과를 속속들이 알고 있었다. 다윗이 왕이기에 단지 말만 하지 않을 뿐, 그가 얼마나 패륜을 저지르고 있는지 훤히 다 알고 있었다.

그렇지만 다윗은 그들 앞에서, 우리아를 죽이고 밧세바를 자신의 아내로 삼은 행위에 대해 조금도 부끄러워하지 않았다. 하나님도 안중에 없는 판에 그가 사람의 눈치, 그것도 자기 수하 사람들의 눈치를 볼 까닭이 없었다. 눈치는 고사하고 자신의 범죄에 대한 자각조차 전혀 없었음을 나단 선지자와의 대화를 통해 확인케 된다.

여호와께서 나단을 다윗에게 보내시니 와서 저에게 이르되 한 성에 두 사람이 있는데 하나는 부하고 하나는 가난하니 그 부한 자는 양과 소가 심히 많으나 가난한 자는 아무것도 없고 자기가 사서 기르는 작은 암양 새끼 하나뿐이라 그 암양 새끼는 저와 저의 자식과 함께 있어 자라며 저의 먹는 것을 먹으며 저의 잔에서 마시며 저의 품에 누우므로 저에게는 딸처럼 되었거늘 어떤 행인이 그 부자에게 오매 부자가 자기의 양과 소를 아껴 자기에게 온 행인을 위하여 잡지 아니하고 가난한 사람의 양 새끼를 빼앗아다가 자기에게 온 사람을 위하여 잡았나이다(삼하 12:1-4)

여기에서 양과 소가 풍부한 부자는 왕궁에서 많은 처첩을 거느린 다윗 왕이요, 자신의 전 재산인 새끼 양을 부자에게 빼앗긴 가난한 사람은 다윗에게 자신의 아내와 자기 목숨마저 강탈당한 우리아다. 나단 선지자는 이 이야기를 통해 다윗의 죄와 악을 지적하였다. 그러나 다윗은 나단의 이야기가 채 끝나기도 전에 불호령을 내렸다.

다윗이 그 사람을 크게 노하여 나단에게 이르되 여호와의 사심을 가리켜 맹세하노니 이 일을 행한 사람은 마땅히 죽을 자라 저가 불쌍히 여기지 않고 이 일을 행하였으니 그 양 새끼를 사배나 갚아 주어야 하리라(삼하 12:5-6)

인면수심의 부자에게 대노한 다윗은 그가 죽어 마땅한 죄인이로되, 그가 훔친 새끼 양을 네 배로 갚도록 하라는 즉석 판결을 내렸다. 네 배의 보상은 양 도둑에 대하여 율법이 규정한 배상 기준이었다(출 22:1). 다윗은 새끼 양 도둑에 대해서는 율법의 명령을 엄격하게 적용하면서도, 자신의 율법 위반 행위는 전혀 인식지 못했다. 하나님께서 나단 선지자를 통해 자신의 죄악을 고발하고 계신다는 것은 상상치도 못했다.

그 이유는, 죄의 둔감성 때문이었다. 죄가 다윗의 영혼과 마음을 무디게 만들어 버린 것이다. 죄의 둔감성이 아니었던들 다윗이 우리아를 죽인 후 공공연히 밧세바를 자신의 아내로 삼지도 못했을 것이요, 나단 선지자의 지적에 불의한 부자에게만 분노하는 우를 범치도 않았을 것이다.

작년 초, 자신을 여자 전도사라 밝힌 분의 상담 편지를 받았다. 그녀는 자신이 봉사하던 교회의 담임목사와 불륜을 저질렀다. 교회를 옮겨서는, 그 교회 담임목사의 아들과 동침했다. 그와 헤어진 뒤엔 선교사 지망생과 또 성관계를 가졌다. 이 내용만으로도 오늘날 교회가, 교역자들이 성적으로 얼마나 타락했는지 알 수 있다. 그런데 상담 내용인즉, 자신은 세 번째 남자인 선교사 지망생과 결혼하고 싶은데, 그가 자신과 동침한 뒤엔 자꾸 자신을 멀리한다는 것이다. 그러므로 어떻게 했으면 좋겠느냐는 것이었다. 편지 내용 중 어디에도, 자신이 복수의 사람들과 저지른 불륜의 행위에 대해 회개하는 내용은 없었다. 그것은 모두 과거지사요, 그녀의 관심은 오직 눈앞의 현안인 결혼뿐이었다. 죄는 이토록 인간을 둔감하게 만든다.

죄의 둔감성은 인간의 양심과 눈을 멀게 하고 사고를 마비시킨다. 악의 일상화가 이루어지는 것이다. 그 결과 인간의 체면도, 존엄도 모두 상실하고 만다. 이것이 주님께서 데살로니가전서 5장 22절을 통해 "악은 모든 모양이라도 버리라"고 말씀하시는 까닭이다.

죄의 후유성

죄에는 반드시 죄의 후유성이 뒤따른다. 후유증이 남는다는 말이다. 물론 다윗에게도 죄의 후유성이 있었다. 너무나도 짙고 암울한 후유증이었다.

왕자 암논이 그의 이복 여동생인 다말을 연모하였다. 암논이나 다말이나 어머니만 다를 뿐 모두 다윗 왕의 자식들이었다. 다말을 향한 연정을 억누를 길 없었던 암논은, 다말을 자신의 방으로 유인하여 강간해 버렸다. 아버지 다윗의 불륜을 보고 배운 대로 아들이 다말에게 행한 것이다. 그러나 다말을 강간한 뒤엔 암논의 마음이 돌변해 버렸다. 갑자기 다말이 싫어진 것이다. 암논은 울며 매달리는 다말을 개 쫓듯 쫓아 버렸다.

암논에게 유린당한 다말의 동복 오라비는 압살롬이었다. 매일 처량하게 울며 지내는 친동생 다말을 보면서 압살롬은 마음속으로, 다말을 폐인으로 만든 이복형 암논에게 보복할 것을 결심했다. 그는 복수의 칼을 갈면서 기회를 노렸다. 2년이 지나 압살롬의 양털을 깎는 축제일이 돌아왔다. 압살롬은 암논을 비롯한 왕자들을 자신의 집으로 초청, 술잔을 나누던 중 미리 대기시킨 도부수를 시켜 암논을 척살해 버렸다. 아버지 다윗이 우리아를 죽인 것을 본대로 압살롬은 이복형을 살해해 버린 것이다.

왕위 서열 1위인 첫째 왕자 암논을 제거한 압살롬은 거기에서 멈추지 않았다. 셋째 아들이던 그는 내친 김에 스스로 왕좌를 차지하기 위해 아버지를 겨냥하여 군사를 동원, 쿠데타를 일으켰다. 갑작스런 아들의 반역 소식에 아버지 다윗이 황급히 예루살렘 왕궁에서 피신한 후 무혈 입성에 성공한 압살롬은, 자신이 이스라엘 제1인자임을 과시하기 위해, 정복자가 피정복 국가의 왕비와 동침하는 당시의 관습을 좇아, 왕궁 옥상에 천막을 치고 만인이 보라는 듯 그 속에서 아버지의 첩들을 범하였다. 아버지가 부하의 아내를 범하는 것을 보고 자란 자식이 아버지의 여인을 아무 거리낌도 없이 범했다. 모두 다윗의 죄가 남긴 잔재, 후유증이었다.

나단 선지자를 통해 자신이 하나님 앞에서 얼마나 엄청난 악을 범했는지를 마침내 자각한 다윗은 하나님 앞에서 처절하게 회개하였다. 하나님께서 다윗의 회개를 받으시고 그의 죄과를 용서해 주셨음은 두말할 나위가 없다. 그렇지 않았던들 예수 그리스도께서 이 땅에 오실 때 다윗의 족보를 통하시지는 않았을 것이다. 그러나 죄의 용서와는 별개로 그의 죄는 위에서 살펴본 것처럼 다윗 자신과 자식의 삶에, 그의 왕국과 주위 사람들에게 지워지지 않는 잔재를 남겼다. 그것은 하나님께서 이미 예고하신 바였다. 하나님께서는 나단 선지자를 통하여 다윗에게 이미 밝히셨다.

> 그러한데 어찌하여 네가 여호와의 말씀을 업신여기고 나 보기에 악을 행하였느뇨 네가 칼로 헷 사람 우리아를 죽이되 암몬 자손의 칼로 죽이고 그 처를 빼앗아 네 처를 삼았도다 이제 네가 나를 업신여기고 헷 사람 우리아의 처를 빼앗아 네 처를 삼

앉은즉 칼이 네 집에 영영히 떠나지 아니하리라 하셨고 여호와께서 또 이처럼 이르시기를 내가 네 집에 재화를 일으키고 내가 네 처들을 가져 네 눈앞에서 다른 사람에게 주리니 그 사람이 네 처들로 더불어 백주에 동침하리라 너는 은밀히 행하였으나 나는 이스라엘 무리 앞 백주에 이 일을 행하리라 하셨나이다(삼하 12:9-12)

하나님의 예고대로 다윗의 죄는 잔재를 남겼고, 그것은 참으로 엄청난 비극이었다. 절대 피했어야 할 비극이지만 다윗은 피할 수 없었다. 자신이 범한 죄의 후유성이었기 때문이다.

죄의 후유성은 죄의 용서와는 별개의 것임을 망각해서는 안 된다. 사람을 살인, 유죄판결을 받고 복역 중인 사람이 교도소에서 주님을 영접했다고 치자. 물론 그가 저지른 살인죄는 주님 안에서 사함 받을 것이다. 그러나 그 죄사함이 그가 범한 죄의 후유성마저 불식시켜 주는 것은 아니다. 그의 가족은 살인자의 가족이란 이유 때문에 오래도록 주위의 따가운 시선을 받아야 할 것이고, 그 자신은 만기 출소 후에도 정상적인 사회생활을 하기 위해서는 크고 작은 고비를 적잖게 넘어야만 할 것이다. 이것이 죄의 후유성이다.

요한복음 8장엔 간음한 여인의 이야기가 소개되어 있다. 서기관들과 바리새인들이 간음한 여인을 현장에서 붙잡아 기세등등하게 주님 앞으로 끌고 왔다. 율법에 의하면 그녀는 돌에 맞아 죽어야만 했다. 주님께서는 그들을 향해, 너희 중에 죄 없는 자가 먼저 돌로 치라고 말씀하셨다. 이에 양심에 가책을 받은 무리들이 차례로 모두 떠나 버렸다. 주님께서는 그 불쌍한 여인을 정죄치 않으셨다.

오히려 용서해 주셨다. 그렇다고 해서 그녀의 간음 사실을 알고 있는 동네 사람들이 쌍수를 들어 그녀를 환영해 주었을까? 아니다. 동네 사람들이 그녀를 간음의 선입견 없이 대해 주기까지, 그녀는 자신이 저지른 간음의 후유성으로 인해 인간관계에서 수많은 우여곡절을 겪어야만 했을 것이다. 그래서 그녀를 돌려보내시며 주님께서 당부하셨다.

> 나도 너를 정죄하지 아니하노니 가서 다시는 죄를 범치 말라 하시니라(요 8:11하)

이것은 그녀에게만 하신 말씀이 아니라, 실은 우리 모두를 향한 주님의 당부시다.

그대는 지금부터 그리스도 안에서 중심을 다해 거룩한 삶을 추구해야 한다. 죄와 벗하는 삶을 청산하지 않으면 죄를 용서받은 후에도 죄의 후유성은 오래도록 남는다. 이미 범한 죄의 후유성만으로 벅차지 않는가? 그 위에 또 다른 죄의 후유성까지 덧쓰려 한다면, 그 얼마나 어리석은 짓인가?

우리는 지금까지 다윗의 삶을 좇아 죄의 특성을 추적해 보았다. 그 추적을 통해, 죄를 벗 삼는다는 것, 즉 하나님의 말씀을 멸시하는 것은 천하와도 바꿀 수 없는 자신의 생명을 어이없이 깎아 먹는 자기 경멸임을 구체적으로 확인하였다. 하나님께서 우리에게 당신의 말씀 안에서 거룩해질 것을 요구하시는 것은 하나님 당신을 위해서가 아니라, 우리로 하여금 자기 경멸에서 벗어나 자기 존중의 길을 걷게 하려 하심인 것도 재확인하였다. 그러나 그보다 더 중요한 이 장의 주제를 놓쳐서는 안 된다.

왜 다윗이 이렇듯 죄의 늪 속에서 허우적거리며 자신의 생명을 허망하게 깎아 먹고 있는가?

왕의 출전할 시기가 되었음에도 예루살렘 왕궁에 그대로 있었기 때문이다. 하나님보다도 자신을 더 존중했기 때문이다. 하나님으로부터 부여받은 책무보다 왕궁의 안락함을 더 소중히 여겼기 때문이다. 하나님의 말씀보다도 자기 육체의 안일을 더 중시했기 때문이다. 한마디로 '아담'에 빠졌기 때문이다. 다윗의 삶에서 드러난 죄의 여러 양상들은 모두 '아담'의 결과였다. 그가 '아담'에만 빠지지 않았던들 치르지 않아도 될 너무나도 값비싼 대가, 백해무익한 자기 경멸, 절망스러운 자기 깎아 먹음이었다.

여기에서 절대 간과해서는 안 될 것은, 그때는 다윗의 인생 최절정기였다는 사실이다. 그는 인생 질곡 속에서 '아담'에 빠진 것이 아니다. 그는 자기 인생 최정상에서 '아담'으로 침몰하였다. 어떤 경우에도 이것을 잊어서는 안 된다.

행전의 사람들

나를 존중히 여기는 자를 내가 존중히 여기고 나를 멸시하는 자를 내가 경멸히 여기리라

하나님께서는 살아 계시고, 그분의 말씀은 천지를 창조하신 전능하신 말씀이다. 누구든 그분의 말씀을 존중하면, 하나님께서는 어떤 형태로든 당신의 말씀 안에서 그를 존귀케 하신다. 그에게 에덴을 주시는 것이다. 그러나 그 순간이 '아단'으로 추락할 위험성이 가장 클 때임을 잊어서는 안 된다. 에덴에 거하는 자신이 하나님보다 더 커 보이기 때문이다.

만약 그대가 이 사실을 망각하면, 그대의 인생은 그대의 뜻이 성취되면 될수록, 인생 최절정기에 '아단'에 빠져 죄의 늪을 허우적거리던 다윗의 전철을 밟게 될 것이다.

그대가 기업인이거나 기업인이 되기를 원하는가? 그대의 기업이

아무 어려움도 없이 날로 팽창할 때, 바로 그때가 '아단'에 빠질 위험성이 가장 클 때임을 잊지 말라.

그대가 학자거나 학자의 길로 나서려 하는가? 그대가 목표로 했던 학위를 받고, 그대 논문에 대한 찬사가 이어지며, 학자로서 그대 명성이 날로 높아질 때, 그때 그대는 '아단'을 경계해야 한다.

그대가 정치가거나 정치가가 되기를 꿈꾸는가? 돈과 사람이 그대에게 몰려들 때, 주위 사람들이 그대 아니면 안 된다고 모두 부추길 때, 그때 한순간에 '아단'으로 추락할 수 있음을 기억하라.

그대가 예술가거나 예술의 길을 걷고 있는가? 그대 작품이나 연주에 사람들이 열광할 때, 그때 그대가 '아단'으로 전락, 그대 예술을 우상으로 섬길 수 있음을 자각해야 한다.

그대가 목회자거나 목회자가 될 계획을 가지고 있는가? 그대가 꿈꾸던 예배당 건축을 성공적으로 마쳤을 때, 그대의 설교에 은혜를 받았다는 사람들이 날로 늘어 갈 때, 사람들이 그대를 예수님 대하듯 할 때, 그때 그대는 이미 '아단'의 문턱 위에 서 있음을 깨달아야 한다.

직업, 성, 연령, 학력에 상관없이 그대의 삶이 어제보다 편해질 때, 돈과 시간이 여유로워졌을 때, 주위 사람들로부터 부러움을 살 때, 어쭙잖은 일에도 사람들의 칭찬과 스포트라이트가 쏟아질 때, 그때 바로 그대 코앞에 '아단'이 다가와 있음을 직시해야 한다.

그리고 평상심으로 하나님의 말씀 안에서 하나님께로부터 부여받은 일상의 삶에, 가장 작아 보이는 일에까지 겸허하게 최선을 다해야 한다. 말씀 안에서 일상사에 충실한 삶만이 '아단'의 덫에서 자신을 지키는 길이다. 어떤 경우에도 다윗처럼 평상심을 잃고 일상사를 등한시한 채, 자신의 왕궁에 '그대로' 있으려 해서는 안 된다.

우리는 말씀대로 행한다는 말을 흔히 사용한다. 하나님을 믿음이 말씀을 믿는 것이요, 그 말씀을 좇아 사는 것인 까닭이다. 말씀대로 산다는 것은 구체적으로 무슨 의미인가? 프랑스어는 이 말을 명료하게 표현한다.

Mettre Les Paroles en actes.

이것을 영어로 번역하면 다음과 같다.

Put The Words into acts.

즉, 말씀대로 행한다는 것은 '말씀을 행함 속에 집어넣는 것'이다. 자신의 손과 발 속에, 사지백체 속에 말씀을 다져 넣는 것이다. 그런 자의 일거수일투족을 통해서는 그의 손과 발이 아닌 말씀이 보일 수밖에 없다. 즉, 그의 일상사가 말씀의 삶이 되고, 말씀이 일상의 삶으로 성육신하는 것이다.

중요한 것은, '말씀을 행함 속에 집어넣는다'고 표현할 때 '행함'을 가리키는 프랑스어 '악뜨'(actes)나 영어의 '액츠'(acts)가 모두 사도행전의 제목이라는 사실이다. 사도행전이 프랑스어로는 'Actes', 영어로는 'Acts'다. 그렇다면 우리는 사도행전의 참뜻을 이해할 수 있다. 사도행전이란 평소 하나님의 말씀을 자신의 손과 발에 다져넣음으로 일상사가 말씀의 삶이었던 자들의 행적이다. 왜 그들의 행적이 성경에 기록될 만큼 중요한가? 그들은 자신들의 행함 속에 말씀을 넣고 사는 자들이었기에 그들 삶의 여건이 변해도 '아단'에 빠지지 않았을 뿐만 아니라, 말씀을 존중하는 그들의 삶을 하나님께서 존중, 그들을 통해 인류의 역사를 새롭게 하신 까닭이다. 사도행전의 사람들이야말로 하나님 존중과 자기 존중을 동시에 성취한 진정한 크리스천들이었다.

그대는 이 세상에 태어나 지금까지 몇 년이나 살아왔는가? 아니, 얼마 동안 그대의 생명을 깎아 먹어 왔는가? 그동안 무엇을 위해 그대 생명을 깎아 먹어 왔으며, 지금은 무슨 목적으로 생명을 깎아 먹고 있는가?

제자가 스승에게 물었다.

"선생님, 죽은 뒤에 정말 영생이 있습니까?"

스승이 도리어 제자에게 되물었다.

"죽기 전 지금, 너에겐 정말 생명이 있느냐?"

그대는 이 질문에 무엇이라 답할 수 있는가? 그대는 과연 지금 살아 있는가? 아니, 이제부터 정말 살고 싶지 않은가?

그대가 여태까지 어떤 삶을 살아왔든지 상관없다. '예루살렘의 왕궁에 그대로' 있으려는 마음을 '베레스 웃사' 해 버리고, 이제부터 하나님의 말씀을 그대의 행함 속에, 손과 발 속에 다져넣어라. 어떤 경우에도 말씀 안에서 평상심을 잊지 말아라. 가장 작고 보잘것없어 보이는 일까지도 말씀의 바탕 위에서 최선을 다하라. 그대의 일거수일투족을 통해 말씀이 드러나게 하라. 그것이 평생토록,

그대 인생의 최절정기에서도 그대를 '아단'으로부터 지키는 길이요, 말씀 안에서 자기를 존중하는 길이다.

하나님께서는 그와 같은 그대의 일생을, 오늘을 밝히는 이 시대의 '행전'으로 존중해 주실 것이다.

5 퇴장과 등장

다윗 왕이 나이 많아 늙으니

이불을 덮어도 따뜻하지 아니한지라

그 신복들이 왕께 고하되 우리 주 왕을 위하여

젊은 처녀 하나를 구하여 저로 왕을 모셔 봉양하고

왕의 품에 누워 우리 주 왕으로 따뜻하게 하리이다 하고

이스라엘 사방 경내에 아리따운 동녀를 구하다가

수넴 여자 아비삭을 얻어 왕께 데려왔으니

이 동녀는 심히 아리따운 자라

저가 왕을 봉양하며 수종하였으나

왕이 더불어 동침하지 아니하였더라

열왕기상 1:1-4

인생은 유수?

보편적 인생관

사전은 인생을 가리켜 "사람이 세상을 사는 일", 혹은 "사람이 살아 있는 기간"이라고 정의하고 있다. 이를테면 삶 자체도 인생이요, 삶의 기간인 세월도 인생이다. 이와 같은 인생에 대해 동서고금을 막론하고 세 가지의 보편적 인식이 있다.

첫째, 인생은 유수와 같다는 것이다. 인생은 마치 흘러가는 강물과 같다. 물론 이때의 인생이란 세월을 뜻한다. 인생이 유수와 같다 함은, 인생이란 자신의 의지와는 상관없이 흘러간다는 말이다. 생각해 보라. 강물은 나의 의지와 무관하게 흐른다. 내가 멈추었으면 하고 바랄 때에도 강물은 흐르고, 역류하기를 원할 때도 강물은 제 길을 따라 흘러갈 뿐이다.

인생도 마찬가지다. 나의 의지에 따라 세월이 멈추거나 역행해 주지 않는다. 내 의지와는 아무 상관 없이 밤낮은 흘러가고 계절은 바뀐다. 나의 동의를 구하지 않고 백발이 돋으며, 내 의사를 묻지 않고 이마엔 깊은 주름이 파인다. 다음은 예레미야 선지자의 고백이다.

> 여호와여 내가 알거니와 인생의 길이 자기에게 있지 아니하니 걸음을 지도함이 걷는 자에게 있지 아니하니이다(렘 10:23)

표준새번역 성경은 이 구절을 좀더 이해하기 쉽게 번역하였다.

> 주님, 사람이 자기 운명의 주인이 아니라는 것을, 제가 이제 깨달았습니다. 아무도 자기 생명을 조종하지 못한다는 것도, 제가 이제 알았습니다.

인생이 자신의 의지와 무관하다는 관점에서 예레미야 선지자의 깨달음은 큰 설득력을 지닌다. 확실히 인생은 인간의 의지와는 별개로 흘러간다.

둘째, 인생은 유수로되 그 유수의 속도는 살처럼 빠르다는 것이다. 궁수의 시위를 떠난 화살이 얼마나 빨리 날아가는지 아는가? 요즈음 표현을 빌리자면 총알처럼 빠르다. 인생은 그 정도로 빨리 흘러가 버린다. 일출 혹은 일몰의 광경을 생각해 보자. 수평선이나 지평선에서 해가 떠오를 때, 마치 누군가가 밑에서 밀어 올리기라도 하는 듯 쑥쑥 솟아오른다. 반대로 해가 질 때는 위에서 내리누르듯 순식간에 사라져 버린다. 카메라를 미리 준비하지 않은 사람이 일몰이나 일출이 시작되는 것을 보고, 그제야 가방에서 카메라를 꺼내어 뚜껑을 열고 사진을 찍으려 하면 이미 상황은 끝난 뒤다. 만약 지평선에서 자동차가 시속 200-300킬로미터로 달려온다면 그 움직임을 눈으로 지각할 수 있겠는가? 아니다. 미동도 않는 것처럼 보일 것이다. 그러나 태양은 지평선에서 순식간에 떠오르고 순식간에 져 버린다. 그것이 인생의 속도다. 인생은 그처럼 빨리 날아간다.

2002년 8월 9일, 미국 비벌리힐즈 호텔에서 영화배우 찰턴 헤스톤의 고별 회견이 있었다. 본인이 직접 나온 것이 아니라, 미리 녹화해 둔 비디오 회견이었다. 팔십에 접어든 나이에 알츠하이머(치매)를 앓고 있는 그는, '언제 말을 할 수 없게 될지 알 수 없어 사랑하는 사람들에게 미리 인사하고 싶다'며 작별을 고했다. 찰턴 헤스톤의 대표작은 그 유명한 〈벤허〉다. 주인공 벤허 역을 맡은 그는 젊은 벤허의 패기, 열정, 박력을 유감없이 보여 주었다. 그 젊었던 찰턴 헤스톤이 어느덧 치매에 걸린 팔십 노인이 되어 이 세상에서 사라져 가고 있었다. 인생은 그토록 빠르다.

남의 이야기를 할 필요가 없다. 60년대 초 영화 〈벤허〉를 볼 때 나는 10대의 중학생이었다. 그런데 나 자신이 벌써 50대다. 그 많은 세월이 언제 그렇듯 빨리 가 버렸느냐는 질문에, 대체 누가 속 시원히 답해 줄 수 있겠는가? 살처럼 날아가 버렸다는 것 외엔 달리 답이 있을 리 없다.

모세 역시 한탄치 않았던가?

우리의 연수가 칠십이요 강건하면 팔십이라도 그 연수의 자랑

은 수고와 슬픔뿐이요 신속히 가니 우리가 날아가나이다(시 90:10)

그러므로 자연 유수와 인생 유수는 같은 것 같으나 실은 전혀 다르다. 자연의 유수, 즉 강물은 '세월아 네월아' 하며 전혀 급할 것이 없이 유유히 흐르지만, 인생 유수는 살처럼, 총알처럼 날아가 버린다.

마지막으로, 인생은 유수요 그 속도는 살처럼 빠르되 그 결과는 허무하다는 것이다. '빌 허'(虛) '없을 무'(無), 허무란 문자 그대로 남는 것이 아무것도 없다는 말이다. 뭔가 남는 것이 있다면 인생을 허무하달 리가 없다.

중동 지방의 사막에서는 전통적인 공동묘지들을 볼 수 있다. 요즈음은 오일 달러로 인해 산유국들의 묘지도 비석과 석곽으로 잘 꾸며져 있다. 그러나 빈곤했던 옛 시절의 묘지는 전혀 딴판이다. 사막 한가운데 작은 바가지만 한 돌들이 일렬로 쭉 늘어서 있다. 바로 그것이 공동묘지다. 그 돌 하나하나는, 그 아래에 누군가의 시체가 묻혔다는 표식이다. 전혀 다듬어지지 않은 돌엔 물론 비문 하나 없다. 그냥 돌일 뿐이다. 그 아래에 묻힌 사람이 누구인지, 몇 살인지, 무엇을 했던 사람인지, 그 무엇도 알 수 없다. 단지 거기에 놓여 있는 돌이, 누군가가 이 땅을 거쳐 갔음을 허무하게 전해 주고 있을 뿐이다. 그것이 인생이다. 비석을 세우고 봉분을 쌓는다고 해서 달라질 것은 없다. 그것은 모두 산 사람을 위한 것일 뿐, 죽은 자의 몫은 아니다.

친구 목사님으로부터, 호적이 없어 자신이 누구인지도 알지 못하는 소녀에 관한 편지를 받은 적이 있었다. 목사님이 그 소녀의 지난 이야기를 듣고 소녀의 과거를 추정해 보니 대략 열여섯 살 정도였다. 그 16년 동안 소녀가 기억하는 것만 따져도 살던 장소는 열아홉 번, 이름은 여덟 번, 가정부에서 미싱 보조원에 이르기까지 각각의 장소에서 맡겨진 역할은 열 번이나 바뀌었다. 그처럼 억척스럽게 살아왔으면서도 자신의 본명이 무엇인지, 생년월일은 언제이며 부모는 누구인지조차 몰랐다.

그 소녀에 비하면 그대에겐 호적이 있다. 그대는 그대 자신의 이름을, 생년월일을, 그리고 부모형제를 정확하게 알고 있다. 그렇다면 과연 그대와 그 소녀는 다른가? 아무것도 다를 바가 없다. 100년만 지나 보라. 그대의 이름을 누가 기억하며, 그대의 생년월일이 무슨 필요가 있겠는가? 그대의 족보를 펴서, 100년 전 혹은 200년 전 선조의 이름을 보라. 그분에 대해 그대가 무엇을 아는가? 그분의 이름이 그곳에 기록되었다는 사실 외에 그대가 아는 것이라곤 아무것도 없다. 그대 역시 마찬가지일 것이다. 아무리 그대에게 호적이 있고 족보가 있다 한들, 머지않아 그대 역시 예외가 아닐 것이다. 그렇다면 그 소녀와 그대 사이에 본질적인 차이란 있을 수 없다. 인생이란 그렇듯 허무한 것이다.

우리의 민법은, "사람은 생존한 동안 권리와 의무의 주체가 된다"라고 명시하고 있다. 죽음과 동시에 자기 소유에 대한 모든 권리와 의무가 소멸되어 버린다. 그대가 억만금을 지니고 있었다 한들 소용없다. 코끝에서 호흡이 정지됨과 동시에 그것은 더 이상 그대의 것이 아니다. 이 세상에서 그대의 것이란 그 어디에도 더 이상 존재하지 않는다. 굳이 따진다면 한 줌의 재만 그대의 몫으로 남을 따름이다.

생각할수록 인생은 허무하다. 어린아이들이 낮 동안 열심을 다해 쌓은 모래성이 밀물에 순식간에 쓸려 버리듯, 실체 없는 바람처럼, 모든 인생은 결국엔 '빌 허'(虛)에 '없을 무'(無)로 끝나고 만다. 오죽하면 시인마저 인생 허무를 탄식했겠는가?

나의 때가 얼마나 단촉한지 기억하소서 주께서 모든 인생을 어찌 그리 허무하게 창조하셨는지요(시 89:47)

새로운 인생관

확실히 인생은 유수와 같고, 그 유수의 속도는 살처럼 빠르며, 유수의 결과는 물거품 같은 허무다. 그러나 인생에 대한 이 보편적인 인식이 과연 절대 불변의 인생관인가? 영원하신 하나님을 믿는다는 크리스천마저도 이와 같은 인생관을 지니고 살아야 하는가?

첫째, 인생은 유수와 같다고 했다. 이것이 정말 사실인가? 인생을 유수로 표현할 때 거기엔 대전제가 깔려 있다. 유수처럼 흘러가는 인생, 즉 세월은 가변적이요, 그 인생을 바라보는 나는 불변이란 대전제다. 마치 강물이 움직이는데 반해, 그 강물을 바라보며 '유수'를 읊는 시인은 고정되어 있는 것과 같다. 이것이 과연 바른 인식인가? 변하는 것은 세월이요, 그 세월을 관조하는 나는 불변인가? 오히려 그 반대다. 변하는 것은 언제나 나 자신이다.

애초 시간이란 없다. 현재 우리가 알고 있는 시간이란 인간의 편의에 따라 인간이 만든 기준으로, 그 기준은 만물이 변하는 속도를 토대로 하고 있다. 지구가 태양 주위를 한 번 공전하는 변화의 속도를 1년, 지구가 스스로 자전하는 변화의 속도를 1일, 하루의 속도를 24시간, 한 시간의 속도는 60분, 1분의 속도를 60초로 정한 것은 인간이다. 그러므로 처음부터 존재하지 않았던 시간은 항상 제자리에 고정되어 있고, 고정된 그 시간판 위를 인간이 유수처럼 흘러가고 있다. 디지털 시계든 아날로그 시계든 상관없이 시계를 들여다보면, 지금도 시간이 1초 1초 흘러가는 것처럼 보인다. 그러나 실제로는 시간이 흘러가는 것이 아니라, 그 1초 1초의 속도로 내가 지금 현재 변하고 쇠퇴하고 늙어 가는 중이다. 세월이 1년 흘렀다면 그것 역시 세월 자체가 변했다는 말이 아니라, 내가 1년 더 변하고 늙었음을 뜻한다.

이것은 대단히 중요한 깨달음이다. 시간이 흘러간다고 인식할 때에는, 나는 나의 의지와 무관하게 흐르는 시간의 객체가 될 뿐이다. 시간의 객체인 나는 시류에, 세상 풍조에 마냥 휩쓸리지 않을 수 없다. 그러나 내가 시간판 위를 걸어가는 것이 인생임을 자각하면, 시간의 주체는 나 자신이 된다. 즉, 나는 의지를 다해 나의 시간을 참된 가치와 의미로 건져 올릴 수 있다.

둘째, 인생은 유수로되 그 유수의 속도는 살같이 빠르다고 했다. 인생이 살같이 빠르다는 것을 달리 표현하면, 인생을 살고 보니 그 길이가 턱없이 짧더라는 말이다. 인생이 천년만년 길기만 하다면, 아무도 살처럼 빠르다고 탄식지는 않을 것이다. 확실히 인생은 짧다. 병든 자아가 갈구하는 허망한 욕망을 좇아 살기에는 인생은 살처럼 신속하고 턱없이 짧기만 하다. 그러나 절대로 간과치 말아야 할 것은, 참되고 바르게 살기에는, 진리의 빛을 따라 살기에는 인생은 충분히 길고도 남는다는 사실이다.

아프리카의 흑인들을 위해 자신의 생을 바쳤던 슈바이처, 인도의 빈민들과 자신의 일생을 나누었던 마더 테레사, 그분들의 책을 아무리 뒤져 보아도 인생이 짧다고 한탄한 구절을 찾아볼 수 없다. 그들의 삶은 그들이 거처하던 현지의 사람들에게뿐만 아니라, 지구를 반 바퀴 돌아 한국에 있는 우리에게까지 지대한 영향을 미쳤다. 그들에게 인생은 충분히 가치롭게 살 만큼 길었던 것이다. 그들과 똑같은 수명을 살았을지라도 욕망에 끌려 산 자의 인생이 몽당연필보다 더 짧았을 것임에 반해, 진리를 좇은 그들의 인생은 대하보다 더 길었다.

무릇 크리스천이라면 주님께서 베푸신 '오병이어'의 능력을 알고 믿는다. 외딴 벳새다 벌판에서 주님께서는 어린 소년의 한 끼분 식사량에 지나지 않는 떡 다섯 조각과 물고기 두 토막으로 남자 장정만 5,000명이나 먹이셨다. 만약 장정마다 아내와 어린아이 한 명씩을 데리고 있었다면, 그날 식사에 참여한 사람은 무려 1만 명이 넘는다. 하나님이 아니시고는 결코 행할 수 없는 능력이었다. 이 이후 사람들은 주님의 '오병이어'의 능력을 믿는다. 자신이 지닌 것이 보잘것없을지라도 하나님의 나라와 그 의를 먼저 구하면, 주님께서 '오병이어'의 능력으로 자신의 삶을 책임져 주실 것을 믿는 것이다. 그러나 대부분의 크리스천들은 '오병이어'의 능력을 물질에 국한시켜 생각하고 있다.

주님을 믿는 자에겐 '물질의 오병이어'뿐만 아니라 '시간의 오병이어'도 있다. 다른 사람이 이틀 걸려야 마칠 수 있는 일을 주님 안에서 하루 만에 행할 수 있다면, 그는 타인과 똑같은 햇수를 살고서도 실은 그보다 두 배나 긴 인생을 살게 된다. 이것이 '시간의 오병이어'다.

종교개혁의 선두 주자였던 마르틴 루터는 많은 저작물을 남겼다. 소책자는 차치하고 600페이지가 넘는 대작만 무려 100권이 넘는다. 인쇄된 책으로 따져 6만 페이지가 넘는 엄청난 분량이다. 말이 쉬워 책 6만 페이지지, 원고지로 따진다면 그 몇 배의 분량이다. 독일에서 독일어를 전공한 청년이 마르틴 루터의 모든 원고를 정리, 새로 옮겨 쓰는 데만도 평생이 걸릴 정도라고 한다. 그 많은 원고를 쓰기 위해 마르틴 루터는 잠도 자지 않고 평생 책상 앞에만 앉아 있었던가? 아니다. 그는 교회 개혁을 위해 수많은 곳에서 설교했으며, 신부의 독신생활을 청산하고 결혼하여 가정을 꾸렸을 뿐만 아니라, 친구들과 사귀고 개인적인 여가 시간도 가졌다. 그럼에도 한 사람이 정리하는 데만도 평생이 걸리는 양의 원고를 어떻게 쓸 수 있었는가? 그가 '시간의 오병이어'의 은혜 속에 있었기 때문이다.

헨델은 오페라 46곡, 오라토리오 32곡, 총 78곡의 대작을 남겼다. 그 외에 150곡의 칸타타와 40곡의 성악 작품을 제외하고서도 나머지 소품들은 헤아릴 수조차 없다. 한 명의 음악도가 옛날처럼 백지에 오선을 긋고 헨델의 모든 작품을 채보, 정리, 분석하기 위해서는 역시 평생을 걸어야 하는 작품량이라 한다. 헨델도 밤낮 작곡만 한 것이 아니다. 그 역시 교회생활과 대인관계에 충실하면서도 그 많은 작품들을 남겼다. 이 또한 '시간의 오병이어'다. 첫 번째 아내와의 사별로 두 번 결혼에 20명의 자녀를 낳으면서도 헨델보다 더 많은 신앙 작품을 작곡한 동시대의 바흐 역시 '시간의 오병이어' 속에 있었음은 물론이다.

　나는 서른여섯 살 되던 해에 주님과 인격적인 만남을 가졌다. 그
때까지 나의 삶은 물거품을 좇는, 그야말로 의미 없는 삶이었다.
36년이라면 결코 짧지 않은 기간이건만, 그러나 그 긴 36년은 마치
일장춘몽처럼 눈 깜짝할 사이에 사라져 버렸다. 서른일곱 살이 되
던 그 이듬해 나는 내 인생길을 바꾸어 목회자의 길에 들어섰고,
그로부터 19년의 세월이 흘렀다. 회심하기 이전의 36년에 비하면
그 절반밖에 되지 않는 기간이다. 그러나 그 기간을 되돌아볼 때마
다 이제 19년밖에 되지 않았구나, 나 스스로 놀랄 만큼 그 19년은
충분히 길었다. '시간의 오병이어'의 은혜였다.

　인생의 속도는 사람마다 다 동일하지 않다. 같은 햇수를 살아도
그 햇수의 길이 또한 사람마다 다르다. 이 땅에 오신 주님께서는
수십 년 혹은 수백 년 사역하신 것이 아니다. 그분의 사역 기간은
단 3년에 지나지 않았다. 그러나 그 3년이 인류의 역사를 뒤바꾸었
고, 바꾸고 있으며, 앞으로도 바꿀 것이다. 인생은 결코 짧지 않다.
진리를 좇아 살기에는 충분히 길고도 남는다. 이것을 인식하며 살
아가는 자의 인생은, '인생은 살처럼 빠르다'는 자의 인생과 질적
으로 다를 수밖에 없다.

　마지막으로, 인생은 유수로되 그 유수의 속도는 살같이 빠르며
그 유수의 결과는 허무하다고 했다. 인생은 실체 없는 바람처럼,
모래사장의 모래성처럼 아무것도 남는 것이 없다고 한다. 이것이
정녕 사실인가? 아니다. 인생은 반드시 남는다. 어떤 형태로든 남
지 않는 인생이란 없다. 살아 있는 사람의 경우 그의 지난 세월은
현재 그의 모습 속에 고스란히 축적되어 있다. 그의 얼굴, 그의 언

행, 그의 일거수일투족이 과거의 집합체다. 우리가 누군가를 오랜만에 만났을 경우, 그를 보는 순간 그가 지난 세월 동안 고생하며 살았는지 아니면 평안하게 살았는지 금방 아는 것은, 현재 그의 모습이 과거의 축적판이기 때문이다. 떨어져 있는 사람, 혹은 이 세상을 떠난 사람의 경우엔 지워도 지워지지 않는 한 컷의 영상으로 산 사람들의 뇌리 속에 각인된다. 각인된 각 영상들 사이에 차이가 있다면 긍정적인 영상이냐 아니냐의 차이일 뿐이다. 더욱이 자신의 피를 이어받은 혈족들에겐 그들의 품성 속에, 인격 속에, 정서 속에, 의식 속에, 행동 속에, 유전자 속에 반드시 살아남는다. 그의 대(代)가 이 세상에서 완전 멸절되지 않는 한, 그의 존재의 흔적 역시 제거되지 않는다.

인생이 허무하다는 것은 인생을 물질적인 관점으로만 이해한 결과다. 이 땅을 거쳐 간 인간의 존재 그 자체, 그 존재의 흔적은, 그의 육체가 한 줌의 재로 사라진 이후에도 대를 거듭하며 계속 살아남게 마련이다. 이것을 아는 자는 결코 아무렇게나 살지 않을 것인즉, 인생의 허무를 씹으며 사는 자의 삶과 같을 수는 없다.

두 인생의 분기점

우리는 지금까지 전혀 상반된 두 인생관을 조명해 보았다. 첫 번째 인생관은 인생은 유수로되, 그 유수의 속도는 살처럼 빠르며 그 유수의 결과는 허무하다는 것이다. 두 번째 인생관은 인생의 주체는 유수 같은 세월이 아니라 인간이요, 인생은 진리를 좇아 살기에는 충분히 길고도 남으며, 인생은 어떤 형태로든 반드시 이 땅에 남는다는 것이다. 이 두 인생관 중에 후자의 인생관이 바람직함은 두말할 나위가 없다. 그럼에도 실은 거의 모든 사람들이 전자의 무의미한 인생관 속에 빠져 있다. 대부분의 크리스천 역시 마찬가지다.

누가 과연 바람직한 후자의 인생을 살아갈 수 있는가? 다시 말해 전혀 상반된 두 인생이 분리되는 분기점은 대체 무엇인가? 그것은 '영원'이다. 하나님께서는 하나님 당신의 형상대로 사람을 지으셨다. 하나님께서 영원하시기에, 영원한 당신의 형상을 따라 인간을 영원한 존재로 만드신 것이다. 영원하신 하나님께서 영원한 존재인 인간에게 명령하셨다.

> 동산 각종 나무의 실과는 네가 임의로 먹되 선악을 알게 하는 나무의 실과는 먹지 말라 네가 먹는 날에는 정녕 죽으리라(창 2:16-17)

그러나 인간은 하나님의 말씀을 거역하는 죄를 범했고, 그 결과는 죽음, 곧 영원의 상실이었다.

> 너는 흙이니 흙으로 돌아갈 것이니라(창 3:19하)

죄로 말미암아 영원했던 존재가 한 줌의 흙으로 전락하고 말았다. 어이없는 추락이었다. 이처럼 죄의 결과가 영원의 상실이기에, 하나님의 구원은 언제나 인간이 상실한 영원, 곧 영원한 생명의 회복을 의미한다.

내가 내 언약을 나와 너와 네 대대 후손의 사이에 세워서 영원한 언약을 삼고 너와 네 후손의 하나님이 되리라(창 17:7)

하나님께서 믿음의 조상 아브라함을 부르신 것은 영원, 영원한 언약을 주시려는 목적에서였다.

하나님이 세상을 이처럼 사랑하사 독생자를 주셨으니 이는 저를 믿는 자마다 멸망치 않고 영생을 얻게 하려 하심이니라(요 3:16)
나는 부활이요 생명이니 나를 믿는 자는 죽어도 살겠고 무릇 살아서 나를 믿는 자는 영원히 죽지 아니하리니 이것을 네가 믿느냐(요 11:25-26)

메시아이신 예수 그리스도께서 이 땅에 오신 까닭 역시 한 줌의 흙으로 끝나 버릴 인간들에게 영원을 회복시켜 주시기 위함이었다. 그러므로 구원받은 크리스천이란, 사도 바울의 고백처럼 이 땅에서부터 영원에 접속되어 영원을 사는 자를 의미한다.

우리의 돌아보는 것은 보이는 것이 아니요 보이지 않는 것이니 보이는 것은 잠간이요 보이지 않는 것은 영원함이니라(고후 4:18)

주님을 믿는다면서도 영원에 접속되어 있지 않을 경우, 그는 결국 눈에 보이는 세상의 것만을 인생의 목적으로 섬길 터인즉, 그의 인생은 유수 같은 세월의 객체로 세상 풍조에 휩쓸릴 수밖에 없고, 그의 인생은 살처럼 신속하게 날아가게 마련이며, 열심히 살면 살수록 그 인생의 결과는 허무로 종지부를 찍을 따름이다. "너는 흙이니 흙으로 돌아갈 것이니라." 아무리 부귀영화를 누린다 한들 그 종국은 한 줌의 흙 이상이 될 수는 없다.

반면에 영원에 접속되어 있는 자의 시간은 흘러가지 않는다. 본래 영원은 불변이다. 그 영원 불변의 시간판 위를, 영원에 접속된 자 스스로 뚜벅뚜벅 걷는 것이 인생이다. 그 발자국은 영원한 시간판 위에 결코 사라지지 않는 흔적으로 새겨져 남는다. 그런 자의 생이 영원한 가치를 지니지 않을 수는 없다. 이런 관점에서 주님을 믿는다면서도 영원을 도외시하며 사는 자의 인생보다 더 어리석은 삶이 없다. 그는 인생 유수의 세월에 휩쓸려, 고작 허무를 향해 살처럼 날아가고 있는 자다.

새로운 등장을 위해

그리스도 안에서 영원에 접속된 자만 참된 인생을 살 수 있음을 깨달았다면, 우리는 그 깨달음을 토대로 몇 가지의 교훈을 얻을 수 있다.

인생은 소급의 대상

주님을 만나기 전의 바울(당시의 이름은 사울)은 철저한 주님의 대적자였다. 그는 예수님이 그리스도이심을 부정했을 뿐만 아니라 예수님을 믿는 자들을 색출, 체포, 연행, 핍박하는 것을 천직으로 여겼다. 만약 그의 일생이 그렇게 끝났다면, 설령 그가 유대인 사회에서는 지성인으로 불렸을망정 하나님 보시기엔 폭도에 지나지 않았을 것이다. 그러나 다마스쿠스 도상에서 주님을 만난 이후의 그는 온전히 주님을 좇는 삶으로 일관하였고, 그로 인해 그 이전의 삶의 의미와 가치도 새로워졌다. 주님을 만난 이후의 삶의 가치와 의미가 그리스도 안에서 이전의 삶으로까지 소급된 것이다.

그는 본래 유대교 신봉자로 구약성경에 능통했기에, 주님의 복음으로 구약을 재해석할 수 있었다. 그는 유대교 최고의 랍비 가말리엘의 문하생이었기에, 신약성경을 기록할 지적 능력을 소유하고 있었다. 그는 크리스천들을 핍박하던 자였기에, 자신을 핍박하는 자들을 긍휼히 여기며 사랑할 수 있었다. 그는 반대자들을 돌로 칠 정도로 격정을 지닌 자였기에, 그 격정으로 날아오는 돌을 두려워하지 않았음은 물론이요, 끝내는 주님을 위해 기꺼이 참수형마저 당할 수 있었다. 이처럼 그의 죽음과 함께 쓰레기처럼 무의미하게 폐기되었을 그의 그릇된 삶의 경험은, 주님 안에서 주님을 위한 새로운 삶의 토대로 선용되었다. 이런 의미에서 그의 고백은 우리에게 큰 격려와 소망을 안겨다 준다.

> 우리가 알거니와 하나님을 사랑하는 자 곧 그 뜻대로 부르심을
> 입은 자들에게는 모든 것이 합력하여 선을 이루느니라(롬 8:28)

여기에서 '모든 것이 합력하여 선을 이룬다'는 구절의 원문을 직역하면, '모든 것이 선을 위해 함께 역사한다'는 말이다. 우리가 주님과 동행할 때 주님 밖에서 그릇 행하였던 우리의 지난날까지도 그리스도 안에서 합력하여 선으로 소급된다는 것은 얼마나 큰 위로와 격려인가?

이처럼 인생이 소급의 대상임을 깨달으면, 인간의 일생 중 중요치 않은 과정이 없지만 그러나 마지막 마무리의 중요성을 재삼 인

식하게 된다. 시작은 매우 중요하다. 시작은 전체의 방향과 성격을 규정지어 준다. 그러나 마무리는 더욱 중요하다. 마무리의 질과 수준은 그 이전의 전체 과정으로 소급된다. 인생의 마무리가 반드시 진리 안에서 이루어져야 할 까닭이 바로 이것이다.

만약 박정희 대통령의 인생이 이렇게 진행되었다면 어떻게 되었을까? 40대에 쿠데타로 권력을 장악한 그가 오직 자신의 야망을 위해 권력을 마구 남용하다가, 나이가 든 후 겸손한 권력의 청지기가 되어 국가와 민족을 위해 헌신한 후 스스로 권좌에서 물러났더라면, 그는 지금 전혀 다른 인물로 평가받고 있을 것이다. 그러나 그는 세월이 흘러갈수록 권력과 국가 조직을 사유화했다가, 심복 중의 심복인 중앙정보부장의 총에 피살당하는 비극을 초래하였다. 그 결과 그에겐 이 땅에서 빈곤의 사슬을 끊어 내고 패배감에 젖어 있던 국민에게 '우리도 할 수 있다'는 자신감을 심어 주는 등 괄목할 만한 공(功)이 있음에도, 그의 일생은 비참하게 끝나 버리고 말았다.

요즈음 젊은이들은 불과 30여 년 전까지만 해도 우리 민족이 얼마나 가난했었는지를 모른다. 1971년 2월에 대학을 졸업한 나는 그보다 석 달 이른 1970년 12월 1일부터 직장생활을 시작하였다. 그때 대학 졸업생들이 가장 선호하던 직장이 은행이었는데, 나의 동창생들 중 은행에 취직한 친구들의 초봉은 1만 8,000원이었다. 당시 환율이 미화 1달러당 250원이었으므로 1만 8,000원이라면 72불밖에 되지 않는다. 대학을 졸업하고 치열한 입사 시험의 관문을 뚫고 취직한 대한민국 엘리트의 한달 봉급이 불과 72불이었다. 외국 기업에 입사한 나의 초봉은 4만 5,000원이었다. 그 금액은 그 당시 대학을 갓 졸업한 신입 사원에게 주어지는 봉급 중 국내 최고 액수였지만, 그래봐야 미화 180불에 지나지 않았다.

그즈음 한국의 젊은 남녀 청년들이 광부와 간호사로 대거 독일에 진출했다. 그 역시 경쟁이 치열하였는데, 광부의 경우 대학을 졸업한 학사 출신들이 많았다. 2년 전 독일 방문 시, 나는 한국 광부들이 일했던 광산의 갱 속에 직접 들어가 본 적이 있다. 지하 1,000미터의 막장에서 하루 열 시간씩 중노동을 하며 적지 않은 한국의 젊은이들이 목숨을 잃었다. 한국 간호사의 경우 독일에 도착하여 제일 먼저 한 일은, 주로 죽은 환자의 시체를 알코올로 닦는 일이었다. 그 궂은일의 대가로 한국 청년들이 받은 봉급은 고작 200불이었다.

그러나 그때의 젊은이들은 그 200불을 벌기 위해 수많은 경쟁자들을 물리치고 이역만리 타국으로 건너가 지하 갱도에서 목숨을 걸고 석탄을 채굴했고, 꽃다운 처녀들이 구역질을 참아 가며 독일인 시체를 닦았다. 그렇게 번 돈으로 국내에 있는 부모를 부양하고 동생들의 학비를 부담했다. 나는 지금도 독일에서 그분들을 만날 때마다 마음속으로 흐르는 눈물을 주체할 수 없다. 이미 초로의 나이에 접어든 반백의 그들이야말로 가난한 시대, 가난한 나라에서 태어나, 가난에 짓눌린 부모형제를 살리기 위해, 자신들의 생을 던진 한 시대의 전사들이기 때문이다.

이것은 조선시대나 고려시대의 이야기가 아니다. 불과 30여 년 전의 일이다. 우리는 그만큼 가난했었다. 그 가난의 사슬을 끊고 오늘날과 같은 경제적 번영의 발판을 이룬 주인공이 박정희 대통령이다. 그러나 이와 같은 그의 경제적 업적도 그의 과(過)를 씻을 수는 없다. 말년의 크나큰 과오가 그의 전 일생으로 소급된 까닭이다.

만약 가룻 유다가 자신의 인생을 거꾸로 전개했더라면 어떻게 되었을까? 주님을 따라다니며 자신의 욕구 성취를 위해 끊임없이 주님을 이용하려다가 마침내 베드로처럼 주님을 바로 알아 진정한 제자가 되었던들, 그의 허물마저도 합력하여 선으로 소급되었을 것이요, 그 역시 사도행전의 주인공이 되어 우리의 존경을 받고 있을 것이다. 그러나 은 30냥으로 주님을 배신, 스스로 목을 매어 자살로 마무리한 그의 전 일생은, 인류 역사상 가장 쓸모 없는 폐기물이 되고 말았다.

열왕기상 1장 도입부는 다윗의 말년에 대해 증거해 주고 있다.

> 다윗 왕이 나이 많아 늙으니 이불을 덮어도 따뜻하지 아니한지라 그 신복들이 왕께 고하되 우리 주 왕을 위하여 젊은 처녀 하나를 구하여 저로 왕을 모셔 봉양하고 왕의 품에 누워 우리 주 왕으로 따뜻하시게 하리이다 하고(왕상 1:1-2)

드디어 다윗 왕도 늙었다. 대신들은 연로한 다윗 왕의 잠자리를 따뜻하게 해 주기 위해, 왕이 밤에 품고 잘 수 있는 처녀를 구해 바치기로 했다. 대신들이 이런 생각을 한 것은 유대인들이 유별나서가 아니다. 역사적으로 가부장 사회에서는 어디서나 이런 제도가 있었다. 우리나라에서도 조선 말기까지 늙은 양반들은 동첩(童妾)이라 불리던, 돈으로 산 가난한 집안의 나이 어린 처녀를 밤에 품고 잤다.

이스라엘 사방 경내에 아리따운 동녀를 구하다가 수넴 여자 아
비삭을 얻어 왕께 데려왔으니 이 동녀는 심히 아리따운 자라(왕
상 1:3하-4상)

왕의 잠자리를 따뜻하게 하는 것이 목적이라 해서, 단순히 몸에
열이 많은 처녀를 구한 것이 아니었다. 대신들은 이스라엘 전국에
서 가장 아름다운 처녀를 구했는데, 그 중에서 뽑힌 처녀가 수넴
지방의 아비삭이었다. 말하자면 아비삭은 3,000년 전, 당시의 미
스 이스라엘인 셈이었다. 그녀는 누가 보아도 심히 아름다웠다.

저가 왕을 봉양하며 수종하였으나 왕이 더불어 동침하지 아니
하였더라(왕상 1:4하)

그 아름다운 아비삭이 다윗 왕을 봉양하며 수종하였다. 다시 말
해 다윗의 몸을 따뜻하게 해 주기 위해 다윗의 잠자리 속으로 들어
갔다. 그러나 다윗은 아비삭과 동침치 않았다. 성적 관계를 맺지
않았다는 말이다. 우리나라에서도 늙은 양반이 품고 자는 처녀를
동첩이라 불렀듯이, 어떤 나라에서든 늙은 남자가 잠자리를 따뜻
케 하기 위해 품고 자는 처녀의 신분은 첩이었다. 남자가 처녀를
품고 잔다는 것 자체가 이미 성적 관계까지 포함하기 때문이었다.
아비삭이라고 예외가 아니었다. 그가 동첩의 신분으로 다윗의 침
실에 든 이상 다윗은 얼마든지 동침할 수 있었다. 당시의 관습상
그것은 전혀 불륜이거나 불법이 아니었다. 그럼에도 다윗은 그 아
름다운 아비삭과 동침하려고도 하지 않았다.

이 이야기는 언뜻 생각해 보면 전혀 불필요한 것처럼 보인다. 다윗의 일생에 대한 역사적 서술은 사무엘하 마지막 장에서 끝이 나고, 다윗의 임종 장면은 열왕기상 2장에 기록되어 있다. 그렇다면 사무엘하 마지막 장에서 열왕기상 2장으로 바로 연결되어도 전혀 무리가 없을 것 같다. 그런데 왜 성경은 다윗이 아비삭과 동침치 않았다는, 전혀 중요해 보이지도 않는 내용의 단락을 그 중간에 끼워 놓았을까?

우리는 앞 장에서 '아단'에 빠진 다윗의 패륜을 확인했다. 그는 어둠이 내려 형체마저 정확히 알아볼 수 없는 밧세바에게 얼이 빠져 그녀를 불러 통간하고 그녀의 남편을 살해하는 등 십계명의 전 계명을 범했다. 그 결과로 자신의 장남이 자신의 딸인 이복누이를 강간하고, 삼남 압살롬이 장남을 살해하며 아버지인 자신을 향해 칼을 겨누는 쿠데타까지 감행했다.

그 쿠데타는 다윗의 군대가 압살롬의 군대를 진압, 다윗의 충복 요압이 압살롬마저 처형함으로 끝이 났다. 아버지의 군대와 아들의 군대가 피를 튀기며 싸운 것이다. 만약 열왕기상의 상기 단락이 성경에 없다면, 다윗의 일생은 그렇게 끝나 버리고 말았을 것이다. 한때 그가 아무리 진리를 좇아 바르게 산 적이 있었다 할지라도, 결국 그는 존경할 것도, 본받을 것도 전혀 없는, 허망한 한 줌의 재로 사라져 버리고 말았을 것이다.

그러나 다윗의 마지막 인생 매듭을 보여 주는 상기 단락으로 인해 다윗은 우리가 아는 다윗이 될 수 있었다. 자신의 침실에 들어온 아비삭, 당시 이스라엘에서 가장 예쁜 심히 아름다운 아비삭, 신분이 자신의 동첩이기에 동침해도 무방한 아비삭, 아니 신하들이 동침하라고 동첩으로 구해 온 아비삭, 그러나 다윗은 그 아비삭과 동침치 않았다. 예전 밧세바를 범할 때의 다윗이라면 당장 동침했을 것이다. 그러나 말년의 다윗은 더 이상 그때의 다윗이 아니었다. 그는 천하의 미색을 보고서도 동요치 않을 정도로 하나님 앞에서 철저한 회개의 사람이 되어 있었다. 다윗이 하나님 안에서 행한 이와 같은 마지막 인생 마무리는 그의 전 일생으로 소급, 그는 성경이 전해 주는 바대로의 다윗이 되었다. 비록 그의 인생 과정에 치명적인 허물이 있었지만, 그의 신앙적인 마지막 매듭으로 인해 그것마저 합력하여 선으로 귀결된 것이었다.

인생의 마지막 매듭은 모든 인생 매듭 가운데 가장 중요하다. 마지막 매듭의 질과 수준은 전 일생으로 소급된다.

인생은 의지의 소산물

인간의 출생은 인간의 의지와 무관하다. 그 누구도 자신의 출생을 선택하거나 결정할 수 없다. 그러나 출생하여 철이 들고 난 이후 죽음에 이르기까지의 전 인생은, 인간 의지의 소산물이다.

프랑스의 나폴레옹은 1769년 이탈리아 반도 앞 코르시카 섬에서 태어났다. 만약 그가 1년만 빨리 태어났어도 그는 이탈리아인이 되었을 것이다. 본래 이탈리아 제노바령이었던 코르시카 섬은 나폴레옹이 출생하기 1년 전 프랑스에 매각되어 프랑스 땅이 되었다. 가난했던 아버지 샤를 보나파르트는 아들 나폴레옹을 프랑스 본토로 데려가, 학비가 들지 않는 브리엔 군사학교를 거쳐 파리 육군사관학교에 입학시켰다. 그러나 어려운 가정 형편을 남겨 놓고 아버지가 먼저 세상을 떠나 버리는 바람에, 나폴레옹은 16세의 나이에 사관학교를 다니면서 가장 역할까지 담당하였다.

58명의 사관생도 중 42등으로 파리 육군사관학교를 졸업, 포병 장교로 임관된 나폴레옹은 프랑스 혁명의 와중에서 탁월한 정치력을 발휘, 프랑스의 권력을 잡았다. 나중에 스스로 황제의 자리에까지 오른 그는, 생전에 자신의 정복욕을 채우기 위해 100만 명 이상을 죽였다. 나폴레옹으로 인해 목숨을 잃은 프랑스인만 해도 당시 프랑스 인구의 6분의 1에 해당하는 50여만 명이었다. 한 국가의 인구 6분의 1이 한 인간의 광기로 말미암아 목숨을 잃었다. 당시엔 가정마다 대가족을 이루고 있었음을 감안하면, 거의 한 가정당 한 명씩 목숨을 빼앗긴 셈이다.

워털루 전쟁에서의 패배로 몰락한 말년의 나폴레옹은 남대서양의 고도 세인트헬레나 섬에 유배되었다가, 52세의 나이로 그곳에서 죽어 그곳에 매장되었다. 사후 20년이 지나 사면복권이 되자 그의 추종자들이 세인트헬레나 섬에서 그의 시신을 발굴, 화장하고 남은 한 줌의 재를 파리로 가져왔다. 사람들이 나폴레옹의 무덤이라고 부르는 파리의 엥발리드 성당엔 나폴레옹의 거대한 대리석 관이 안치되어 있는데, 물론 그 속에 나폴레옹의 시신은 없다. 거대한 관 속엔 한 줌의 재만 들어 있을 뿐이다. 텅 빈 그 거대한 관이야말로, 일평생 자기 야욕을 위해 살았던 나폴레옹의 일생이 얼마나 허구에 찬 것인지를 웅변하고 있다.

그가 코르시카 섬의 가난한 집안에서 태어난 것은 그의 의지가 아니었다. 십대의 나이에 가장 역할까지 감당해야 했던 것 또한 그의 의지와는 무관했다. 그러나 그가 가난했기 때문에 권력을 잡은 뒤, 오직 자신의 야망을 위해 수많은 전쟁으로 100만 명 이상의 사람을 죽이면서까지 허구에 찬 황제 놀음을 하다가, 허구에 찬 텅 빈 관 속에 한 줌의 재로 끝나 버린 그의 일생은, 여지없는 그의 의지의 소산물이었다.

그와 대조되는 삶이 있다. 영국 옥스퍼드에는 블레넘 궁이 있다. 영국 왕실 소유의 궁을 제외하고는 영국에서 가장 큰 성으로 알려져 있다. 블레넘 궁이 유명한 것은 궁의 규모나 궁에 딸린 정원의 크기로 인함이 아니다. 20세기 영국 최고의 정치 지도자로 추앙받는 윈스턴 처칠의 출생지기 때문이다. 그래서 지금도 윈스턴 처칠이 태어났던 방, 사용하던 물건들이 그 궁에 그대로 보존, 전시되어 있다. 그 궁은 윈스턴 처칠의 선조인 존 처칠(말버러 공작1세)이 스페인 계승 전쟁에서 세운 혁혁한 전공으로 나라에서 하사받은 것이었다. 그의 아버지 랜돌프 처칠 경은 보수당 당수를 역임한 정치 지도자였고, 미국인이었던 어머니 제니 제롬은 미국 대부호의 딸이었다.

유복한 환경에서 태어난 처칠은 유복하게 자랐다. 그러나 고등학교에 입학한 그의 성적은 탐탁지 못했다. 팔삭둥이로 태어난 처칠의 지능 발달이 다소 늦음을 확인한 아버지는, 오히려 아들의 적성에는 사관학교가 나을 것으로 판단, 아들에게 샌드허스트 육군사관학교 입학을 권했고, 처칠은 우수한 성적으로 졸업하였다. 그이후 상관장관, 내무장관, 해군장관(2회), 군수장관, 육군장관, 식민장관, 재무장관, 해군장관, 총리(2회)를 역임, 1-2차 세계대전을 거치면서 영국과 인류의 평화를 위해 자신의 생을 바쳤다. 2차대전의 와중에 신임총리직에 오른 처칠이 의회에서 행한 첫 번째 연설은 그가 어떤 인물이었는지를 잘 보여 주고 있다.

나에게는 조국과 인류를 위해 피와 수고와 눈물과 땀 이외에는
아무것도 내어 놓을 것이 없습니다.

이런 정신으로 일했기에 무려 50년간이나 공직에, 그것도 항상
권력 중심부에 있었으면서도 부정부패에 연루되거나 권력을 남용
한 적이 없었다. 1965년 91세의 나이로 그가 런던에서 타계하자,
그의 장례식은 왕족을 제외하곤 20세기 최초의 국장으로 치러졌
다. 그러나 그의 시신은 영국인이라면 모두 부러워한다는 웨스트
민스터 사원에 안치되지 않았다. 대신 그의 유언에 따라 고향 옥스
퍼드로 옮겨진 그의 시신은, 그가 태어났던 블레넘 궁 근처의 블래
든 교회 마당에 그의 양친과 나란히 묻혔다. 블래든 교회는 웅장한
사원이 아니다. 예배당 크기라야 전체가 스무 평도 되지 않을 만큼
작고, 그나마 옹색하기 짝이 없는 건물이다. 그 예배당 옆 마당에
윈스턴 처칠의 조그마한 무덤이 있다. 석곽과 묘비가 얼마나 작은
지 어린이의 무덤으로 착각할 정도다. 묘비에서 그의 이름을 두 눈
으로 확인하지 않는다면, 그것이 20세기 영국 최고의 지도자 윈스
턴 처칠의 무덤이라곤 아무도 상상할 수 없을 정도로 평범하다 못
해 초라하기까지 하다.

윈스턴 처칠이 왕궁 같은 블레넘 궁에서 위대한 정치인 아버지
와 미국 대부호의 딸인 어머니 사이에 태어난 것은 그의 의지가 아
니었다. 두 달 빨리 조산한 팔삭둥이였던 탓에 지능 발달 속도가
늦어져 사관학교에 진학한 것 역시 그의 의지와는 무관했다. 그러

나 그 이후 자신에게 주어진 최상의 여건을 자신의 유익을 위해 사용치 않고 타인을 섬기는 도구로 삼아 많은 사람을 위해 봉사 헌신타가, 세상을 다 산 후 자신이 태어난 동네 작은 예배당 마당에 겸허하게 묻힌 그의 일생은, 하나님 앞에서 평생 겸손한 크리스천으로 살기 원했던 그의 의지를 뚜렷하게 보여 주고 있다. 똑같이 사관학교를 졸업했음에도, 스스로 황제의 자리에 앉았다가 죽어서도 한 줌의 재로 텅 빈 황제의 관을 차지한 나폴레옹과는 모든 면에서 달라도 전혀 달랐다.

사람마다 출생 환경과 성장 배경이 다르다. 그대가 부잣집에서 태어나 유복하게 성장했을 수도 있고, 가난하게 태어나 가난하게 자랐을 수도 있다. 그것은 그대 의지 밖의 문제다. 그러나 그 이후의 삶은 그대의 의지가 선택하는 것이다. 그대가 가난하게 성장했기 때문에 일평생 나폴레옹처럼 자기 욕망의 우상을 좇아 사람을 짓밟으며 살 수도 있고, 인생에 대한 더 깊은 통찰력으로 일평생 가난한 자들의 이웃으로 살 수도 있다. 그대가 부잣집 자식이기에 일생토록 주지육림에 빠져 사는 오렌지족이 될 수도 있고, 처칠처럼 자신이 노력하지 않고 얻은 것들로 사람들에게 봉사하며 살 수도 있다. 그 어느 쪽이든 그 선택의 주체는 그대 의지다. 그대가 어떤 배경에서 태어나 어떤 환경 속에서 성장했건, 일평생 신실한 크리스천으로 살아가기 위해서는 그대의 의지를 다하지 않으면 안 된다. 그대의 의지를 주님께 드려야 한다는 말이다.

믿음이란 삶인데, 의지가 결여된 믿음이란 태양 앞의 얼음덩이와 같아서 바른 삶으로 이어질 도리가 없다.

3차 선교 여행 중이던 사도 바울은 자신의 생을 마지막으로 던져야 할 곳이 로마제국의 심장인 로마임을 깨닫는다. 그는 예루살렘을 거쳐 로마에 가기로 결심하고, 에베소에 있는 교회 지도자들을 밀레도로 불렀다. 로마로 가면 필경 목숨을 던져야 할 것이기에 다시는 볼 수 없는 그들에게 작별을 고하기 위함이었다.

다음은 그들에게 행한 그 유명한 고별 설교의 일부다.

> 보라 이제 나는 심령의 매임을 받아 예루살렘으로 가는데 저기서 무슨 일을 만날는지 알지 못하노라 오직 성령이 각 성에서 내게 증거하여 결박과 환란이 나를 기다린다 하시나(행 20:22-23)

로마를 최종 목적지로 삼은 바울은 먼저 예루살렘으로 향하고 있다. 언제나 그랬듯 자신의 앞길에 무슨 일이 벌어질 것인지는 구체적으로 알지 못한다. 그러나 발걸음 뗄 때마다 성령님께서 계속 바울에게 일러 주신다. 바울의 앞길에 기다리고 있는 것은 스포트라이트나 박수갈채가 아니라 결박과 환란이라는 것이다. 만약 내가 무슨 일을 계획, 실행하고자 할 때 성령님께서 실패와 고난을 계속 예고해 주신다면, 나는 즉시 그 사실을 미리 일러 주신 하나님께 감사드리고 계획했던 일을 포기하고 말 것이다. 나의 의지는 성령님의 예고를, 하나님께서 나의 일을 막으시는 것으로 해석할 것이기 때문이다.

그러나 바울의 의지는 전혀 달랐다.

> 나의 달려갈 길과 주 예수께 받은 사명 곧 하나님의 은혜의 복

음 증거하는 일을 마치려 함에는 나의 생명을 조금도 귀한 것으로 여기지 아니하노라(행 20:24)

그는 결박과 핍박이 기다리고 있음을 알았으면서도 그 길을 갈 것을 천명하였다. 그의 의지는 성령님의 예고를 이렇게 받아들였던 것이다.

바울아, 지금 네가 가는 길은 명예를 더하거나 안락한 길이 아니다. 너는 말할 수 없는 핍박과 고초를 당해야 할 것이다. 그러나 바울아, 나는 네가 나를 위해 이 길을 가 줄 것을 믿는다.

바울의 의지는 결국 그 길을 선택했고, 주님께서는 그의 의지를 통로로 삼아 로마제국의 지평을 새롭게 하셨다. '겪는 것'과 '하는 것'은 같은 말이 아니다. 자신의 의지와 무관하게 경제적 곤궁은 누구나 겪을 수 있지만, 그 상황 속에서도 진리를 좇아 행할 것을 바르게 행하기 위해서는 반드시 의지가 필요하다. 바울은 자신의 의지와 상관없이 겪어야 하는 환란과 핍박을, 오직 주님을 위해 자신의 의지를 다해 돌파하였다. 주님께 자신의 의지를 드린 자였기에 가능한 일이었다. 다윗이 자신의 침실에 든 경국지색의 아비삭과 동침하지 않았던 것 역시, 회개한 다윗의 의지의 소산물이었다.

일제시대 때 교회의 지도자들은 1938년 마침내 일제의 강압에 굴복, 신사참배는 우상숭배가 아닌 국민의 의무라고 결의하였다. 교회의 지도자들이 결정하였으니, 목회자든 교인이든 아무 갈등 없이 신사참배에 응하기만 하면 된다. 그것이 자신의 안위를 위해서도 유리할 터였다. 그러나 주기철 목사님은 끝내 신사참배를 거부, 1938년에 체포되어 황실불경죄, 치안유지법 위반이란 죄목으로 10년 형을 선고받고 복역 중 1944년 4월 21일, 광복을 불과 1년 4개월 앞두고 옥중에서 순교하였다. 그때 그의 나이 한창 일할 47세였다. 그러나 그 길은 그의 의지가 선택한 길이었다.

일제시대 당시 교회 부흥회가 얼마나 뜨거웠었는지는 잘 알려져 있다. 그렇다면 깊이 생각해 보자. 아무 거리낌 없이 신사참배를 행한 뒤 뜨겁게 박수치며 찬양과 통성기도에 열중하는 목사와 교인들이 성령충만한가, 아니면 소리 높여 찬양과 기도는 못 할지언정 믿음의 거룩함을 지키기 위해 차가운 감방에 홀로 수감된 주기철 목사님이 성령충만한가?

성령충만이란 결코 감정의 고양을 뜻하지 않는다. 성령충만이란 자신의 의지를 성령님을 모시는 그릇으로 삼는 것이다. 그렇기에 성령충만한 사람만 자신이 어떤 환경에서 출생하고 성장했든지 간에, 자신의 과거를 삶의 자양분으로 삼아 주님을 위해 일평생 의지를 다해 진리를 살아갈 수 있다.

죽은 자는 죽은 날로 기념된다

살아 있는 사람들은 태어난 날로 기념된다. 그러나 죽음과 동시에 출생일은 의미를 상실, 망각의 창고 속으로 들어가 버린다. 그 대신 죽은 자는 그 이후부터 죽은 날로 기념된다. 나의 부친은 41년 전에, 그리고 모친은 8년 전에 돌아가셨다. 그분들의 생신일은 한참 생각해 보아야 겨우 기억해 낼 수 있다. 그 반면 돌아가신 날은 정확하게 기억하고 있다. 그분들의 서거 이후엔 돌아가신 날로 그분들을 기념해 온 까닭이다. 사람들은 박정희 대통령의 출생일을 알지 못한다. 그러나 웬만큼 나이 든 사람이라면 그분의 서거일을 모두 알고 있다. 왜 사람은 죽은 이후에는 죽은 날로 기억, 기념되는가? 인간의 죽음은 퇴장인 동시에 새로운 등장이기 때문이다.

박정희 대통령은 1979년 10월 26일 김재규 정보부장에 의해 피살, 역사의 무대에서 퇴장하였다. 그것으로 그의 모든 것이 끝나 버렸는가? 아니다. 그는 바로 그날 역사 속에 다시 등장했다. 그리고 국민을 위한 봉사의 도구인 권력을 사유화할 때 그 최후가 얼마나 비참하게 끝나는지를 오늘도 스스로 웅변하고 있다.

영국 찰스 황태자비였던 다이애나는 1997년 8월 31일, 그녀의 새 연인이었던 이집트 재벌가의 아들 알 파예드와 함께 교통사고로 파리에서 사망했다. 퇴장한 것이다. 그러나 그것은 끝이 아니었다. 작년 초 영국의 모 일간지는 찰스 왕세자의 둘째 아들 헨리는 찰스의 진짜 아들이 아니라, 다이애나가 불륜을 시인했던 승마 조교의 아들임이 분명하다며 헨리의 유전자 검색을 제안했다. 만약 승마 조교의 아들로 판정된다면 그를 위해 영국 국민의 혈세를 낭비할 필요가 없다는 이유에서였다. 다이애나는 죽음으로 퇴장했지만, 그러나 다시 등장했다. 그리고 자신을 단정하게 지키지 못했던 그 어머니의 재등장으로 인해, 그의 둘째 아들은 두고두고 심적 고통을 당할 것이다.

은 30냥과 주님을 맞바꾸었던 가룟 유다는 목을 매어 자살하는 것으로 스스로 퇴장하였다. 동시에 다시 등장한 그는, 주님의 말씀을 멸시하는 것이 곧 자기 인생을 경멸하는 어리석은 짓임을 오늘도 일깨워 주고 있다. 2,000년 전 핍박과 환란의 길인 줄 알면서도 로마로 간 바울은 지하 감옥에 갇혀 있다 끝내 참수형을 당해 죽었다. 세속적 관점에서 보면 참으로 어이없는 퇴장이었다. 그러나 그역시 다시 등장하였다. 참수형의 퇴장이 비참했다면, 그의 등장은 너무나도 화려했다. 그는 하나님의 말씀을 존중하는 자가 영원 속에서 하나님에 의해 얼마나 존귀해지는지를 자신의 삶으로 설파하고 있다.

이스라엘에서 가장 아리따운 아비삭과 동침치 않는 것으로 인생의 마지막 매듭을 지었던 다윗에게도 죽음은 찾아왔다. 목전에 임박한 죽음을 보며 그는 사랑하는 아들 솔로몬에게 유언을 남겼다.

> 내가 이제 세상 모든 사람의 가는 길로 가게 되었노니 너는 힘써 대장부가 되고 네 하나님 여호와의 명을 지켜 그 길로 행하여 그 율법과 계명과 율례와 증거를 모세의 율법에 기록된 대로 지키라 그리하면 네가 무릇 무엇을 하든지 어디로 가든지 형통할지라(왕상 2:2-3)

한마디로 하나님을 존중하는 것이 곧 자기 존중이란 의미였다. 이 유언을 끝으로 그는 퇴장하였다. 그리고 다시 등장한 그는, 인간의 일생이 왜 하나님을 존중하는 삶이어야 하는지 그 당위성을 밝혀 주고 있다.

주기철 목사님은 자신의 의지를 다해 신앙의 양심을 지키다가 옥중에서 순교, 퇴장하였다. 그러나 그는 다시 등장하였고, 해방 후 한국 교회의 정통성이 신사참배를 결의한 지도자들이 아닌 그를 통해 계승됨으로, 의지가 결여된 믿음이란 한낱 구호에 지나지 않음을 오늘도 확인시켜 주고 있다.

한국 대형 교회 목회자 중에는 자기 아들에게 담임목사직을 세습하는 자도 있다. 정년퇴임 후 원로목사로, 혹은 자신을 위해 교회 돈으로 설립한 기관의 장이 되어 계속 영향력을 행사하기도 한다. CEO(최고경영자)를 자처하며 마치 재벌 총수처럼 살고 행동하는 자도 있다. 담임목사 이·취임식의 화려함은 대통령 이·취임식이 무색할 정도다. 교단 총회장에 당선된 목사가 시무하는 교회에는 화환과 화분이 줄을 잇는다. 웬만한 교회의 담임목사에게 지급되는 봉급과 각종 명목의 보조금을 다 합치면, 그 액수의 과함에 혀를 내두르게 된다. 목회자가 교회를 위하여 있는 것인지, 교회가 목회자를 위해 존재하는 것인지 분간하기조차 어렵다. 그 어디에서도, 2,000년 전 이 땅에 인간의 모습으로 겸손하게 오셔서 마지막 순간까지 겸허하게 인간을 섬기셨던 주님의 모습을 찾기는 어렵다.

세월은 멈추는 법이 없기에, 언젠가는 그분들 역시 이 세상에서 퇴장하게 될 것이다. 그리고 다시 등장하여, 20세기 말과 21세기 초 한국 교회가 얼마나 타락하고 부패했었는지를 두고두고 스스로 증언할 것이다. 마치 중세 가톨릭교회의 부패상을 그때 퇴장한, 타락의 극을 달렸던 교황과 신부들이 재등장하여 오늘도 고해성사하듯 일러 주고 있는 것처럼 말이다.

성경에 등장한 모든 인물들도 때가 되어서는 예외 없이 퇴장했다. 그리고는 어김없이 다시 등장하여 그들이 이 세상에서 살았던 그들 자신의 삶을 토대로 하나님의 말씀을 직접 증언하고 있다.

나를 존중히 여기는 자를 내가 존중히 여기며 나를 멸시하는 자를 내가 경멸히 여기리라(삼상 2:30)

언젠가는 그대의 코끝에서도 호흡이 사라질 것이다. 그대의 시체는 산 사람에 의해 장사 지내질 것이고, 그것으로 그대의 시대는 막을 내린다. 그대는 퇴장한 것이다. 그러나 그것이 끝을 의미하는 것은 아니다. 그대는 다시 등장할 것이다. 그대를 알고 있는 모든 자들, 그대와 관련을 맺었던 모든 자들에게 그대가 어떤 인간이었는지, 허망한 야망의 노예였는지 아니면 진리의 사람이었는지, 그대 스스로 밝히게 될 것이다. 퇴장은 등장이며, 죽음의 퇴장 후에 이루어지는 등장엔 더 이상 퇴장이 없다. 퇴장의 질과 수준이, 곧 새로운 등장의 질과 수준이 된다.

매일을 퇴장 준비로

퇴장이 곧 등장이기에 그대는 살아 있는 지금 이 순간부터 퇴장을 준비하지 않으면 안 된다. 그대의 퇴장일이 언제인지 그대가 알지 못함이다. 젊었다고 방심하는 것은 금물이다. 오늘이 그대의 퇴장일일 수도 있다. 국내에서 한 분야의 정상을 차지한 사업가가 '퇴장과 등장'에 관한 나의 이야기를 듣고 말했다.

"전 칠십 평생 동안 정말 열심히 살아왔습니다. 제 분야에서는 항상 자신이 있었습니다. 그런데 이 나이가 되기까지 퇴장 준비가 전혀 없었다는 사실을 이제야 깨달았습니다. 지금부터는 퇴장 준비를 시작해야겠습니다."

퇴장은 오직 퇴장을 준비한 자에 의해서만 바르게 이루어진다.

오늘날 유럽의 교회는 텅텅 비어 있다. 그러나 희한하게도 사람들이 죽으면 신문의 부고에는 으레 십자가를 인쇄해 넣는다. 공동묘지를 산책하면 십자가가 새겨져 있지 않은 비석이 없다. 최근에 죽은 자의 비석도 예외는 아니다. 그들이 모두 크리스천이었다면 매주 예배당마다 차고 넘쳐야 마땅할 터이건만 현실은 정반대다.

브라질 상파울루에서 시립공동묘지를 찾았을 때다. 그 묘지의 비석들은 세계 어느 나라에서도 볼 수 없는 특색을 갖고 있었다. 어디에서든 죽은 자의 비석엔 죽은 자의 이름과 출생일, 그리고 사망일을 새겨 넣는다. 상파울루 시립묘지의 비석은 출생일은 별표, 사망일은 십자가로 표시하고 있었다. 그곳에 있는 비석이 모두 똑같은 식이었다. 마침 지나가는 묘지 관리인에게, 왜 출생일과 사망일의 표시를 별과 십자가로 하는지 까닭을 물었다. 그의 대답이 걸작이었다.

"사람들이 이 세상에 출생할 때는 저마다 스타(별)인 것처럼 태어나지만, 갈 땐 저 길밖에 더 있겠어요?"

그런가 하면 근래 서부 유럽에서는 성직자 신청자가 해마다 감소, 유럽 가톨릭계는 신부 기근 현상을 보이고 있다. 가톨릭교회는 어쩔 수 없이 신부가 없는 곳에서는 평신도가 장례식을 집례토록 허용했는데, 프랑스어권에서는 하관식을 거행할 때 집례자의 기도 중에 반드시 다음의 내용이 덧붙여져야 한다고 한다.

Oh Dieu! Le mort ne soit pas enterré comme un chien!

(오 하나님! 이 죽은 자가 개처럼 묻히지 않게 하소서!)

일생토록 기분 내키는 대로 아무렇게나 살다가 죽은 뒤에 신문 부고에 십자가를 인쇄하고, 묘지 비석에 십자가를 새겨 넣기만 하면 바른 퇴장이 되는 것인가? 욕망에 사로잡혀 짐승처럼 살고서도 개처럼 묻히지 않게 해 달라고 기도하기만 하면 참된 퇴장이 되는가? 아니다. 절대로 아니다. 퇴장 준비는 죽어서 하는 것이 아니라 살아 있는 지금, 이 순간에 행하는 것이다.

간음에 살인마저 저질렀던 다윗이 자신의 일생을 진리 안에서 아름답게 마무리, 그의 퇴장이 멋진 등장으로 이어질 수 있었던 것은 결코 우연이 아니었다. 나단 선지자를 통해 마침내 자신이 범한 죄악과 패륜의 실체를 깨달았을 때 그는 하나님 앞에서 통회 자복하였다. 그 내용이 시편 51편이다.

> 하나님이여 주의 인자를 좇아 나를 긍휼히 여기시며 주의 많은 자비를 좇아 내 죄과를 도말하소서 나의 죄악을 말갛게 씻기시며 나의 죄를 깨끗이 제하소서 대저 나는 내 죄과를 아오니 내 죄가 항상 내 앞에 있나이다(1-3)
> 하나님이여 내 속에 정한 마음을 창조하시고 내 안에 정직한 영을 새롭게 하소서 나를 주 앞에서 쫓아내지 마시며 주의 성신을 내게서 거두지 마소서(10-11)
> 하나님이여 나의 구원의 하나님이여 피 흘린 죄에서 나를 건지소서 내 혀가 주의 의를 높이 노래하리이다(14)
> 하나님의 구하시는 제사는 상한 심령이라 하나님이여 상하고 통회하는 마음을 주께서 멸시치 아니하시리이다(17)

이와 같은 처절한 회개의 삶으로 다윗은 자신의 퇴장을 준비하였다. 그리고 마태복음 1장의 족보에서 그리스도의 선조로 화려하게 재등장하였다.

준비하는 자에게만 바른 퇴장과 등장이 가능하다. 준비 없는 퇴장은 준비 없는 등장을 불러올 뿐이다.

진짜 크리스천

　퇴장 준비란 무슨 거창한 행사나 의식을 의미하지 않는다. 그것은 지극히 단순하다. 살아 있는 동안, 지금부터, 진짜 크리스천으로 사는 것이다. 그 이외에 다른 준비란 있을 수 없고, 그보다 더 나은 퇴장 준비도 없다. 예배당 안에서의 언행과 밖에서의 삶이 괴리를 이루어서는 진짜 크리스천이 아니다. 언제 어디서나 말씀의 토대 위에서 크리스천의 마음으로 느끼고, 크리스천의 머리로 생각하며, 크리스천의 손과 발로 행동하는 자가 진짜 크리스천이다.

　미국 피츠버그에서 만난 성도님의 이야기다. 미국 유학 후 미국에서 직장을 얻어 30년 동안 엔지니어로 일하고 있는 그분은, 지난 세월 동안 상사나 주위로부터 탈법 혹은 부당 행위를 지시받거나 요구당한 일이 단 한 번도 없었다고 했다. 몇 해 전 그는 한국 관계 기관으로부터 경부고속전철 공사와 관련된 자문을 부탁받고 귀국했다. 그러나 그는 몇 달 지나지 않아 계약 기간이 만료되기도 전에 스스로 계약을 포기, 미국으로 돌아갔다. 조금이라도 안면이 있기만 하면 규정이나 원칙상 될 수 없는 것을 되게 해 달라는 사람들의 성화와 재촉을 견딜 수 없었기 때문이다. 그가 더욱 참을 수 없었던 것은 부당한 청탁을 하는 사람들의 대부분이, 그가 미국에서 교회 장로임을 아는 크리스천들이었다. 크리스천이, 크리스천에게, 크리스천이기 때문에, 봐달라고 부당 청탁을 한 것이다. 그들이야말로 이 땅 크리스천들의 보편적인 모습이다. 그렇게 살아서야 진짜 크리스천일 턱도 없지만, 바른 퇴장도 가당찮다.

2002년 10월, KBS 텔레비전의 '현장 출동'이 세관 수사원들의 삶을 다룬 적이 있었다. 밀수꾼을 잡기 위해 정보가 입수되는 대로 전국을 추격의 무대로 삼아 밤낮을 가리지 않는 그들의 수고는 눈물겹기까지 했다. 모처럼 한가한 날이면 압수한 밀수품들을 파기하는 일을 했다. 불에 태울 것은 완전히 태우고, 파쇄할 것은 철저하게 파쇄했다. 대충 파손하여 버릴 경우 자칫 상품으로 유통될 것을 방지하기 위함이었다. 젊은 세관원이 압수된 시계를 철판 위에 올려놓고 쇠망치로 일일이 깨부수었다. 그때 취재하던 PD가 아깝지 않느냐고 묻자, 그의 대답이 이랬다.

"아까워 보이죠? 그러나 이게 아까우면 이 자리를 지킬 수 없어요. 당연히 해야 할 일이라고 여겨야 할 수 있죠."

그렇다. 세상의 것이 아까우면 진짜 크리스천의 자리를 지킬 수 없다. 진짜 크리스천이란 교회 안에서나 밖에서나 주님의 말씀을 좇아 사는 것을 당연하게 여기는 자다. 그는 진짜 큰 것은 세상에 속한 그 어떤 것도 아닌, 영원한 진리임을 알기 때문이다. 그러므로 진짜 크리스천은 언제나 엄격한 자기 관리자가 되어야 한다. 프로가 아마추어와 다른 점은 투철한 자기 관리에 있다. 자기 관리에 관심이 없다면 아마추어일 수밖에 없고, 프로라면 자기 관리에 소홀할 리가 없다.

오래 전 스페인이 낳은 세계적인 테너 호세 카레라스의 내한 공연 때의 일화다. 모 호텔 최고의 방에 투숙한 그는 공연 전날 밤 자기 방의 에어컨 팬을 끄게 했던 것으로 알려졌다. 팬의 바람 소리가 유난스레 커 그의 수면에 방해가 되었던 것이다. 혹 잠을 설칠 경우 다음날 공연에서 최상의 노래를 부르지 못할 것을 우려, 더운 날씨임에도 에어컨을 끄고 잠을 잤다. 물론 다음날 공연은 성공적이었다.

이와는 정반대의 경우가 있다. 1990년 차이코프스키 국제콩쿠르 성악 부문에서 동양인 최초로 1등상을 수상한 최현수 씨의 글을 읽은 적이 있다. 세계적 성악가의 음반을 5,000장이나 섭렵하며 그들의 발성법과 호흡법을 스스로 익히는 등, 그가 얼마나 스스로 훈련에 열중했었는지는 이미 널리 알려져 있다. 어느 해 여름 공연을 앞두고 그는 며칠 동안 자동차 안에서 에어컨을 켜 놓고 발성연습을 했다. 차 앞에서 연방 쏟아져 나오는 찬바람을 들이마시며 연습한 것이다. 이유인즉 공연이 예정된 극장 무대 바로 위에 에어컨 팬이 설치되어 있었기 때문이다. 공연 도중 위에서 떨어지는 찬바람에 행여 재채기라도 하면 큰일이다. 그 같은 불상사를 미연에 방지하기 위해 밀폐된 자동차 안에서 에어컨 바람에 적응 훈련을 한 것이었다. 실제 공연에서 에어컨 찬바람이 그에게 아무런 장애가 되지 않았음은 물론이다.

진짜 크리스천이란 프로 크리스천이다. 언제 어떤 인생 무대에서든 맡겨진 배역을 크리스천답게 감당하기 위해, 마치 호세 카레라스와 최현수 씨가 성악가로서의 자신을 엄격하게 관리하듯, 크리스천 역시 부단히 자신을 관리해야 한다. 그리고 그것은 자신의 영적 선도(鮮度)를 지키는 것으로 나타나야 한다.

우리나라 생선 가게에서는 한국산 생선의 가격이 중국산 생선보다 월등 비싸다. 그러나 수산 전문가조차 한국산 생선과 중국산을 정확하게 구별해내지 못한다고 한다. 그럴 수밖에 없지 않겠는가? 서해 앞 영해에서 한국 어선과 중국 어선이 제각각 고기를 잡는다. 한국 어선이 잡으면 한국산 생선이 되고, 중국 어선이 잡으면 중국산이다. 똑같은 바다에서 건져 올렸는데 누가 잡았느냐에 따라 동일한 생선의 국적이 달라지고, 국내 시장에서는 한국산이 중국산보다 비싸진다. 그렇다면 정작 중요한 것은 생선의 국적이 아니라 선도다. 생선(生鮮)이란 문자 그대로 '살아 있는(生) 선(鮮)'이다. 선도를 잃은 생선은 더 이상 생선이 아니다.

크리스천에게는 직분, 직책, 소유가 중요한 것이 아니다. 크리스천에게 가장 필수적인 영적 선도를 지키는 것이다. 영성을 기른다는 말은 곧 영적 선도를 지키는 것이다. 영적 선도를 상실하면 어떤 경우에도 진짜 크리스천으로 살아갈 수 없다. 영적 선도를 지키기 위해서는 삶의 전반에 걸쳐 자신이 지켜야 할 마지막 선을 스스로 그어 두지 않으면 안 된다.

이집트에 팔려간 요셉은 파라오 시위대장 보디발의 집에 종으로 들어갔다. 그의 성실성에 감동한 보디발은 요셉을 자기 집의 청지기로 삼아 자신의 모든 소유와 가정의 대소사를 몽땅 요셉에게 맡겼다. 요셉은 외모가 준수한 매력적인 청년이었다. 보디발의 아내가 요셉에게 욕정을 품고 그를 유혹하였다. 그러나 요셉은 흔들리지 않았다.

그 후에 그 주인의 처가 요셉에게 눈짓하다가 동침하기를 청하니 요셉이 거절하며 자기 주인의 처에게 이르되 나의 주인이 가중 제반 소유를 간섭지 아니하고 다 내 손에 위임하였으니 이 집에는 나보다 큰 이가 없으며 주인이 아무것도 내게 금하지 아니하였어도 금한 것은 당신뿐이니 당신은 자기 아내임이라 그런즉 내가 어찌 이 큰 악을 행하여 하나님께 득죄하리이까(창 39:7-9)

요셉은 주인집의 청지기로 모든 것을 다 할 수 있었지만, 주인의 아내만은 넘어서는 안 될, 지켜야 할 마지막 선이었다. 요셉이 주인 아내의 유혹을 물리친 것은 너무나도 당연한 일이었다. 그러나 여인은 물러서지 않았다. 그녀는 집요하기만 했다.

여인이 날마다 요셉에게 청하였으나 요셉이 듣지 아니하여 동침하지 아니할 뿐더러 함께 있지도 아니하니라(창 39:10)

여인은 하루도 거르지 않고 날마다 요셉을 유혹했다. 그러나 요셉은 그녀의 유혹을 거절했음은 물론, 그녀 근처엔 아예 얼씬도 하지 않았다. 그래도 여인은 포기하지 않았다.

그리할 때에 요셉이 시무하러 그 집에 들어갔더니 그 집 사람은 하나도 거기 없었더라 그 여인이 그 옷을 잡고 가로되 나와 동침하자 요셉이 자기 옷을 그 손에 버리고 도망하여 나가매 (39:11-12)

어느 날 요셉이 집으로 들어가자 여주인 외엔 사람의 그림자도 보이지 않았다. 여주인이 계획적으로 다른 사람들을 모두 물러나게 한 것이 분명했다. 아니나 다를까, 요셉을 본 여주인은 요셉에게 다가와 노골적으로 요셉의 옷을 잡고 요셉을 끌어당기며 동침할 것을 요구했다. 요셉은 젊음이 넘치는 청년이었다. 게다가 집 안에는 아무도 없었다. 여주인의 요구를 못 이기는 척 들어주더라도 당사자 두 사람만 입을 닫고 있으면 문제 될 것이 없었다.

그러나 요셉은 조금도 동요하지 않았다. 요셉은 여주인을 뿌리쳤다. 여인이 얼마나 억세게 요셉의 옷을 잡고 있던지 여인은 떨어지지 않았다. 요셉은, 여인이 놓아 주지 않는 옷을 아예 벗어 던지고 그 자리를 피해 버렸다. 그렇게 해서 지켜야 할 마지막 선을 지켰다. 그로 인해 여인의 모함을 받아 억울한 옥살이를 해야 했지만 전혀 개의치 않았다. 요셉은 극한 상황 속에서도 지켜야 할 마지막 선을 지킴으로, 결국 자신의 영적 선도를 지킨 진짜 신앙인이었다. 하나님께서는 영적 선도를 지킨 그를 통해 역사의 지평을 새롭게 하셨고, 죽음과 동시에 퇴장한 요셉은 진짜 크리스천의 표상으로 다시 등장하였다.

에덴동산의 아담과 하와에겐 선악과가 지켜야 할 마지막 선이었다. 그러나 그들은 그 마지막 선을 범함으로 그들의 영적 선도를 상실했고, 선도를 잃은 그들의 퇴장과 등장은 수치의 표본이었다.

약 석 달 전에 전화를 한 통 받았다. 일주일 후 미국으로 이민 갈 예정이라고 자신을 밝힌 그분은 출국 전에 나를 꼭 한번 만나기를 원했다. 미국으로 출발하기 전날 부부가 함께 찾아왔다. 전화를 한 분은 남자였는데, 정작 나를 만나기 원한 분은 그분의 아내였다. 20년에 걸친 사회생활의 경력을 지닌 그녀는 교묘한 방법으로 막대한 공금을 횡령하였다. 그리고 아무도 모르게 해외로 도망갈 만반의 준비를 갖추었다. 그런데 해외 도피 직전 설교 테이프를 듣게 되었다. 로마서 5장 8절과 관련된 설교 내용이었다.

우리가 아직 죄인 되었을 때에 그리스도께서 우리를 위하여 죽으심으로 하나님께서 우리에게 대한 자기의 사랑을 확증하셨느니라

우리가 하나님께 등을 돌리고 있을 때에도 우리를 위해 당신의 독생자를 죽이시기까지 우리를 사랑하신 하나님이시라면, 우리가 회개하고 우리의 삶을 하나님께 드릴 때 하나님께서 우리의 삶을 어찌 영원토록 아름답게 책임져 주시지 않겠느냐는 설교가 그 여인의 심령을 쳤다. 그녀는 스스로 출국을 포기, 자기 발로 경찰서를 찾아가 자수했다. 그날로 수감된 그녀는 법정에서 2년 형을 선고받고, 비록 교도소일망정 매일 진짜 크리스천의 삶을 살았다.

"저는 남의 돈을 횡령했던 사람입니다. 그러나 하나님의 말씀이 저를 사로잡아 주셨습니다. 저는 저 자신의 잘못된 삶을 깨닫고 자

수하였습니다. 그리고 지금 죄 값을 치르기 위해 복역 중입니다."

그녀의 고백을 통해 주님의 생명이 많은 수인들의 심령을 적셔 주셨음은 물론이다. 마침내 그녀는 모범수로 선정, 복역 1년 7개월 만에 출소했다. 그리고 남편과 함께 미국으로 이민을 떠나기 전, 자신의 거듭남을 직접 간증하고 감사의 말을 전하기 위해 나를 찾아온 것이었다.

그녀는 말씀 안에서 뒤늦게 자신이 넘어서는 안 될 선을 범했음을 깨닫고, 그 선을 지키기 위해 스스로 자수함으로 자신의 영적 선도를 지킨 진짜 크리스천이었다. 이제 미국으로 이민 간 그녀가 이역만리에서 진짜 크리스천으로 살아가기 위해서는 많은 어려움을 겪어야만 할 것이다. 그러나 나는 믿는다. 영적 선도를 지켜가는 그 가정을 하나님께서 반드시 책임져 주시며, 하나님께서는 언제나 그런 진짜 크리스천을 통해 역사하신다는 사실을 말이다.

2002년 9월 미국 샌프란시스코 지역 청년연합집회를 마치고 귀국할 때다. 한 청년이 허겁지겁 공항으로 달려와 내 손에 편지를 건네주었다. 그는 미국 명문 대학과 대학원을 졸업한 뒤 신학교를 나왔지만, 안수받는 대신 그가 사역해야 할 세상을 먼저 알기 위해 수년 동안 직장생활을 해 오고 있는 청년이었다. 미국에 있는 한인 기업들 중에는 불법체류자들을 고용하여 봉급을 수표나 예금이체가 아닌 현금으로 지급하는 기업들이 많다. 불법체류자 고용이 불법이기도 하려니와, 직원 수와 외형을 줄여 탈세하기 위함이기도 하다. 정식 직원 중에도 봉급의 일부를 현금으로 지급받기 원하는 경우가 있다. 의료보험 등 필수 항목을 위해 봉급에서 최소한의 금액에 대해서만 세금을 물고, 나머지 부분에 대해서는 세금을 내지 않으려는 속셈 때문이다. 청년이 내 손에 건네준 편지는 이와 관련된 내용이었는데, 당사자의 허락을 받아 여기에 게재한다.

어제 제가 몸담고 있는 회사에 대해 말씀드리면서 직원들 중 불법체류자들에게 봉급을 현찰로 주어 온 저희 회사의 사정을 말씀드렸지요. 그것이 불법체류자들에게만 국한된 일이 아니었습니다. 제가 1999년, 일단 풀타임으로 일할 일반 직장을 찾는 과정에 퍼시픽 벨(Pacific Bell)의 엔지니어 자리가 나서 이력서를 보냈었습니다. 생각 이상으로 저를 평가해 주어 입사 시험과 면접을 모두 통과하고 마지막 발령을 기다리는 중에 생각지도 못한 일이 일어났습니다. 회사의 부사장이 구조 조정을 하면서 제가 들어가게 될 부서의 일을 하청 회사에 넘겨주고 해당 부서를 폐지해 버린 것입니다. 그래서 그동안 파트타임으로 일해 온 이 회사에서 적어도 2-3년은 풀타임으로 일할 것을 기도 중 다짐하게 되었습니다.

그때 제가 한 가지 큰 실수를 범했습니다. 퍼시픽 벨 쪽의 봉급 액수와 같은 금액의 봉급을 주신다는 사장님의 약속에는 그 중 일부를 현찰로 주겠다는 말씀이 있었는데, 잠시 갈등 후에 제가 받아들인 것이었습니다. 사장님의 이유는 간단했습니다. 저의 봉급 액수를 저쪽 회사에 맞추자니 이 회사 매니저의 봉급과 맞먹기 때문에, 그분이 기분 나쁘지 않도록 차액을 비밀리에 현찰로 주시겠다는 것이었습니다. 지금 돌이켜 보면, 그 논리에 끌려갔던 제가 얼마나 어리석게 여겨지는지 모르겠습니다.

그러나 그것이 다가 아니었습니다. 그 후로 봉급을 올려 주신다고 하면서 수표 쪽의 금액이 아닌 현찰 쪽을 올려 주시는데도 저는 또 침묵했습니다. 한심한 짓이었습니다. 그 이전 6년 동안 파트타임 봉급만으로도 크리스천으로서 행복했던 저 자신은 어디로 갔는지 없어지고 말았습니다.

이번에 목사님의 설교를 들으면서 저는 그 삶을 청산하기로 결정하고, 사장님께 아직 못 받은 현찰 금액을 포함하여 이제부터는 현찰을 받지 않겠다는 말씀과, 그 금액만큼 봉급을 자진 감봉하겠다는 말씀을 드렸습니다. 물론 사장님께서는 단호히 제 요청을 거절하셨지만, 그러나 어떤 경우에도 그 그릇된 삶으로 돌아가지는 않을 것을 하나님께 다짐드렸습니다. 아내에게 이 사실을 알려 주었더니 만약 제가 그 말을 먼저 꺼내지 않았으면 자기가 요구했을 것이라고, 목사님의 설교를 들으면서 자기도 똑같은 것을 느꼈다고 해서 주님의 뜻을 함께 확인하며 기쁨으로 주님께 감사를 드렸습니다.

목사님, 정말 감사합니다. 이런 사실을 알려 드리게 되어 죄송하기도 하지만, 그러나 이 사실을 우리 부부가 아닌 한 분이 더 알고 계시다는 것이 동일한 시험이 올 때 힘이 될 줄로 믿고 이 편지를 드립니다.

2002년 9월 13일, K 올림

이 청년 역시 자신이 지켜야 할 마지막 선이 무엇인지 깨닫고 실천함으로 자신의 영적 선도를 지킨 진짜 크리스천이다. 나는 이런 청년을 만날 때마다 눈시울이 뜨거워진다. 역사의 지평은 이런 청년들에 의해 새로워지기 때문이다.

작년 부활절 전날, 뉴질랜드에서 사역하고 있는 김화수 목사님으로부터 편지를 받았다. 자신의 체류 비자와 관련된 내용이었다. 몇 해 전 그는 목회자로 사역할 수 있는 취업 비자를 얻어 합법적으로 뉴질랜드에 입국했다. 당시 뉴질랜드 이민법은 외국인의 경우 2년 만기의 취업 비자를 1회에 한하여 연장해 주었다. 취업 비자로 총 4년을 합법적으로 취업할 수 있는 셈이었다. 그러나 취업 비자를 두 번 연장할 수 있는 것으로 잘못 이해하고 있던 김 목사님은 3년 반이 지나서야 취업 비자가 4년 만기라는 사실을 알게 되었다. 비자 만료 3개월을 앞두고 부랴부랴 영주권을 신청했지만, 설상가상으로 뉴질랜드 국내 사정으로 인해 영주권 심사가 중단되었다. 결국 그의 취업 비자는 영주권을 얻지 못한 상태에서 만료되고 말았다. 그와 동시에 그의 법적 신분은 취업자에서 방문자로 바뀌었다.

법적으로 방문자 신분인 자가 목회 사역, 즉 돈을 받고 일하는 것은 불법 행위다. 주위에서는 그런 것일랑 개의치 말고 비자 문제가 해결될 때까지 그냥 목회 사역을 계속할 것을 권했다. 그의 경우엔 신원이 분명하고, 설령 이민성에서 문제를 삼더라도 봉급 받지 않고 자원하여 봉사한다고 하면 문제가 없다는 것이었다. 그리고 실제 봉급은 봉급이 아닌 구제비 명목으로 지급하면 된다고 했다. 주위 분들이 그렇게 권한 것은, 교회가 목회자의 비자 문제로 인해 시끄러워질 경우의 부정적인 파장을 염려, 조용히 해결하는 것이 좋다는 판단에서였다.

이와 관련된 김화수 목사님의 편지 내용은 다음과 같은데, 이 역시 그의 동의하에 게재한다.

하지만 저는 그 제안을 받아들일 수 없었습니다. 외부적으로는 제가 자원봉사자로 교회를 섬기는 것으로 하고, 내부적으로는 교회에서 선교 구제비 명목으로 제게 신수비를 지급한다는 내용이었지만, 저는 그 제안에 동의할 수 없었습니다. 적지 않은 분들이 제게 왜 그다지도 융통성이 없느냐고 했습니다. 가만히 있으면 될 것을 왜 긁어 부스럼을 만드느냐고 말하기도 했습니다. 하지만 저는 제 비자 문제를 교우들에게 사실 그대로 공개하고 그 주간부터 법에서 금하는 대로 사역을 중단했습니다. 저 자신의 문제를 불법으로 해결할 경우, 이와 유사한 상황에 직면한 교인들을 바른 신앙 양심으로 가르칠 수 없다는 생각 때문이었습니다. 그날 이후 제 신분은 취업자에서 방문객이 되었고, 중학생인 예찬이는 유학생 신분이 되어 당장 학비를 내야만 했습니다. 취업 비자 혹은 영주권 시민권자는 학비 전액 무료이지만, 유학생은 1년에 1만 4,000불의 학비를 지불해야 합니다. 그래서 아내와 제가 예찬이에게 이렇게 말했습니다.

"예찬아, 학교에 가서 우리의 상황을 솔직하게 털어놓고 학교의 양해를 구해 보자. 학교에서 우리의 형편을 고려하여 네가 계속 학교에 다니게 해 줄 수도 있지만, 만약 허락해 주지 않는다면 얼마 동안이 될지 모르지만 학교를 쉴 수밖에 없구나."

예찬이는 계속 학교에 다니고 싶어 했지만, 거액의 학비를 부담할 능력이 없는 부모의 형편과 상황을 받아들였습니다. 제 취업 비자가 만료되는 날 예찬이와 함께 학교로 교장선생님을 만나러 갔습니다. 교장선생님 비서를 먼저 만났는데, 제 이야기를 다 듣고 난 그분이 이렇게 말했습니다.

"흔한 일이 아닌데 정직하게 얘기해 주어서 참 고맙습니다."

부모인 제 비자 문제로 인해 예찬이의 신분이 유학생으로 바뀌더라도 학교로서는 그 사실을 당장 알 도리가 없는데, 먼저 정직하게 말해 주어서 고맙다는 뜻이었습니다. 그리고 이와 같은 경우가 예전에도 간혹 있었지만 어느 부모도 그 사실을 먼저 통보해 준 적이 없었기에, 흔한 일이 아니라고 말한 것이었습니다. 그분은 자신이 최선을 다해 도와주겠다면서 다음과 같이 말하는 것이었습니다.

"당신에게 왜 이와 같은 비자 문제가 발생하게 되었는지 이유를 설명하는 사유서를 이민성으로부터 받아 오십시오. 예찬이가 학교에 계속 무료로 다닐 수 있도록 조치를 취해 드리겠습니다. 물론 그 사유서가 접수되기 전에도 학비를 받지 않겠습니다."

하나님께서는 당신의 방법으로 예찬이가 예전과 똑같은 조건으로 학업을 계속할 수 있게 해 주셨을 뿐만 아니라, 우리 가족으로 하여금 매사에 법을 좇아 정직하게 행하는 것이 얼마나 큰 자산인지를 산 경험으로 확인시켜 주셨습니다.

그 이후 교우들과 함께 제 비자 문제 해결을 위해 기도하는 한편 새로운 시도를 하였습니다. 즉, 취업 비자의 연장은 불가능하지만 이민법상 예외적인 조항을 적용하여 신규 취업 비자를 신청했습니다. 그리고 세 주간 동안 강단을 부목사님들에게 맡기고 저는 회중들과 함께 교인석에서 방문자의 자격으로 예배를 드렸습니다. 그런데 지난 금요일 오후, 놀랍게도 이민성으로부터 편지를 받았습니다.

"귀하의 경우에 한하여 당분간 취업 비자 없이 방문 비자로 목회 사역 하는 것을 문제 삼지 않겠습니다."

뉴질랜드 이민법상 전례 없는 파격적인 일이었습니다. 그래서 4주 만에 설레는 마음으로 다시 사역을 시작했습니다.

목사님! 저는 아직 취업 비자나 영주권을 발급받지는 못한 상태입니다. 하지만 하나님께서는 오늘도 저와 제 가족, 그리고 우리 교회를 위해 일하고 계심을 확신하고 있습니다. 내일은 주님께서 부활하신 날입니다.

2003년 4월 19일 오전 7시 30분 오클랜드에서
김화수 올림

이 글을 읽을 때도 나의 눈은 붉어지지 않을 수 없었다. 김 목사님 역시 자신이 지켜야 할 선을 지킴으로 자신의 영적 선도를 고수한 진짜 크리스천이다. 적지 않은 목회자들이 해외에 나가 그 나라의 법을 어기며 체류, 목회하고 있는 현실 속에서, 뉴질랜드의 법을 지키기 위해 스스로 강단을 내려와 목회를 중단했던 그는 뉴질랜드 사람들과 진정으로 더불어 살아갈, 참된 공생의 크리스천임에 틀림없다. 그리고 끝까지 영적 선도를 고수한 그의 가족에게, 하나님께서 작년이 끝나기도 전에 영주권으로 응답해 주셨음은 두말할 나위도 없다.

크리스천이 진짜 크리스천답게 잘 산다는 것은 경제적으로 부유하게 사는 것을 의미하지 않는다. 주님의 말씀 안에서 자신의 영적 선도를 지키면서 바르게 사는 것이다. 그것이 바른 퇴장과 바른 등장으로 이어지는 단 하나의 외길이다. 진짜 크리스천으로 살아가기 위해서는 영적 선도에 더하여 실력을 배양하지 않으면 안 된다. 주님께서 열두 제자들을 처음으로 세상에 파송하시며 말씀하셨다.

> 보라 내가 너희를 보냄이 양을 이리 가운데 보냄과 같도다 그러므로 너희는 뱀같이 지혜롭고 비둘기같이 순결하라(마 10:16)

이 세상은 정말 이리 소굴과 같다. 온갖 죄와 악의 유혹이 이리 떼처럼 사람들을 덮치고 있다. 그 이리 소굴 속에서 진짜 크리스천으로 살아가기 위해서는 순결과 지혜를 함께 갖추어야만 한다. 지혜를 결여한 순결이란 백치와 같다. 그것은 사소한 악에도 쉽게 물들고 만다. 반면에 순결이 배제된 지혜는 사악하다. 그것은 악에 물드는 정도가 아니라 적극적으로 악을 선도한다. 지혜가 순결을 모태로 삼고, 순결이 지혜의 토대 위에서 꽃필 때만 이리 소굴 같은 세상을 이기는 진짜 크리스천이 될 수 있다. 순결이 크리스천이 지켜야 할 영적 선도를 의미한다면, 지혜란 세상에서 크리스천으로 살아가는 데 필요한 실력과 능력의 총칭이다.

미국 스탠퍼드 대학 구내에는 그 대학 졸업생인 후버 대통령 기념관이 있다. 기념관의 전시관엔 후버 대통령의 명 연설문들이 걸려 있는데, 그 중에 나의 눈길을 끄는 문장이 있었다.

> While inspiration of reform came from the heart, it was only achieved by the intellect.(개혁의 영감은 가슴으로부터 우러난 반면, 그것을 달성하게 한 것은 오직 지성이었다.)

문장은 현재형이나 미래형이 아닌 과거형으로 기술되어 있다. 후버 대통령의 생각이나 추측이 아니라 자신의 체험, 즉 아무리 개혁의 목표가 좋아도 지성이 뒷받침되지 않으면 불가능하더라는 자기 경험의 고백이다. 우리 사회에서 개혁이 대두된 것은 벌써 수십 년째다. 정권이 바뀔 때마다 개혁이요, 선거 때마다 개혁 열풍이다. 정치, 사회, 경제, 종교 등 어느 분야에서든 개혁을 언급지 않는 곳은 없다. 그럼에도 막상 개혁의 실체가 구체적으로 드러난 곳은 어디에도 없다.

이유는 개혁을 부르짖기만 할 뿐 개혁의 지속적 구현에 필요한 실력을 배양하려 하지는 않기 때문이다. 실력이 뒷받침되지 않는 개혁은 구호와 선동으로 대체되고, 결국 그것은 개악으로 귀결되고 만다. 실력 대신 구호와 선동을 더 선호하는 선봉장은 지도자가 아니라 정치꾼이 되는데, 우리나라 모든 분야에 유난히도 정치꾼이 많은 것은 이와 무관하지 않다.

스위스의 고등학생은 학기 중 매주 150페이지 분량의 책을 평균 세 권씩 읽어야 한다. 그리고 각 책의 내용을 한 단어, 혹은 한 문장으로 압축하여 제출해야 한다. 폭 넓은 지식의 습득은 물론이요, 그 위에 더하여 정확한 이해력과 표현력을 기르기 위함이다. 한 권의 책을 한 단어나 한 문장으로 표현하기 위해서는 이해력과 표현력 중 어느 쪽이 기울어도 불가능하다. 우리나라 고등학생이 대학 입시를 위해 이해치도 못하는 답을 달달 외우는 동안 서구 유럽의 고등학생들은 이런 훈련을 거치고 있다. 고등학교의 교육이 이 정도라면 대학이야 두말해 무엇 하겠는가?

오래 전 모 일간지에서 세계의 명문 대학 탐방 특집을 기획, 보도한 적이 있었다. 담당 기자가 동경대학을 찾았을 때다. 마침 교정에서 만난 학생에게 기자가 질문을 던졌지만, 학생은 죄송하다며 기자를 피했다. 기자는 그 학생을 따라가며 자신이 한국에서 온 기자임을 밝히고 잠시 인터뷰에 응해 줄 것을 부탁하자, 그가 이렇게 답했다.

"제가 이번 한 달 동안에 읽어야 할 책이 서른 권이나 됩니다. 그로 인해 선생님과 이야기할 시간이 없습니다. 대단히 죄송하지만 양해해 주시기 바랍니다."

그리고 그는 다시 총총걸음으로 사라졌다. 기자는 그의 대답에서 받은 충격을 자신의 기사에 고스란히 피력했다. 이것이 선진국 학생들의 실상이다.

이 책을 읽고 있는 그대가 만약 학생이라면, 그대는 어떤가? 그대는 진짜 크리스천 지성인답게, 지금 밤낮을 가리지 않고 그대의 실력을 함양하고 있는가? 오히려 그 반대가 아닌가? 그렇다면 민족과 조국의 미래를 책임지는 진짜 청년 크리스천이 될 수 있겠는가? 실력을 배양한다는 것은 모두 1등 하라는 말이 결코 아니다. 지적 훈련을 통해 크리스천으로서 지녀야 할 인간과 사물 그리고 역사에 대한 통찰력의 습득과 확장, 바로 그것이 크리스천의 실력이다.

2000년 12월 8일, 정명훈 씨가 지휘하는 라디오 프랑스 교향악단이 제네바 빅토리아홀에서 연주회를 가졌다. 유럽에서의 정명훈 씨는 한국인이 국내에서 알고 있는 것보다 훨씬 더 유명하다. 그는 그곳에서 명실상부하게 세계적인 지휘자다. 연주회가 끝났을 때 빅토리아홀을 가득 메운 제네바 시민들은 발로 마룻바닥을 구르면서 환호를 터뜨렸다. 그러나 그날 정작 나를 감동시킨 것은 정명훈 씨의 명 지휘나 그를 향한 관객의 열광이 아니라, 정명훈이란 그의 한국식 이름과 검은 머리였다.

정명훈 씨의 이름은 영어로 Myung-Whun Chung으로 표기한다. 이 영문 표기는 영국인이나 미국인에게도 어려운 발음이다. 더욱이 현재 그의 주 활동 무대인 프랑스 사람들에겐 이 세 글자의 발음이 가장 어렵다. 프랑스인 누구도 이 표기를 놓고, 우리가 알아듣게 '명훈 정'이라 발음할 수는 없다. 그렇다면 흔히 그렇게 하듯, '앙드레 정'이나 '삐에르 정'으로 이름을 고쳐 부르면 한결 편하고 세련되어 보이지 않겠는가? 그러나 그는 여전히 '명훈 정'이었다.

60여 명의 교향악단이 포진하고 있는 무대 위에서 정명훈 씨의 머리색이 유난히 눈에 띄었다. 이왕 서양에서 살 바에야 서양인처럼 금발이나 갈색으로 머리를 염색할 수도 있지 않겠는가? 하지만 그의 머리카락은 새카맣기만 했다.

독실한 크리스천인 그의 그 검은 머리가, 그리고 그의 이름이 유난히 나를 감동시켰다. 나는 정명훈 씨에게 개인적으로 물어본 적은 없지만, 그날 그의 이름과 머리를 보며 홀로 이렇게 생각했다. 그가 외국의 기라성 같은 음악인들 사이에서 필요한 음악적 실력을 배양하고 자신의 음악 세계를 펼쳐 가기 위해서는, 자기 이름을 고치거나 머리 염색 따위를 생각할 여유가 없었을 것이라고 말이다. 만약 그의 관심이 음악 이외의 것에 분산되었던들 어찌 현재의 그가 존재할 수 있었겠는가?

요즈음 우리 청년들 사이에 머리 염색은 일대 유행이다. 불과 몇 년 사이에 보편적 현상이 되었다. 젊은 시절 머리 염색을 해 보는 것은 얼마든지 있을 수 있는 청년의 '끼'다. 그러나 이미 한두 번 해 보았다면, 더 이상은 하지 말라. 젊었을 때 그런 경험은 한두 번이면 족하다. 머리 염색은 머리 염색으로만 끝나지 않는다. 그것은 반드시 다른 외적 치장으로 이어진다. 머리 염색을 한다는 것 자체가 외모에 큰 비중을 두고 있음을 뜻하기 때문이다. 이제 머지않아 평생 외모를 가꾸며 멋을 낼 때가 반드시 온다. 그러나 지금은 아니다. 청년의 때엔 자기의 내적 가능성의 그릇을 키우는 때다. 그 그릇이란 두말할 것도 없이 영적 선도와 실력의 그릇이다. 청년 시절에 확정된 그릇으로 평생을 살아가게 된다. 그러므로 이 시기에 내적 그릇을 키우기보다 외모에 더 몰입한다는 것은, 자기 일생의 수준을 스스로 떨어뜨리는 어리석은 짓이다.

청년의 때에 실력 배양에 실패하면, 평생 빈 깡통으로 살아갈 수밖에 없다. 나는 한국 청년 크리스천들의 행사나 집회 혹은 글을 접할 때마다 빈 깡통을 보는 듯한 느낌이 들 때가 한두 번이 아니다. 구호와 기타만으로는 사람의 감정을 고조시킬 수는 있을지언정 세상을 변화시킬 수는 없다. 물론 그것이 필요할 때가 있지만, 항상은 아니다. 세상을 변화시키는 힘은 순결과 지혜, 영적 선도와 실력이 한데 어우러진 삶에서 나온다. 그것이 진짜 크리스천의 삶이요, 바른 퇴장과 등장을 준비하는 삶이다.

내 삶의 가치

축구공 그 자체는 별것이 아니다. 그것은 단순 가죽 제품에 지나지 않는다. 그럼에도 축구공이 절대적 가치를 지닌다면, 축구공 없이는 위대한 축구선수의 기량을 전혀 보여 줄 수 없기 때문이다. 호나우두 선수의 신기에 가까운 슛도, 홍명보 선수의 성실한 수비력도 모두 축구공을 통해 드러난다. 이런 의미에서 위대한 축구선수의 발 앞에 놓인 축구공은 더 이상 축구공이 아니다. 그 축구공은 그것을 통해서만 자신의 존재 가치를 드러내는 축구선수의 모든 것이다. 그래서 사람들은 축구공으로 인해 열광한다. 우리는 2002년 월드컵 당시 축구공의 위력을 실감하였다. 온 국민이 붉은 셔츠를 입고 한데 모여, 축구공이 움직일 때마다 소리를 지르며 일희일비하였다.

고작 70-80년 살다 한 줌의 재로 끝나 버릴 우리 역시 축구공 그 자체처럼 미미하기 짝이 없는 존재다. 그럼에도 우리가 절대적 가치를 지님은, 우리의 삶을 통해서만 눈에 보이지 않는 하나님을 보여 줄 수 있기 때문이다. 영이신 하나님께서는 손과 발이 없으시다. 그분은 우리의 손과 발을 요구하신다. 우리의 손을 통해, 우리의 발을 도구 삼아 당신의 거룩하심, 자비로우심, 사랑을 세상에 보이신다. 그러므로 우리가 하나님의 손과 발이 되는 한, 우리의 생은 절대적 의미와 영원한 가치를 지니게 된다.

그러나 이것은 우리의 결단이나 노력만으로 되는 것은 아니다. 다윗의 고백에 귀를 기울여 보자.

여호와는 나의 목자시니
내가 부족함이 없으리로다
그가 나를 푸른 초장에 누이시며
쉴 만한 물가로 인도하시는도다
내 영혼을 소생시키시고
자기 이름을 위하여 의의 길로 인도하시는도다
내가 사망의 음침한 골짜기로 다닐지라도
해를 두려워하지 않을 것은
주께서 나와 함께하심이라
주의 지팡이와 막대기가 나를 안위하시나이다
주께서 내 원수의 목전에서 내게 상을 베푸시고
기름으로 내 머리에 바르셨으니
내 잔이 넘치나이다
나의 평생에 선하심과 인자하심이 정녕 나를 따르리니
내가 여호와의 집에 영원히 거하리로다(시 23:1-6)

굵은 활자로 인쇄된 구절의 주체는 하나님이시요, 나머지 부분의 주체는 다윗이다. 이 고백의 결론은 물론 가장 마지막 구절로, 여호와의 집에 영원히 거하겠다는 다윗의 굳은 결단이다. 그러나 다윗은 자신이 먼저 여호와의 집에 거했기 때문에 하나님께서 자신과 함께하셨다고 고백지 않았다. 다윗의 고백은 그 반대다.

하나님께서 먼저 다윗의 목자가 되셨다. 그래서 이방 여인 룻의 피를 이어받고 베들레헴 촌구석 양치기에 지나지 않았던 다윗을 하나님께서는 당신의 푸른 초장으로 불러내셨다. 하나님께서 먼저 다윗의 영혼을 소생시켜 주셨다. 그래서 다윗은 어릴 때부터 자립과 공생이 교직되는 삶을 하나님 안에서 터득하였다. 하나님께서 언제나 당신의 막대기와 지팡이로 다윗을 안위해 주셨다. 그래서 다윗을 죽이려는 사울 왕과 3,000명에 이르는 특공대의 칼날이 다윗의 머리카락 하나 건드릴 수 없었다. 하나님께서 친히 원수의 목전에서 다윗에게 잔칫상을 배설해 주셨다. 그래서 사울 왕의 피를 이어받지 않았음에도 다윗은 사울 왕가를 대신하여 이스라엘 왕이 되었다. 하나님께서는 다윗 평생토록 당신의 선하심과 인자하심으로 다윗과 함께해 주셨다. 그래서 간음에 살인은 물론이요, 하나님의 전 계명을 짓밟는 전대미문의 패륜을 범한 다윗을 그래도 품어 주셨다.

그러므로, 그 사실을 깨닫기에, 다윗은 영원토록 여호와의 집에 거할 것을, 하나님의 말씀에 순종하며 살 것을 결단했다. 다윗의 결단이 위대한 것이 아니라, 그 결단의 동인이 되신 하나님께서 위대하시다.

우리는 지금까지 다윗이 태어나기 전, 그의 증조모 룻에서부터 시작하여 다윗이 죽기까지, 그의 전 일생을 살펴보았다. 그의 일생을 통해 그가 하나님을 위해 먼저 한 것이라곤 아무것도 없었다. 하나님께서 항상, 모든 것을, 먼저 베풀어 주셨다. 다윗이 하나님께 등을 돌릴 때에도 하나님께서는 변함없이 다윗과 함께하고 계셨다. 다윗이 하나님의 그 은총에 순종으로 응답드릴 때 그는 '베레스 웃사'의 주인공이었고, 사울의 칼날을 피해 은신했던 엔게디 황무지마저 그에겐 에덴이었다.

그러나 스스로 하나님의 자리에 앉아 하나님의 은총을 망각했을 때, 그의 에덴이었던 궁전은 삽시간에 '아단'의 소굴로 전락하고 말았다. 그럼에도 당신의 선하심과 인자하심으로 자신을 품고 계신 하나님을 향해 다시 순종으로 눈떴을 때, 그의 퇴장은 영원한 등장으로 이어졌고, 지금도 이스라엘의 별(이스라엘 국기에 새겨진 별이 '다윗의 별'이다)이 되어 역사의 지평을 새롭게 하고 있다.

다윗의 하나님께서 바로 그대의 하나님이심을 그대는 아는가? 예수 그리스도 안에서 이미 그대의 목자가 되셨음을 아는가? 그대가 하나님을 망각했을 때에도, 그분은 당신의 선하심과 인자하심으로 그대를 품고 계심을 아는가?

그대의 일생을 그분께 드려라.

그대의 일생을 그분 안에서 생명용품으로 일구어라.

그대의 일생이 말씀 안에서 자립과 공생의 수틀이 되게 하라.

그대의 일생토록 말씀을 지키기 위한 '베레스 웃사'를 멈추지 말아라.

그대 일생의 정점에서 '아단'에 빠지지 않도록, 항상 진리를 위해 그대의 생명을 깎아 먹어라.

그 위에 더하여 매일매일이 퇴장일인 듯 일생 영적 선도를 유지하며 실력을 배양하여라.

그분의 도우심 속에서 그대는 역사의 지평을 뒤흔드는 진짜 크리스천이 될 것이요, 그대의 퇴장은 영원한 등장으로 이어질 것이다.

책을 닫으며

　어느 원로 목사님과 함께 그분의 자동차로 먼 길을 다녀온 적이
있다. 연로의 그분 취미가 자동차 운전이기에, 그분은 왕복 다섯
시간 이상 소요되는 거리를 오가는 내내 당신의 대형 승용차를 직
접 운전하셨다. 운전 중 여러 가지 이야기를 해 주셨는데, 그날의
드라이브가 끝날 즈음 이렇게 말씀하셨다.
　"이 목사, 나는 젊어서부터 자동차 운전을 좋아했지. 그 덕분에
자동차를 편하게 타는 방법을 터득했어. 자동차가 거친 길을 달리
느라 흔들리면, 나도 따라서 흔들리는 거야. 자동차에 나를 맡기는
거지. 자동차는 흔들리는데 나는 흔들리지 않으려 버티면, 도리어
피곤하기만 해. 근데 말이야, 인생도 똑같아. 세상이 흔들리는 대
로 함께 흔들려야 인생살이가 편해져. 온 세상이 흔들리는데 혼자
꼿꼿하려면 피곤해지는 법이야."
　그리고 잠시 침묵하던 그분이 그분의 방언으로 내게 물으셨다.

"내 말 알아들을랑가?"

왜 그분의 말씀을 알아듣지 못하겠는가? 이 목사, 그렇게 꼿꼿하게만 살려고 애쓰지 말고, 이젠 좀 적당하게 살아. 자네도 나이 50을 넘었는데, 편하게 살아야지 뭘 그래.

물론 그분은 나를 사랑하고 위해서 하신 말씀이었다. 내가 그분께 대답했다.

"네. 물론 알아듣습니다."

그러나 그 답변의 의미가 무엇인지는 그분이 알아듣지 못하셨다. 나는 이런 의미로 답변드렸던 것이다.

물론 알아듣습니다. 그래서 저는 지금처럼 살다가 죽겠습니다.

이유는 간단하다. 인간의 퇴장은 등장이요, 바른 퇴장과 등장만이 역사의 지평을 새롭게 함을 믿기 때문이다. 그래서 나는, 나의 일생이 다하도록 진짜 크리스천, 프로 크리스천으로 살다가 죽고 싶다.

사랑하는 청년아!

그대 역시 이 길을 가지 않겠는가?

God has not called me to be successful
but God has called me to be faithful.
하나님께서는 나를 성공하라고 부르신 것이 아닙니다.
하나님께서는 나를 순종하라고 부르셨습니다.

—마더 테레사

인간의 일생
The Life of Man

지은이 이재철
펴낸곳 주식회사 홍성사
펴낸이 정애주
국효숙 김의연 김준표 박혜란 손상범
송민규 오민택 임영주 차길환

2004. 4. 8. 초판 발행   2023. 10. 16. 37쇄 발행

등록번호 제1-499호 1977. 8. 1.
주소 (04084) 서울시 마포구 양화진4길 3 전화 02) 333-5161 팩스 02) 333-5165
홈페이지 hongsungsa.com 이메일 hsbooks@hongsungsa.com
페이스북 facebook.com/hongsungsa
양화진책방 02) 333-5161

• 잘못된 책은 바꿔 드립니다. • 책값은 뒤표지에 있습니다.

ISBN 978-89-365-0209-6 (03230)